Über dieses Buch

Hat Astronaut Ed Mitchell nach der Mondlandung Hirnsignale zur Erde geschickt? Nicht ganz – dieser Teil ist Legende, aber die Geschichte hat einen wahren Kern, und heute ist Mitchell Chef einer Forschungsorganisation für Paraphysik, zu deren Beratern auch Wernher von Braun gehört. Die Legendenbildung um die »Mond-Telepathie« kennzeichnet jedoch das in den letzten Jahren ungeheuer gestiegene öffentliche Interesse an den »Grenzwissenschaften«.
Die Autoren kamen auf den Gedanken, die Bühne dieser Grenzwissenschaften einmal richtig auszuleuchten. Sie sind nicht damit zufrieden, bereits Bekanntes neu zu erzählen, sondern betreten neues Gebiet, reißen neue Perspektiven auf, die uns zum Nachdenken über vieles veranlassen, was in der Physik, Medizin, Psychologie oder Biologie – um von der Theologie ganz zu schweigen – bisher als unangreifbar galt.
Ohne Befangenheit greifen Andreas und Kilian dabei auch die Frage des »Okkulten« auf, klären das Terrain und unternehmen eine »Gratwanderung« an seiner Grenze – einer Grenze, die, wie wir erfahren, möglicherweise von der Para-Forschung aus sehr bald beträchtlich verschoben werden wird. Sie geben anschauliche und interessante Einblicke in die Grenzwelt unserer Träume und »Astralreisen« und setzen sie in den Zusammenhang eines neuen »Menschen-Modells«. Die Autoren stellen dieses Modell dem wissenschaftlichen Modetrend des »kybernetischen Menschen« gegenüber und fordern es heraus.
Der Leser hat das Gefühl, durch bisher verhangene Türen in eine unerhörte neue Wirklichkeit zu treten, aber dennoch stets zu wissen, wo er steht. Nirgends wird ihm zugemutet, auf seine kritischen Fähigkeiten zu verzichten.

Die Autoren

Peter Andreas, geb. 1922, ist Wissenschaftsjournalist.
Caspar Kilian, geb. 1924, ist von Beruf Physiker und wissenschaftlicher Mitarbeiter an einem deutschen Forschungs- und Entwicklungsunternehmen. Er sieht die parapsychische und paraphysische Szene mit den Augen des geschulten, aber unabhängigen, keiner Orthodoxie oder »Schule« verhafteten Naturwissenschaftlers.

Peter Andreas
Caspar Kilian

Die phantastische Wissenschaft

Parapsychologie: Beweise für das Unglaubliche

Fischer
Taschenbuch
Verlag

Fischer Taschenbuch Verlag
1.–20. Tausend: März 1975
21.–27. Tausend: Mai 1976
Ungekürzte Ausgabe

Umschlagentwurf: Eberhard Marhold

Fischer Taschenbuch Verlag GmbH, Frankfurt am Main
Lizenzausgabe mit freundlicher Genehmigung
der Econ Verlag GmbH, Düsseldorf/Wien

Gesamtherstellung: Hanseatische Druckanstalt GmbH, Hamburg
Printed in Germany
480-ISBN 3 436 02046 x

Inhalt

Wenn sich die Wissenschaft erst einmal der spirituellen Entdeckung widmen wird, so wird sie in 50 Jahren mehr Fortschritte machen als in ihrer gesamten bisherigen Geschichte.

Carl Steinmetz (1865–1923)

Wenn die Präkognition eine Tatsache ist, dann zerstört sie absolut die gesamte Grundlage aller unserer bisherigen Vorstellungen vom Universum.

J. W. Dunne

Einleitung

Nähern wir uns dem Ende des Erforschbaren? Die Frage klingt merkwürdig, da doch des Menschen Fuß erst den Mond betreten hat und ein ganzes Zeitalter der Entdeckungen auf den Planeten des Sonnensystems vor uns zu liegen scheint. Messungen und Gesteinsproben auf dem Erdtrabanten haben manche Überraschung gebracht; niemand wird bestreiten wollen, daß beispielsweise auf dem Mars weitere auf uns warten.

Einige unserer Wissenschaftler sind bereits damit beschäftigt, Radiosignale aus dem All darauf zu prüfen, ob sie von intelligenten Wesen stammen könnten. Es werden sogar systematisch Signale ausgesandt, um mit außerirdischen Intelligenzen – wenn es sie gibt – Kontakte aufzunehmen. Man stellt Berechnungen an, welche Energien erforderlich wären, um Funkverbindungen über Entfernungen von Lichtjahren bis zu den nächsten Fixsternen aufzunehmen, die möglicherweise Planeten ähnlich der Erde haben könnten.

Trotzdem – es läßt sich behaupten, die Eroberung des Mondes und der Planeten sei allein eine Frage der Technik, der Zeit und der finanziellen Mittel, wenngleich in riesigen Proportionen, die um so unbezwingbarer erscheinen, je mehr die Länder der Erde mit ihren eigenen Sorgen zu tun haben. Es läßt sich ferner behaupten, daß es auf fast allen Gebieten der Wissenschaft nichts *Grundsätzliches* mehr zu erforschen gebe. Das naturwissenschaftliche Weltbild stehe fest; man könne es höchstens noch verfeinern oder ergänzen. Tatsächlich wurden in den USA schon einige Teilchenbeschleuniger stillgelegt, weil man von der Arbeit mit ihnen keine wesentlichen neuen Erkenntnisse über die Struktur der Materie mehr erwartet.

Die Triebkraft der Ideen des 19. Jahrhunderts ist ausgeschöpft. Wir sind nun naturwissenschaftlich »gebildet«. Aber wir haben damit auch verlernt, unbefangen Dinge zu sehen, die nicht von unserer Bildung her vorgeplant sind. Wir glauben, die Weltformeln gefunden zu haben und merken nicht, daß unsere Welt – trotz Raumfahrt – darüber etwas klein geworden ist.

Hätten wir sie gefunden, so wäre das freilich kein besonderer Anlaß zur Freude. Wir hätten es mit einer materialistischen Welt zu tun, in der sich nur noch die *Masse* des vorhandenen Wissens erweitern ließe, und das in einer Form, die immer mehr zum Spezialistentum zwingt. Schon heute ist die Gesamtheit des Wissens für den einzelnen längst unübersehbar geworden.

Gottlob sieht es nun aber so aus, als ob die Naturwissenschaften bei weitem noch nicht »Alles« entdeckt haben und auch nie entdecken werden. Leider neigen sie aber dazu, in schiefer Bewertung ihrer bisherigen Erfolge vor dem, was nicht in ihr Weltbild paßt, die Augen zu schließen, als wäre es Sünde.

Hinter den Vorhängen der gültigen Orthodoxie wetterleuchtet es. Die Erforschung der Kräfte, die wir übersinnlich zu nennen pflegen – obwohl sie auf ihre Weise durchaus natürlich sein mögen –, hat in den letzten beiden Jahrzehnten bedeutende Fortschritte gemacht; das Interesse der Öffentlichkeit an ihnen ist geradezu rapide gestiegen. Es steht uns nicht zu, darüber geringschätzig zu lächeln; fragen wir lieber nach den Gründen. Es ist kein Zufall, daß beispielsweise der amerikanische Astronaut und Mondfahrer Ed Mitchell eine Gesellschaft für parapsychische und paraphysikalische Forschungen gegründet hat, bei denen ihm Dr. Wernher von Braun und zahlreiche andere namhafte Wissenschaftler beratend zur Seite stehen.

Wir wollen in diesem Buch versuchen, in diese Grenzwelt hineinzuleuchten und sie, wo nötig, vom Stigma des Okkulten zu befreien. Die Beobachtungen, um die es geht, haben ihren Ursprung zwar außerhalb der gewohnten Dreidimensionalität, sind aber deshalb nicht weniger real. Hellsehen, Telepathie, Telekinese (physische Fernwirkung) und Präkognition (Vorauswissen) sind heute als Erfahrungstatsachen anzusehen. Der Umstand, daß es gerade auf diesem Gebiet leicht Täuschungen geben kann – auf welchem Gebiet menschlicher Betätigung gäbe es sie nicht? –, soll uns zu steter Wachsamkeit verpflichten, ohne uns zu furchtsamen Kleingeistern zu machen.

Freilich, einen Sinn kann dieser neue Aufbruch nur haben, wenn er zu einem besseren Verstehen dessen führt, »was den Menschen ausmacht«, wenn er, in den Worten Ed Mitchells, »die Erde von ihrem gegenwärtigen klaustrophobischen Trend befreit« und uns größere, kosmische Maßstäbe eröffnet. Deshalb genügt die bloße Darlegung von Fakten nicht mehr. Die Zeit scheint uns reif, an die Türen des Establishment zu klopfen und es aufzufordern, sich neuen Denkmöglichkeiten nicht länger zu verschließen. Psychologie, Biologie, Medizin, Physik und Philosophie sind hier gleichermaßen angesprochen. Ein neues Verständnis des Rätsels Mensch zeichnet sich ab – wenn wir es zulassen!

Natürlich leugnen wir nicht das gesicherte Wissen. Wir vergessen auch nicht, daß die Naturwissenschaft die Menschheit von Furcht und Aberglauben befreite, indem sie die Anwendung des Denkens auf das Naturgeschehen lehrte. Daran soll sich nichts ändern. Wir haben aber den Verdacht, daß allzuhäufig etwas als gesichert vorgestellt wird, das es keinesfalls ist. Eine Meinung wird nicht dadurch zu Wissen, daß sie autoritär geäußert wird.

Noch immer ist es möglich, ja üblich, Meinungen, die für das Bild des Menschen wesentlich sind, *ex cathedra* darzulegen, ohne von der parapsychischen Erfahrungswelt auch nur Notiz zu nehmen. Oder man hüllt sich in unverbindlichen wissenschaftlichen Jargon, der eigentlich doch nur verbergen soll, daß man zwar keine Antwort weiß, aber doch nicht die eigene Bastion aufgeben möchte.

Das heutige wissenschaftliche Weltbild läßt nur Bekanntes gelten. Erscheinungen, die nicht in den Rahmen passen, werden »erklärt«, indem man auf der Basis des augenblicklichen Wissensstandes unzulässig weit extrapoliert. Der Denkprozeß wird auf diese Weise eingeschnürt, bis der in ihm Befangene seine eigene Unfreiheit nicht mehr wahrnimmt.

Wesentlich ist nur die Wahrheit. Wir beanspruchen keine Autorität über sie, wir wollen nur helfen, sie zu finden. Es gibt in der Parapsychologie heute noch keine Lehrmeinungen, jedenfalls sollte es noch keine geben. Dem Leser wird klar sein, in welchen Fällen sich eine geschilderte Beobachtung in mehrfacher Weise deuten läßt. Wir glauben daher, auf eine ermüdend häufige Wiederholung von Worten wie »angeblich« oder »anscheinend« verzichten zu können.

Wir meinen übrigens, daß auch ein ernstes Thema gelegentlich eine Prise Humor vertragen kann. Unsere Ufo-Satire (15. Kapitel) ist in diesem Sinne zu verstehen. Wir möchten aber dem Leser empfehlen, nicht gleich nach der Selbstverulkung der Autoren zu forschen, sondern zunächst die vorangehenden Kapitel zu verarbeiten!

Das Durchstoßen des naturwissenschaftlichen Horizontes führt uns unvermeidlich auch in die Nachbarschaft des Transzendenten. Es ist üblich, vor ihm eine Verbeugung zu machen, doch zur Bereitschaft, seine Erscheinungswelt naturwissenschaftlich zu diskutieren, reicht es meistens nicht. Wir wollen versuchen, zu zeigen, wo eine solche Diskussion ansetzen kann.

London und München, 1973 *Peter Andreas/Caspar Kilian*

1. Kapitel: Krösus und die Kausalität

Die schwarze Lawine von Aberfan – Ein Aufruf bringt Visionen zutage – »Titanic«-Zeugen besonderer Art – Das Vorauswissen stellt die kausale Welt auf den Kopf – Quantensprünge als Testobjekte – Ein griechischer Admiral deutet das Übersinnliche – Der okkultgläubige Krösus – Scharfsinniger Beobachter Jules Verne – Können Tiere hellsehen?

Man schrieb den 21. Oktober 1966. In dem walisischen Bergarbeiterdorf Aberfan hatte gerade die Schule begonnen, und die Männer waren zur Arbeit gegangen – ein Alltag, so schien es, wie jeder andere. Minuten später war Aberfan zum Schauplatz einer der bittersten Tragödien geworden, von denen Großbritannien jemals heimgesucht worden ist. Eine Kohlenhalde oberhalb des Ortes, ein von wochenlangem Regen aufgeweichter schleimig-schwarzer Berg, hatte sich gelöst und war talwärts abgerutscht. Die schwarze Lawine begrub die Schule des Ortes und mehrere andere Häuser unter sich. 144 Menschen starben den Erstickungstod, 128 von ihnen Kinder.

Die Katastrophe brachte die Weltpresse in das abgelegene Aberfan. Einige Tage später besichtigte Dr. J. C. Barker, ein englischer Psychologe, den Unglücksort. Auch er war von dem Anblick tief bewegt. Barker hatte sich schon früher mit Fragen der außersinnlichen Wahrnehmung beschäftigt. Jetzt drängte sich ihm der Gedanke auf, daß es Menschen geben mußte, die in Träumen oder Visionen den Schrecken dieses Tages vorausgesehen hatten und sicher davon so erschüttert waren, daß sie anderen davon erzählt hatten.

Leider ist das eher die Ausnahme als die Regel, weil sich viele Leute »genieren«, Vorahnungen zu erzählen. Wenn ein Fall von Präkognition jedoch beweisbar sein soll, dann muß der »Sensitive« sein Erlebnis *vor* der Erfüllung anderen erzählt oder niedergeschrieben haben. Nur so kann man sicher sein, daß ein »Treffer« erzielt wurde und die Übereinstimmung – oder gar das ganze Erlebnis – nicht etwa nur nachträgliche Einbildung ist.

Ein weiteres Problem ist, daß es sich bei präkognitiven Eindrücken oft um Dinge wie Eisenbahn- oder Flugzeugunglücke handelt. Es läßt sich dann sehr schwer beweisen, daß der Sensitive nicht nur einen »gewöhnlichen« Traum oder Alptraum gehabt hat.

Bei Aberfan gab es dieses Problem nicht, weil das Unglück in seiner Art ganz einmalig war. Es war für eine wissenschaftliche Untersuchung deshalb besonders geeignet.

Durch einen Aufruf in der Presse bat Dr. Barker alle, die glaubten, die Haldenkatastrophe in irgendeiner Form »vorauserlebt« zu haben, um schriftliche Mitteilung. Er erhielt 76 Zuschriften, von denen er sich 60 für gründliche Nachforschungen vornahm. Schließlich blieben 35 Fälle übrig, bei denen die Schilderungen so eindrucksvoll waren, daß Barker sie in der Zeitschrift der britischen Gesellschaft für parapsychische Forschung veröffentlichte[1]*. In 24 von diesen Fällen erhielt Barker die Bestätigung von Zeugen, denen die Sensitiven ihr Erlebnis *vor* dem 21. Oktober mitgeteilt hatten.

Meist handelt es sich um Träume; von schreienden Kindern unter einer Lawine von Kohlengrus, von einer »kriechenden schwarzglänzenden Masse« oder von Menschen, die auf einem Berghang im Schlamm nach etwas gruben (die Rettungsmannschaften!). Eine Frau schilderte einen »fürchterlichen Traum von Kindern, die an einem Gebäude unter einem schwarzen Berg standen«. Plötzlich seien dann Hunderte von schwarzen Pferden, die Leichenwagen hinter sich herzogen, den Berg hinunter gerast. In zwei Fällen wollten die Betreffenden das Wort »Aberfan« bzw. »Aberredfan« gesehen oder gehört haben. Immer wieder tauchten dieselben Traumelemente auf: Kinder, Wales, walisische Bergarbeiter, die »Kohlenpott«-Kulisse, schwarze Massen, die sich bewegten, Schreie, Schrecken, verschüttete Häuser, Schule unter Lawine etc.

Das Alter der Traumberichter lag zwischen 10 und 75 Jahren (die 10jährige, ein Schulmädchen aus A., sprach frühmorgens über ihren Traum zu den Eltern und wurde dann selber ein Opfer der Katastrophe); das Verhältnis von Frauen zu Männern betrug fünf zu eins. Viele gaben an, sie hätten schon vor anderen Unglücksfällen Vorahnungen gehabt; außer dem Schulmädchen hatte aber niemand eine persönliche Beziehung zu dem walisischen Bergarbeiterdorf. »Ich war beeindruckt von der Aufrichtigkeit der meisten Einsender«, schreibt Dr. Barker. »Viele von ihnen schienen erfreut zu sein, daß sie über ihre Erfahrungen berichten konnten, denn vorher . . . hatte man sie ausgelacht.«

Mehrere der von Barker ausführlich befragten Sensitiven wurden von ihren Eindrücken, sei es durch Traum oder »Gesicht«, so stark mitgenommen, daß sie über anhaltendes körperliches Unwohlsein oder Depressionen berichteten.

Der amerikanische Mediziner und Parapsychologe Dr. Ian Stevenson hat in ähnlicher Weise 19 Fälle untersucht, in denen der Untergang der »Titanic« im Jahre 1912 vorausgelebt worden war. Natürlich war hier die seitdem verstrichene Zeitspanne ein Hin-

* Die hochgestellten Ziffern verweisen auf die Anmerkungen S. 190f.

dernis. Trotzdem gewann Stevenson nach Prüfung von Niederschriften und Gesprächen mit Personen, denen die Präkognition damals vorher erzählt worden war, die Überzeugung, daß ihm Beweise für echtes Vorauswissen gegeben wurden.

Als ein interessantes Kuriosum außerhalb der Stevenson-Umfrage sei noch der Roman »The Wreck of the Titan« erwähnt, der im Jahre 1898 von Morgan Robertson geschrieben wurde. Nicht nur der Schiffsname, sondern die gesamte Handlung des Romans ähnelt verblüffend genau dem tatsächlichen Katastrophengeschehen 14 Jahre später. Robertson gab an, er habe das Buch nach »psychischer Inspiration« geschrieben.

Viele Wissenschaftler sind heute bereit, Beweise für Telepathie und Hellsehen mindestens zu dulden. Auf das Glatteis der Präkognition wagen sich aber nur wenige. Es ist eine durchaus verständliche Zurückhaltung. Daß eine Wirkung anscheinend der Ursache vorausgehen oder im voraus wahrgenommen werden kann, widerspricht eben allen bisher bekannten Regeln.

Deutlicher ausgedrückt: Die Präkognition ist etwas, das eigentlich »nicht sein darf«; sie stellt alle Lehrmeinungen buchstäblich auf den Kopf. Wer die Kausalität in Frage stellt, rüttelt an den Grundfesten des physikalischen Universums, wie wir es bisher kennen. Die *praktische* Physik kennt keine Signale, die zeitlich rückwärts von der Zukunft in die Gegenwart laufen könnten.

Man kann natürlich vor diesem Dilemma die Augen schließen oder in eine andere Richtung schauen; viele tun es und fallen nicht damit auf. Oder aber man kann fragen, ob die Wahrnehmenden nicht vielleicht über sachliche Informationen verfügt haben, aus denen sie unbewußt (d. h. vornehmlich im Traum) das künftige Geschehen logisch ableiten konnten. Vielleicht hatten sie die heraufziehende Gefahr auch telepathisch aus dem (Unter)bewußtsein anderer Menschen abgetastet und dann im Traum »dramatisiert«.

Ob sachliche Informationen verantwortlich waren, möge der Leser selbst beurteilen, wenn er berücksichtigt, daß die »Titanic« vor ihrer tragischen Jungfernreise als »unsinkbar« und als »sicherstes Schiff der Welt« gefeiert worden war. Niemand hatte Anlaß, gerade um dieses Schiff zu fürchten. Was Aberfan betrifft, so war nur am Ort selbst von einer Haldengefahr die Rede gewesen, während die Wahrnehmenden mit Ausnahme des zehnjährigen Mädchens über ganz Großbritannien verteilt waren und nichts über das walisische Dorf wußten[2].

Die zweite Alternative führt den materialistisch denkenden Wissenschaftler in eine andere Zwickmühle: er muß jetzt ein Ärgernis zu Hilfe nehmen, um ein anderes damit zu erklären, d. h. er muß eine telepathische oder hellsichtige Informationsaufnahme einräumen, um sein Weltbild halbwegs zu retten. Er muß, setzt man den Denkweg schonungslos fort, damit aber auch zugeben, daß nichtmaterielle oder feinstrukturelle Signale in unsere Wahrnehmung gelangen, denn ein materieller »Träger« für die Telepathie läßt sich bekanntlich nicht nachweisen. Diese Konsequenz zu akzeptieren, weigern sich aber oft gerade die Biologen und Psychologen mit einem manchmal ans Religiöse grenzenden Starrsinn.

Früher ließen sich Präkognitionsfälle verhältnismäßig leicht als »anekdotisch« abschütteln. Umfragen von der Art Barkers und Stevensons und natürlich die Laborversuche der modernen Parapsychologie haben das zunehmend unmöglich gemacht. Was die von Professor J. B. Rhine anfangs der dreißiger Jahre entwickelten Kartentests vermuten ließen, wird heute von elektronischen Testgeräten bestätigt.

Mit diesen Geräten lassen sich beispielsweise Zufallsabläufe herstellen, die von radioaktiven Zerfallprozessen, also von absolut unvoraussehbaren Quantensprüngen abhängig sind. In den USA konstruierte der Physiker Helmut Schmidt ein Gerät, das mit freiwerdenden Strontium-90-Partikeln verschiedenfarbige Lampen zum Aufleuchten bringt. Dieses Gerät wird heute von zahlreichen Forschungsinstituten zum »Einfangen« der Präkognition oder anderer ASW[3]-Prozesse benutzt. Man läßt sensitiv begabte Versuchspersonen die Reihenfolge der aufleuchtenden Lampen voraussagen. Schmidt selbst erzielte mit seiner Apparatur Ergebnisse, die, wären sie Zufall, nur einmal unter zehn Milliarden zu erwarten gewesen wären. Statistisch ausgedrückt ein »hochsignifikantes« Resultat, das wissenschaftlich unangreifbar geworden ist, seit es von anderen amerikanischen Forschern wiederholt werden konnte.

In den Labors der Parapsychologen treten aber auch immer wieder negative Versuchsserien auf: die außersinnliche Wahrnehmung (ASW) ist nun einmal ihrer ganzen Natur nach spontan. Das sogenannte anekdotische Material ist deshalb unentbehrlich; es sollte jedoch durch Zeugen bestätigt sein. In den USA hat man den Weg dazu bereits beschritten. In New York gibt es jetzt eine Meldestelle, das *Central Premonitions Registry*. Es nimmt Präkognitionsberichte entgegen und vergleicht sie später mit der Wirklichkeit.

Vorahnung und Ereignisse müssen *im Detail* übereinstimmen. Nehmen wir als Beispiel ein Mädchen, welches den Tod des Vaters vorausträumt. Das Traumerlebnis prägt sich der Tochter stark ein, obwohl der Vater zu dieser Zeit anscheinend völlig gesund ist. Tatsächlich stirbt er aber wenige Tage oder Wochen später an einem Herzschlag.

Man kann nun natürlich annehmen, die Tochter habe unbewußt eine noch verborgene Herzkrankheit des Vaters erfühlt. Das wäre dann »nur« Telepathie und noch keine Präkognition. Sieht sie jedoch im Traum einen gänzlich *fremden* Ort (und kann ihn genau beschreiben), an dem der Vater dann später tatsächlich zusammenbricht, dann haben wir es offenbar mit echter Präkognition zu tun.

Ähnliches gilt für Aberfan. Hätten die Wahrträumer etwa nur eine schwarze Wolke gesehen – erfahrungsgemäß ein Symbol, mit dem sich heraufziehendes Unheil dem Unbewußten häufig anzeigt –, dann könnte man noch annehmen, daß sie die generelle Besorgnis der Bevölkerung von Aberfan um ihre Sicherheit telepathisch erfühlt hatten. Sie sahen jedoch sehr viel mehr, vor allem immer wieder Kinder; schreiende, verzweifelte Kinder.

Der griechische Admiralarzt Angelos Tanagras, Gründer der hellenischen Gesellschaft für parapsychische Forschung, versucht die Präkognition durch eine eigenwillige und interessante Hypothese zu erklären. Er glaubt, daß die vermeintlichen Vorahnungen gar keine Ahnungen sind, sondern nur Gedanken oder Träume, für deren Erfüllung die Menschen dann durch telepathische Suggestion oder durch Autosuggestion selber sorgen.

Nehmen wir ein Beispiel aus der Fallsammlung des Admirals: Eine Mutter träumt, ihr Sohn werde bei einem für den nächsten Tag geplanten Jagdausflug von einem anderen Jäger erschossen. Am Morgen fleht sie den Jungen an, nicht mit auf die Jagd zu gehen; er aber lacht sie natürlich aus. Wenige Stunden später wird der Sohn von einem Jagdgenossen tatsächlich angeschossen und tödlich verwundet.

Für Tanagras ist dies eindeutig ein Fall von telepathischer Suggestion. Der Sohn müsse die Warnung der Mutter im Unterbewußtsein mit sich getragen und dann telepathisch an seinen Jagdfreund »weitergegeben« haben. Dieser schoß dann – natürlich unbewußt – unter dem Einfluß der Unheilvorstellung, die zur aktiven Suggestion geworden war.

Admiral Tanagras bemüht auch den Geschichtsschreiber Herodot, der über eine fast identische Situation am Hofe des Königs Krösus berichtet. Dem Monarchen hatte geträumt, sein Lieblingssohn Attis sei durch eine Waffe mit eherner Spitze getötet worden. Krösus aber, so berichtet uns Herodot, ließ seinen Sohn sofort aller Pflichten als Oberkommandierender entheben und aus seinen Gemächern alle Waffen mit eisernen Spitzen entfernen.

Nach allem, was man von Krösus weiß, ist das durchaus glaubhaft, denn der lydische Monarch war in ganz besonderem Maße »okkultgläubig«. In späteren Jahren ließ er bekanntlich die Orakel Griechenlands einem fast modern wirkenden Vergleichstest unterwerfen (Boten mußten zur gleichen Stunde dieselbe Frage an sieben verschiedene Orakel stellen: »Was tut König Krösus in diesem Augenblick?«). Delphi schnitt am besten ab, doch Delphi war es bekanntlich auch, das mit seinem doppeldeutigen Spruch »Wenn du die Perser angreifst, wird ein großes Reich untergehen« bald darauf zur Niederlage des Lydiers beitrug.

Doch zurück zu Attis. Einige Zeit nach des Königs Traum begab es sich, daß die Einwohner von Mysia den Krösus bedrängten, er möge doch seinen Sohn entsenden, um einen riesigen wilden Eber zu erlegen, der die Gegend unsicher machte. Krösus lehnte natürlich ab. Doch Attis selbst hielt seinem Vater entgegen, daß ein Eber weder Hände noch eherne Waffen habe, was also konnte ihm geschehen? Unwillig gab der Monarch schließlich nach, machte aber Adrastus – den Sohn des Königs von Phrygien, der an seinem Hofe Zuflucht gefunden hatte – für den besonderen Schutz des Jünglings verantwortlich.

Man ahnt schon, was dann geschah: Adrastus schleuderte seinen Speer auf den Eber, verfehlte ihn und traf mit tödlicher eiserner Spitze den Freund.

Bei seiner Rückkehr fiel der unglückliche Adrastus vor Krösus auf die Knie und flehte ihn an, er möge ihn auf dem Scheiterhaufen mit der Leiche des Attis verbrennen lassen. Krösus aber vergab ihm, da er keine Schuld daran trage, was das Schicksal ihm auszuführen gegeben habe.

Dennoch tötete sich Adrastus später selbst auf dem Grabe des Freundes.

Ohne Zweifel ist das ein Schulbeispiel für die Tanagras-These. Die Vorahnung, oder besser gesagt das, was für eine Vorahnung *gehalten* wird, erzeugt eine machtvolle Autosuggestion. Diese wiederum bringt andere zum unbewußten Handeln. Der Admiralarzt geht aber noch weiter und behauptet, daß Menschen, die psychodynamische Kräfte besitzen, tatsächlich Materie bewegen und verändern können. Hat sich die Suggestion oder »Prophezeiung« im Unbewußten psychodynamischer Menschen festgesetzt, dann drängt sie von dort zur Erfüllung. Ein Unglück wird, Tanagras zufolge, also nicht so sehr vorausgesehen, es wird durch die Vision überhaupt erst ausgelöst.

Wir können dem Admiral nur zur Hälfte des Weges folgen. Der durch Suggestion ausgelöste Jagdunfall, die »Übertragung« von einem Menschen zum anderen, paßt durchaus noch in das Denkschema der modernen Tiefenpsychologie. In gleicher Weise mag vielleicht auch das Versagen eines Busfahrers oder Lokführers erklärbar sein, dessen Frau ihm am Morgen von einem bösen Traum berichtet und ihm so, ohne es zu ahnen, eine Autosuggestion eingegeben hat. Bei kollektiven Unglücken mit rein technischen Ursachen muß diese Hypothese aber natürlich versagen. Auch Tanagras scheint nicht ernsthaft zu behaupten, ein psychodynamisch Begabter löse den Steinschlag aus, der ein Unglück verursacht, bewirke das Versagen eines Flugzeugteiles oder löse gar eine Kohlenhalde.

Das Auftreten psychodynamischer Kräfte an sich sei keineswegs bestritten; wir werden später noch einiges über sie zu sagen haben. Mit echter Präkognition haben sie jedoch nichts zu tun.

Bedeutende Erfinder, Gelehrte und Schriftsteller werden manchmal als »visionär« oder »prophetisch« bezeichnet, weil sie ihrer Zeit weit voraus sind. Bei Jules Verne beispielsweise haben selbst anerkannte wissenschaftliche Publikationen übernatürliche Schaukräfte vermutet, weil er den ersten Mondschuß von Amerikanern vollbringen, den Start von Florida aus erfolgen und die Helden schließlich auf dem Ozean niedergehen läßt. Man muß über diese Genauigkeit um so mehr staunen, als die Amerikaner zur Zeit von Jules Verne durchaus noch nicht technisch führend waren.

Trotzdem ist dies keine Präkognition, sondern eher etwas, das wir vorausschauende Naturkenntnis nennen möchten – also durchaus noch eine Leistung des menschlichen Intellekts. Jules Verne mag zunächst gespürt haben, daß zu einem Unternehmen wie dem Mondschuß eine begeisterungsfähige Nation mit Pioniergeist gehören würde. Vom Europa seiner Zeit war eine solche Haltung nicht zu erwarten. Technisch war genau so wie heute ein Start südlich des 28. Breitengrades notwendig. Damit kamen automatisch Texas und Florida in die engere Wahl; Transportentfernungen mögen bei Verne ebenso wie bei der NASA dann für das letztere gesprochen haben. Die Landung auf dem Wasser war für Jules Verne ganz einfach eine Frage der Wahrscheinlichkeit und der Überlebenschancen.

Jules Verne hatte zweifellos ein sehr stark intuitives Einfühlungsvermögen und einen brillanten deduktiven Intellekt. Echte Präkognition ist aber keine Sache der Überlegung, sie ist Wahrnehmung!

Fast sprichwörtlich ist das »Vorauswissen« der Tiere. Es scheint uns durchaus nicht bewiesen zu sein, daß es sich *immer* um ein der Arterhaltung dienendes Instinktverhalten oder um Reflexe handelt, die von besonders empfindlichen Sinnesorganen ausgelöst werden. Eine solche Hypersensitivität liegt sicherlich vor, wenn viele Spezies, ja sogar Insekten, vor einem Erdbeben ihren Heimatplatz verlassen. Oder wenn bestimmte Krebsarten vor einem Sturm auf trockenes Land krabbeln, während Quallen sich weiter in die See hinausbegeben. Hüten wir uns aber hier vor der »wegerklärenden« Verallgemeinerung, daß es echte Telepathie oder Präkognition bei Tieren nicht geben könne.

In der Zeitschrift »Neue Wissenschaft« (1966, I/II) berichtet Dr. med. G. R. Heyer über das Verhalten seines Terriers »Knurr« in den Bombennächten des Zweiten Weltkrieges. Dr. Heyer und seine Frau hatten sich im Garten ihrer Villa in der Berliner Heerstraße einen Splittergraben gebaut. Manchmal stürzte der Hund beim ersten Sirenenklang in den Graben, noch bevor »Herrchen« und »Frauchen« sich dorthin begaben. In anderen Fällen aber blieb das Tier seelenruhig im Hause zurück. Und *immer* verhielt Knurr sich richtig! War er im Hause geblieben, so traf der Angriff einen entfernten Stadtteil, eilte er aber in den Splittergraben, dann lag die Heerstraße im Zielgebiet. Das Arztehepaar verließ sich schließlich auf das Verhalten des Hundes.

Eines Tages, bei einem Spaziergang am Nachmittag des 13. Dezember 1944, war Knurr plötzlich verschwunden. »Er war einfach weggelaufen«, berichtet Dr. Heyer, »was weder vorher noch nachher je sonst erfolgte; und er kam auch am Abend nicht nach Hause. Wir standen vor einem Rätsel, bis um 20.30 Uhr eine Freundin anrief, Knurr sei ihr zugelaufen, ob wir ihn holen wollten, denn es gelänge ihr nicht, ihn fortzuschicken.«

In diesem Augenblick gab es Fliegeralarm, und Dr. Heyer brach das Gespräch ab. Und eben in dieser Nacht brannte die Arztvilla, von Phosphorbomben getroffen, bis auf die Grundmauern ab! Das Nachbarhaus wurde durch einen Volltreffer total zerstört.

»Dem etwa 2 Kilometer entfernt liegenden Haus der Freundin war nichts geschehen«, schließt Dr. Heyer seinen Bericht, »und am anderen Tag kehrte Knurr freundlich wedelnd zu uns zurück.«

Überscharfe Sinnesorgane? Da zwischen Sirenenalarm und Angriff eine oft längere Zeitspanne lag, konnte der Hund unmöglich feststellen, wo die noch über Nordwestdeutschland befindlichen anfliegenden Maschinen schließlich ihre Bombenlast abwerfen würden. Am Nachmittag des 13. 12. 1944 waren die Bomber noch nicht einmal von ihren englischen Einsatzflughäfen gestartet.

Wir müssen hier deshalb echtes Vorauswissen annehmen. Wen das Wort »Wissen« bei einem Tier stört, der mag weiter von »Instinkt« sprechen, wird dann aber folgerichtig das Paranormale in den tierseelischen Instinktbereich mit einbeziehen müssen. Daß ein Tier sich nicht durch artikulierte Sprache, sondern nur durch sein Verhalten äußern kann, mindert die Bewertung nicht. Auch viele Menschen spüren nur, daß »irgend etwas« sie zu einem Tun oder Unterlassen treibt, das sich nachher als voraussehend erweist. Wir sprechen dann von Intuition; diese ist, im Gegensatz zur Inspiration, wahrscheinlich dem tierischen Empfinden sehr verwandt.

Wir fassen zusammen: Es gibt *qualitatives*, spontanes Beweismaterial für die Präkognition in überwältigender Fülle. Im Vergleich dazu steht die quantitative statistische Beweisführung durch Geräte wie das von Helmut Schmidt noch weit zurück. Zusammen betrachtet kann aber wohl kein vernünftiger Zweifel mehr daran bestehen, daß es echte Präkognition gibt. Unklar ist nur, wie sie zustande kommt.

Es fällt sofort auf, daß Vorahnungen und Visionen um so stärker auftreten, ja um so eher zu erwarten sind, je tiefer die menschliche Erschütterung ist, die das spätere Ereignis auslösen wird. Anders ausgedrückt, präkognitive Signale kommen am besten »durch«, wenn sie einen Menschen betreffen, zu dem der

Wahrnehmende eine Gefühlsbindung hat, oder eine Katastrophe, die allgemein Schrecken und Mitgefühl auslöst.

Der Leiter des »Central Premonitions Registry« in New York, Robert Nelson, hat die Beobachtung gemacht, daß bestimmte Vorahnungen als vage Eindrücke beginnen, sich wiederholen und dabei stärker werden und schließlich etwa zwei Wochen vor einer Katastrophe ihre höchste Intensität erreichen. Im Falle von Aberfan traten einige der stärksten Eindrücke erst ein bis zwei Stunden vorher auf.

Es ist eine bekannte Tatsache, daß ASW-Versuche meist nur dann gelingen, wenn in irgendeiner Weise das Gefühl dabei beteiligt ist. So berichtet Professor Hans Bender (Freiburg i. Br.) von dem vielleicht bekanntesten europäischen Sensitiven, dem Holländer Gerard Croiset, er brauche »eine spannungsvolle Situation mit Menschen als Zielobjekten ...« (im Gegensatz zu Testkarten)[4]. Emotionen oder zumindest lebendiges Interesse der Beteiligten liefern den Treibstoff der ASW-Signale, sie haben offenbar einen eigenen Stellenwert.

Dies ist sehr bedeutungsvoll. Es paßt keinesfalls mehr in ein mechanistisch-kybernetisches Weltbild. Wir machen mit dieser Erkenntnis den ersten Schritt zu völlig neuen Perspektiven, die eine andere, hinter dem Sichtbaren liegende Ordnung der Dinge vermuten lassen.

2. *Kapitel:* Das kybernetische Modell des Menschen

Mensch und Automat – Der bewußte Roboter – »Bewußtsein« läßt sich nicht programmieren – Außersinnliche Wahrnehmung paßt nicht zum Computer – Der moderne Nürnberger Trichter

Was ist der Mensch? Ein ichbewußtes, gefühls- und geistbegabtes Lebewesen, antworten wir. Aber mit diesem breitesten gemeinsamen Nenner ist die Übereinstimmung schon erschöpft. Manche von uns halten die religiöse, ethische, moralische Bewußtheit des Menschen für das wirklich Wesentliche. Andere interessieren sich mehr für seinen tiefenpsychologischen Untergrund, wieder andere gar nur für die behavioristische Oberfläche. Man kann ohne weiteres Psychologe sein und den Menschen dennoch für eine hochkomplizierte Maschine aus Zellen und Nerven halten, dessen Geistigkeit eine unselbständige Begleiterscheinung, ein »Epiphänomen« des physischen Gehirns und allein aus dessen biologischer Evolution erklärbar ist.

Tatsächlich ist das die Meinung des überwiegenden Teiles des heutigen biologischen und psychologischen Establishments. Wir haben nichts dagegen, immer vorausgesetzt, man vergißt nicht, daß es eine bloße Meinung ist.

Außersinnliche Wahrnehmungen passen natürlich nicht in dieses Bild, und so läßt man sie praktischerweise einfach beiseite. Überraschen darf das niemanden. So wie wir sie bisher kennen, ist die Naturwissenschaft ihrem Wesen nach materialistisch. Sie ist bei der Suche nach Ursprung und Träger einer Information gar nicht fähig, anders als in Begriffen oder Modellen zu denken, die ähnliches hervorbringen. Und als Vergleichsobjekt drängen sich ihr die programmgesteuerten Rechenmaschinen geradezu auf.

Die moderne Nervenphysiologie stützt sich bereits sehr stark auf Denkmodelle, die der Computerelektronik und Informationstheorie angelehnt sind. Die gesamte biophysikalische Forschung geht heute von kybernetischen Grundsätzen aus; mehr und mehr bedient sich ihrer auch die Psychologie. Menschen und Automaten werden nach kybernetischen Gesichtspunkten miteinander verglichen. Man könnte etwa einander gleichstellen

1. Die Eingabeeinheiten des Computers mit den Sinnesorganen.
2. Das Rechenwerk mit dem bewußten, denkenden Teil des Gehirns.

3. Die elektronischen Bausteine des Rechenwerks mit den Neuronen (Nervenzellen) des Gehirns.
4. Das Speicherwerk des Computers (in dem Zwischenergebnisse oder von außen eingegebene Zahlen gespeichert und bei Bedarf dem Operationsteil wieder zugeführt werden) mit dem menschlichen Gedächtnis.
5. Die Ausgabeeinheiten des Computers mit den vom Gehirn gesteuerten Organen.

Vor uns liegt das kybernetische Modell des Menschen. Es wirft zwei recht beunruhigende Fragen auf: Einmal, müssen wir damit rechnen, daß die fortgeschrittene Computertechnik ihr eigenes »Epiphänomen« schafft, ein künstliches Gehirn mit reflexivem Denkvermögen und vielleicht sogar einer Art von Bewußtsein? Oder wird es umgekehrt eher dazu kommen, daß man den Menschen wie einen Computer programmiert und manipuliert?

Es gibt Techniker und Wissenschaftler, die davon überzeugt sind, daß der bewußt reagierende Roboter nur noch eine Frage der Zeit ist. Es gibt sogar einige Außenseiter, die an das Vorhandensein mechanischer Rassen im Weltall glauben. Am Ende dieses Denkweges steht die Science-fiction-Vision von künstlichen Lebewesen, die zu höherer Denkleistung, zu einer Art Gefühlsleben und – man mag das im Sex-Zeitalter verzeihlich finden – sogar zur Fortpflanzung fähig sind.

Leider hat die Sache einen Haken. Nehmen wir an, es wolle jemand ein Modell des menschlichen Bewußtseins bauen, um es auf diese Weise materialistisch zu erklären, oder es einem Roboter einzuverleiben. Er müßte dafür Strukturen finden, die eine gewisse Ähnlichkeit mit den innerlich bewußten Vorgängen zeigen. Doch solche Struktur-Bausteine gibt es nicht.

Es mag noch möglich sein, einzelne Schaltblocks zur Simulierung jener Gehirnteile zu konstruieren, die jeweils für motorische, sensorische, intellektuell-reflexive oder Reflexhandlungen verantwortlich sind. Professor K. Steinbuch und andere ernstzunehmende Wissenschaftler haben sich mit dieser interessanten Möglichkeit befaßt. Jedoch: die Vorstellungen und Bilder des menschlichen Bewußtseins sind etwas ganz anderes; nach der bunten Welt unseres Gedankenlebens wird man in einer Rechenmaschine vergeblich suchen. Die Ströme im Netz ihres Operationsteiles besitzen ja weder Farbe noch Klang, ihre Schaltungen »kennen« keine Bilder, sondern nur Entscheidungen zwischen zwei Alternativen – ja oder nein, plus oder minus, 0 oder 1.

Ein Computer führt Befehle aus, blitzschnell und mit bestechender Präzision. Denken und schöpferisch konzipieren jedoch kann eine Maschine nicht. Jeder Praktiker wird das übrigens im Umgang mit elektronischen Datenverarbeitungsanlagen sofort empfinden. »Schön wäre es«, soll ein geplagter Programmierer auf die Laienfrage geantwortet haben, ob seine Maschine denken könne.

Nehmen wir aber ruhig einmal an, unsere geplante mechanische Rasse brauche weder schöpferische Vorstellungskraft noch selbständiges Denken noch echtes Gefühl. Sie soll »ganz einfach« nur die Leistungsfähigkeit des menschlichen Intellekts besitzen.

Der bedauernswerte Physiker, der den Prototyp dieser Rasse zu bauen hätte, würde zunächst eine sehr große Zahl sehr kleiner Bauelemente brauchen. Sie müßten einen extrem niedrigen Energieverbrauch haben, da sonst eine Überhitzung entstehen würde. Praktisch müßte er die heutigen Bauelemente, mit denen sich bereits Rundfunkapparate von Streichholzgröße herstellen lassen, nochmals um Größenordnungen unterschreiten.

Doch auch wenn ihm das gelänge, würde er sogleich vor neuen und noch größeren Problemen stehen. Bei extrem kleinen Impulsen der Informationsträger tritt nämlich ein Phänomen auf, das der Fachmann als »thermisches Rauschen« kennt, ein störendes Geräusch, das durch die Eigentemperatur der Elektronen entsteht. Um es in erträglichen Grenzen zu halten, werden beispielsweise Satellitensignale von Empfängern aufgenommen, deren Verstärker auf sehr tiefe Temperaturen gekühlt sind. Ein tiefgekühlter Computer kann mit sehr niedrigen Energien arbeiten.

Es ließen sich noch andere Komplikationen anführen, die bei Miniaturcomputern auftreten, aber die hier erwähnten zeigen wohl schon zur Genüge, daß der »menschliche Roboter« keineswegs eine zwangsläufige Entwicklung ist. Die Vorstellung, daß es ihn früher oder später geben müsse, ist vermutlich ein Ergebnis der Wissenschaftsgläubigkeit unserer Zeit. Wie jede Gläubigkeit kann auch sie unlogisch sein!

Das ist die eine Seite des kybernetischen Januskopfes. Wie sieht es mit der anderen aus? Wenn sich das menschliche Gehirn schon nicht nachbauen läßt, kann man es dann wenigstens manipulieren? Hier haben wir Tröstliches für die Gläubigen bereit – man kann es!

Die Neurophysiologie hat in den letzten Jahren gewaltige Fortschritte gemacht. Man weiß über die Lage und Funktion der Gehirnteile heute genug, um einen Menschen durch gezielte Stromstöße wie eine Marionette am Zugfaden tanzen zu lassen. Haarfeine Elektroden werden durch eine Öffnung in der Schädeldecke in den betreffenden Hirnbereich eingeführt oder auch nur unter die Kopfhaut gepflanzt. Stromstöße lösen nicht nur alle motorischen Körperbewegungen aus, sondern ebensogut Gemütsbewegungen wie Furcht, Heiterkeit, Aggressionslust usw. Die Technik läßt sich durch Computer-Rückkoppelung noch verfeinern; sie wird an amerikanischen Kliniken bereits zur Behandlung von Epileptikern und Gemütskranken angewandt.

Man kann geteilter Meinung über diese Neuerung sein. Professor John Taylor (London) sieht in ihr bereits das Anfangsstadium einer elektromentalen Revolution in den nächsten Dekaden. »Es wird Dich nicht länger überraschen«, schreibt er in seinem Buch *»The Shape of Minds to Come«*, »wenn Du feststellst, daß Dein Gesprächspartner tief in seinem Gehirn ein Metallstück eingepflanzt hat, um seine ... Aggressionstriebe zu zähmen. Oder daß der Supermann oder die Superfrau, mit der Du eine Liebesmarathonnacht verbracht hast, seine oder ihre erotische Kraft einem ähnlichen Metallstück verdankt.«

Der Physiker und Mathematiker Taylor ist auch überzeugt, daß die elektronische »Stimulatorhaube« Wirklichkeit werden wird.

Darunter muß man sich einen Helm vorstellen, an dessen Innenseite Kontaktstellen sitzen, die genau auf die Elektroden passen, die man dem Träger unter die Kopfhaut gepflanzt hat. Mit gezielten Stromstößen werden dann Informationen oder auch Unterhaltungssendungen in die dafür bestimmten Gehirnbereiche »geschossen«. Die Konstruktion eines solchen Helms wäre nicht schwierig. Man müßte natürlich vorher das Problem lösen, wie durch elektronische Direktwirkung auf das Gehirn das erreicht werden kann, was bisher nur durch die Sinnesorgane möglich war.

Hoffen wir, daß die Menschen auch in einigen Jahrzehnten noch genug Verstand und Handlungsfreiheit haben, sich nicht einer solchen schmerzlosen Gehirnwäsche zu unterwerfen! Denn die Stimulatorhaube wäre tatsächlich nichts anderes als der Wirklichkeit gewordene Nürnberger Trichter. Das Lernen in der Schule würde überflüssig, die »Haube« besorgte das viel gründlicher und schneller. Ebenso mühelos ließe sich der Schüler nach dem Willen der jeweiligen Machthaber doktrinär programmieren. Aldous Huxleys satirischer Zukunftsroman »Schöne Neue Welt« hätte sich erfüllt.

Aber schalten wir zurück von der Zukunftsspekulation in die Gegenwart. Schon heute gibt es Dinge in der Neurophysiologie, die die Grenze dessen erreichen, was ethisch noch erlaubt ist – und nach Meinung mancher schon darüber hinausgehen. Wenn ein Neurochirurg eine Lobotomie (auch Leukotomie genannt; Durchtrennung der Nervenbahnen zwischen Stirnhirn und anderen Hirnteilen) oder Thalamotomie (Koagulieren, d. h. Zerkochen der Thalamuszellen durch ins Gehirninnere eingeführte Elektroden) vornimmt, dann riskiert er, daß sein Patient geistig verstümmelt oder verflacht, daß er seine Persönlichkeit zerstört. Der Erfolg der Operation, etwa bei Epilepsie, ist dagegen keinesfalls garantiert. Im Frühjahr 1972 kam es in Houston/Texas zu einem regelrechten Eklat, als der Washingtoner Psychiater Dr. Peter Breggin bei einem Neurochirurgenkongreß unaufgefordert das Mikrophon ergriff und einigen seiner Kollegen vorwarf, sie töteten ihre Patienten geistig ab. »Wenn Sie glauben, daß ich in dieser Frage nicht emotional empfinden sollte«, rief Breggin, »dann bedenken Sie bitte, daß ich nicht lobotomisiert bin!«

Das angesehene »British Medical Journal« sah sich veranlaßt, mit einem Leitartikel (11. 3. 1972) gegen Versuche an einer Universität in den amerikanischen Südstaaten zu protestieren, bei denen Menschen mit eingepflanzten Elektroden durch einen Tastendruck Lustempfindungen an sich selbst erzeugen konnten – eben das also, was Professor Taylor ironisch vorausgesehen hat. Zur gleichen Zeit kursierten Gerüchte, wonach die Streitkräfte in den USA und in der Sowjetunion geheime Auftraggeber von ganzen Versuchsserien dieser Art sind. Wenn dem so ist, wird die verantwortungsbewußte Ärzteschaft dazu Stellung nehmen müssen[5].

Wir fassen zusammen: Äußerlich *ist* der Mensch eine manipulierbare, kybernetisch organisierte Struktur von Zellen und Nerven. Da man ihn trotzdem nicht wirklich »nachbauen« kann und da er als biologischer Roboter auch keine außersinnlichen Kräfte haben dürfte, muß noch etwas anderes in ihm stecken.

Wir haben es uns zur Aufgabe gemacht, nach diesem »Anderen« im Menschen zu suchen.

3. Kapitel: Schlaf, Traum und Helltraum

Symbolische, telepathische und ›geteilte‹ Träume – Der Schlaf und seine Geheimnisse – Die Stadien des Schlafes – ›Heißes‹ Gehirn im REM-Stadium – Der Helltraum, eine neugewonnene Dimension – Der Hellträumer weiß, daß er träumt

In unserem Gehirn fließen Mikroströme, ob wir nun wachen oder schlafen. Das Erlöschen dieser Ströme, mit anderen Worten das Ende der Gehirntätigkeit, wird von der modernen Medizin als zuverlässigstes Zeichen für den Augenblick des Todes gesehen. Der Ablauf des Denkens im Gehirn ist von chemischen Umsetzungen und mikroelektrischen Potentialschwankungen begleitet. Nervenimpulse setzen sich blitzartig von Zelle zu Zelle fort und erlöschen wieder – sehr ähnlich wie bei einem Computer.

Wir stellten schon fest, daß ein Computer nicht eigentlich denken kann. Ebensowenig kann er träumen, obwohl auch der Traum, elektrophysiologisch gesprochen, ›nur‹ durch besondere Muster der Hirnaktionsströme Ausdruck findet.

Würde der Mensch nicht träumen, es wäre sehr viel schwieriger, ihm eine Individualseele zuzuschreiben, und fast unmöglich, zu fragen, aus welchem ›Stoff‹ diese Seele wohl bestehen mag. Unser Bewußtsein ist so sehr an den Wachverstand gekoppelt, daß wir es eigentlich erst beobachten können – und das auch nur höchst unvollkommen –, wenn es sich *bei uns selbst* verändert, also im Traum. Wer das nicht glauben mag, braucht nur die Umkehrprobe zu machen: man stelle sich vor, was Medizin und Psychiatrie über einen träumenden Menschen zu sagen hätten, wäre er Ausnahme statt Regel!

Schlaf und Traum sind deshalb schon seit vorgeschichtlicher Zeit Gegenstand der prüfenden und wägenden Beobachtung und Deutung der über den Sinn ihres Daseins rätselnden Menschen. Diejenigen, die sich heute von Berufs wegen mit diesem Gebiet befassen, Psychologen und Psychiater, lassen sich, grob gesprochen, in zwei Lager einteilen.

Die einen gehen von der Richtigkeit der von Sigmund Freud und seinen Nachfolgern entwickelten psychoanalytischen Konzeption aus, die anderen halten die analytische Methode ungeachtet des großen Verdienstes Freuds bei der Wertung des Unbewußten für wissenschaftlich nicht ausreichend.

Durchaus nicht jeder Traum muß symbolischen Charakter haben. Telepathisch induzierte Träume sind ebenso bekannt; in der parapsychologischen Literatur gibt es zahlreiche Beispiele dafür. Eine faszinierende Abart sind die selteneren ›geteilten Träume‹ (*shared dreams*). Zwei Menschen träumen, daß sie sich treffen, sagen wir, an einem fremden Ort, den sie gemeinsam erkunden. Sie berichten einander ihre Träume und stellen fest, daß das Geträumte wie ein Puzzlespiel genau zueinander paßt. Beweiskräftig in einem solchen Falle, den man auch ›ASW-Projektion‹ nennt (ohne damit zu wissen, wie diese zustande kommt), sind natürlich keine Gemeinplätze, sondern, wie bei der Präkognition, die ungewöhnlichen Details.

Der amerikanische Psychologe Professor Hornell Hart hat vorgeschlagen, auf diesem Gebiet systematische Forschungen anzustellen und als Versuchspersonen Liebespaare auszuwählen. Bei ihnen ist die Motivation zum Zusammensein am stärksten. Zur Induzierung der Traumprojektion könnte vielleicht Hypnose eingesetzt werden.

Lange Jahre kam niemand auf den Gedanken, daß ein exaktes Studium der Schlafformen wissenschaftlich eigentlich noch vor die Traumdeutung zu setzen sei. Erst in den 50er Jahren entstand so etwas wie eine Schlafforschung, und erst sehr viel später fanden ihre interessanten Ergebnisse allgemeine Aufmerksamkeit. Heute sind Neurologen, Psychiater, Pharmakologen und andere in vielen Ländern damit beschäftigt, dem Schlaf seine Geheimnisse zu entlocken.

Diese Forschungen haben die Auffassung Freuds und Adlers korrigiert, daß der Mensch in dem Maße träumt, in dem er (vorwiegend unbewußte) Gefühlsprobleme verarbeiten muß. Wir träumen vielmehr vor allem, weil bestimmte Abläufe in unserem Gehirn den Traum zu einer physiologischen Notwendigkeit machen – mit unangenehmen Folgen für den, der aus irgendwelchen Gründen seiner Traumration beraubt wird.

Amerikanische Forscher richteten als erste »Schlaflaboratorien« ein, in denen sich Freiwillige für ein geringes Entgelt, ein frisches Bett und ein gutes Frühstück als Schlaf-Versuchsobjekte zur Verfügung stellen.

Die Untersuchung erfolgt mit Hilfe des Elektroenzephalographen (EEG), der die winzigen Potentiale im Gehirn der Versuchsperson mißt, verstärkt und auf einem Kurvenblatt niederschreibt. Bei diesen Messungen stellte man fest, daß der Schlaf bei allen Menschen nach einem bestimmten Muster in verschiedenen aufeinanderfolgenden, jeweils charakteristischen Phasen abläuft.

Das EEG des Menschen, der sich zur Ruhe niedergelegt hat, zeigt die erste Vor-Schlaf-Phase der Entspannung bei geschlossenen Augen durch den sogenannten Alpha-Rhythmus (8–12 Hz)[6] an. Diese Wellen lassen sich auch verhältnismäßig leicht willkürlich erzeugen. Man schließt die Augen und meidet alle gedanklichen Bildvorstellungen. Das Öffnen der Augen unterbricht den Alpha-Rhythmus.

Ingenieur Edmund Dewan von der Versuchsanstalt der US-Luftstreitkräfte in Cambridge, Mass., brachte es auf diese Weise sogar fertig, Morsezeichen zu funken. Er baute in einen Elektroenzephalographen einen elektronischen Filter ein, der auf ›seine‹ Alpha-Frequenz eingestellt war und jedesmal beim Einsetzen dieser Frequenz einen Summer auslöste. Amerikaner und Sowjets forschen bereits nach möglichen Zusammenhängen zwischen Alpha-Wellen und Telepathie.

Am Langley Porter Neuropsychiatric Institute in San Franzisko wurde ohne vorheriges Wissen der Versuchspersonen im Augenblick des Einsetzens der Alpha-Welle ein Glockenzeichen ausgelöst. Der ›Versuchsschläfer‹ wurde dann gebeten, doch bitte das Läuten zu unterlassen ... und das gelang! Die Alpha-Wellen traten einfach nicht mehr auf. Leider ist es nicht möglich, auch die Telepathie auf diese Weise an- oder abzustellen.

Auf die Alpha-Phase folgt das Einschlafstadium, ein langsam tiefer werdendes Dahingleiten und Absinken in die Bewußtlosigkeit, das sich im EEG durch Theta-Wellen (5–7 Hz) ankündigt. Äußere Störungen dringen jedoch noch verhältnismäßig leicht durch und können vorübergehend den Alpha-Rhythmus wiederherstellen. In diesem Einschlafstadium kommt es manchmal zu einem Gefühl des Fallens, gelegentlich auch zu einem scharfen Zusammenzucken der Körpermuskulatur.

Etwa zehn Minuten später kündigt sich das zweite Schlafstadium, nennen wir es Leichtschlafstadium, mit Delta-Wellen (unter 4 Hz) und schnellen Anschlägen des Schreibers nach oben und unten an. Wegen ihres Aussehens auf dem EEG-Blatt spricht man auch von ›Schlafspindeln‹. Hinter geschlossenen Lidern beginnen die Augen langsam hin- und herzurollen. Der erste Traum setzt ein. Aber es ist noch kein intensiver Traum, eher ein seichtes Dahinschweifen der Phantasie.

Größere Delta-Wellen kündigen das dritte, mitteltiefe Stadium an. Es ist mit einer weiteren Entspannung des Körpers verbunden. Atmung, Herzschlag, Körpertemperatur und Blutdruck sinken ab. Der Schläfer wird vorbereitet auf das bald nachfolgende vierte und letzte Stadium, den Tiefschlaf (besonders langsame Delta-Wellen).

Aber der interessanteste Teil des Schlafes steht noch bevor. Drei- oder viermal während der Nacht macht der Tiefschlaf nämlich einem Zustand Platz, von dem man fast fragen muß, ob er überhaupt noch als Schlaf bezeichnet werden kann. Der ruhende Körper ›erwacht‹ plötzlich zu fieberhafter Tätigkeit. Herzschlag und Blutdruck werden unregelmäßig, Adrenalin wird erzeugt, der Sauerstoffverbrauch steigt an.

Das Zentrum dieser Aktivität liegt im Stammhirn. Seine Temperatur erhöht sich so stark, daß man fast von einem ›Heißlaufen‹ sprechen könnte. Paradoxerweise ist diese starke Aktivität aber von einer auffallenden Entspannung der Muskulatur begleitet. Kopf- und Nackenmuskeln werden so schlaff, daß sie das Kinn nicht mehr halten können, wenngleich die Menschen während dieser Schlafperiode *nicht* schnarchen!

Weil das EEG-Bild dem des Einschlafstadiums ähnelt und wegen der anscheinenden Widersprüchlichkeit von Aktivität und Muskelerschlaffung hat man diese Periode auch ›paradoxen Schlaf‹ genannt; in der modernen wissenschaftlichen Literatur bürgert sich aber mehr der Begriff ›REM-Phase‹ ein. REM kommt vom englischen *Rapid Eye Movements* = schnelle Augenbewegungen. Das typische Kennzeichen dieses Schlafstadiums ist nämlich, daß sich die Augäpfel hinter den geschlossenen Lidern synchron und ruckartig hin- und herbewegen (im Gegensatz zu der langsamen unkoordinierten Bewegung im 2. Schlafstadium).

Versuchsschläfer in den amerikanischen Kliniken, die während dieser Phase geweckt wurden, berichteten ausnahmslos, daß sie soeben geträumt hätten. Dabei handelt es sich gewöhnlich nicht um die verwischten, dahintreibenden Traumbilder anderer Stadien, sondern um aktive, gefühlsbegleitete, starke Traumerlebnisse. Der REM-Traum läuft ab »wie im Film«. Die weitverbreitete Ansicht, daß der Mensch im Zeitraffer-Tempo träumt, ließ sich in den Schlaflabors übrigens nicht erhärten. Die REM-Dauer und die geschätzte Länge des jeweiligen Traumgeschehens stimmten durchweg miteinander überein.

Die rollenden Augenbewegungen werden sogar bei Menschen beobachtet, die von Geburt an blind sind und deshalb keine visuellen Träume haben. Vielfach hat man vermutet, der Schlafende verfolge mit den Augenbewegungen seine Traumbilder; diese Deutung reicht aber nicht ganz aus. Ebensowenig läßt sich die Vorstellung erhärten, das ›Heißlaufen‹ der Körperfunktionen im REM-Stadium sei eine Folge der lebhaften Träume. Es sieht eher so aus, als ob die Träume gerade erst durch die gesteigerte Aktivität des Stammhirn- und Hypothalamusbereiches angeregt werden.

Tierversuche – der REM-Schlaf ist allen Säugetieren eigen, auch solchen mit relativ sehr kleinem Gehirn – zeigten einen sprunghaften, teilweise extremen Temperaturanstieg im Stammhirn.

Wir fassen zusammen: ein »heißes Gehirn«, erhöhte Stoffwechseltätigkeit und Zellenaktivität, lebhafte Träume und eine EEG-Kurve, die eher der des Wachzustandes entspricht. Und dennoch ist der Mensch in diesen drei, vier oder fünf nächtlichen Perioden von zusammen etwa 1 $^1/_2$ Stunden vom Erwachen weiter entfernt und schwerer zu wecken als in irgendeiner anderen Schlafphase.

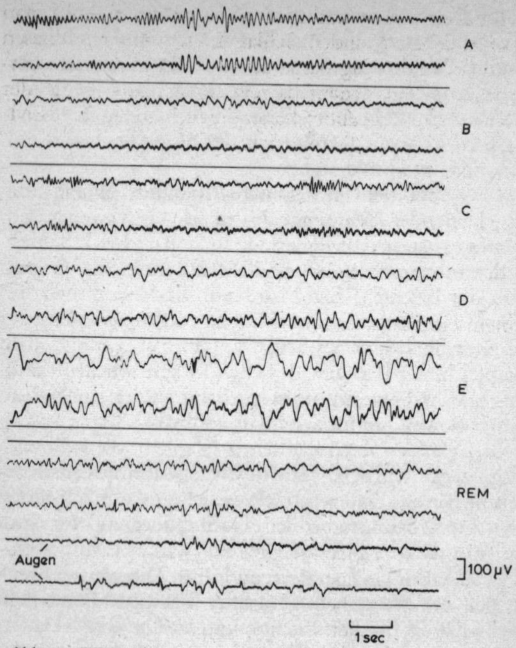

Abb. 1: EEG-Bilder der einzelnen Schlafstadien. A: Entspanntes Wachsein (Alpha-Rhythmus), B: Einschlafstadium (Theta-Rhythmus), C: Leichtschlafstadium mit typischen »Schlafspindeln«, D: mitteltiefes Stadium, E: Tiefschlafstadium, REM: Traumstadium mit synchronen ruckartigen Augenbewegungen (Rapid Eye Movements). *Die beiden untersten Kurven stellen die Augenbewegungen im REM-Stadium dar, die obere horizontal, die untere vertikal.*

REM-Träume können übrigens durch elektrische Stimulation von mehreren Gehirnteilen auch künstlich hervorgerufen werden; die sie begleitenden Gehirnströme sind aber am deutlichsten im primitivsten Gehirnteil zu beobachten. Neugeborene verbringen 50 Prozent ihres Schlafs im REM-Stadium (bei einer Gesamtschlafdauer von 16 Stunden am Tage). All das läßt darauf schließen, daß bei der Entwicklung der Säugetiere nicht der Gehirntraum, sondern der REM-Zustand »zuerst da war«, das heißt, daß er eine ausgesprochen archaische Erscheinung ist.

Die Natur hat zweifellos gute Gründe dafür, daß sie dieses Frühstadium bis heute in uns bewahrt hat. Wir kennen diese Gründe nicht, aber wir können zumindest beobachten, daß der REM-Schlaf für die nervliche Gesundheit notwendig ist. Versuchsschläfer, denen er (durch wiederholtes Wecken) entzogen wurde, zeigten nervöse Reizbarkeit und Nervenschwäche, obwohl man ihnen insgesamt sieben Stunden Schlaf in den anderen Phasen gelassen hatte. Teilweise mag daran auch das ständige Gewecktwerden mitschuldig sein. Jedenfalls zeigten die EEG-Bilder der folgenden Nächte, daß die Laborschläfer die nicht gehabten REM-Träume durch verlängerte Traumzeiten »nachholten«.

Wir alle kennen die heftige Enttäuschung, die man bei dem vergeblichen Versuch empfindet, eine Traumerinnerung nach dem Erwachen festzuhalten. Je angestrengter wir uns zu erinnern suchen, desto totaler entschwinden die letzten Spuren des Traumgewebes. Es gibt Menschen, die die Empfindung haben, sie hielten in einem einzigen Traumsatz oder -bild die Weisheit der ganzen Welt, oder doch den Schlüssel zu ihren Lebensproblemen fest, nur um im Augenblick des Wachens alles zerrinnen zu sehen, als sei es ein Tropfen im Sand. Es ist aber nicht gesagt, daß diese ›Weisheitsträume‹ notwendigerweise im REM-Stadium auftreten.

Eine im Schlaflabor während der REM-Periode geweckte Versuchsperson kann in acht von zehn Fällen noch im Detail über den unterbrochenen Traum (meist ist es ein handlungsbewegter Traum) berichten. Wartet man mit dem Erwecken bis zu 5 Minuten nach dem Ende der Augenbewegung, so werden nur noch sehr bruchstückhafte Angaben gemacht. Nach 10 und mehr Minuten sind 95 Prozent aller Träume vollständig vergessen.

So ist es im Normalfall. Es gibt aber noch einen anderen Traumzustand, der weniger häufig auftritt und der sich von den bisher geschilderten Formen so unverwechselbar unterscheidet, daß man fast von einer neuen Dimension des Bewußtseins sprechen könnte. Das Phänomen hebt sich so deutlich ab, daß man sich eigentlich sehr wundern muß, warum die einschlägige Literatur so wenig darüber zu sagen weiß. Wir wollen diese Traumform *Helltraum*[7] nennen.

Ein Helltraum unterscheidet sich vom ›Normaltraum‹ wie folgt:

Man *weiß*, daß man träumt, doch bleibt das Wissen darum oft im Hintergrund des Bewußtseins.

Es tritt keine Amnesie ein, das heißt der Helltraum wird *erinnert*. Dies oft so klar, als sei das Geschehen im Wachbewußtsein erlebt worden.

Viele Personen verfügen im Helltraum über den größten Teil ihres normalen Gedächtnisses. Nur das oberflächliche Tagesgedächtnis bleibt ausgeschaltet.

Normalträume verlaufen oft inkonsequent, Hellträume enden konsequent.

Hellträume sind sehr realistisch, die Gesetze der physischen Welt werden normalerweise nicht gebrochen. Ausnahmen von dieser Regel sind ›Flugträume‹ und die Fähigkeit des Träumenden, mittels des Willens seine Umgebung geringfügig – das heißt *nicht* auf eine phantastische Weise – zu manipulieren.

Die kritische Fähigkeit des Hellträumers ist stark entwickelt. Dies kann paradoxe Formen annehmen, zum Beispiel daß der Träumer Vorsichtsüberlegungen wie im Wachzustand anstellt, obwohl er genau weiß, daß er träumt.

Ein gutes Beispiel für Kritikvermögen und Vorsichtsüberlegungen wird von Celia Green, der Leiterin des *Institute of Psychophysical Research* in Oxford, England, genannt:

Ich befand mich mit X in einem Raum am anderen Ende des Korridors. Ich erzählte ihm über die Hellträume, die ich gerade gehabt hatte, und plötzlich fiel mir ein: »Und natürlich ist *dies* auch ein Traum!« X entgegnete mit einem unverbindlichen Lächeln: »Nun, vielleicht ist es einer. Aber wie willst du das wissen?« – »Es ist ganz ohne Zweifel so«, sagte ich und ging zum Fenster hinüber. Es war stark vergittert. Draußen sah man Burgtürme und tief unter uns die Dächer des Dorfes.

»Ich werde jetzt fliegen«, sagte ich und begann damit, die Gitterstäbe abzubrechen. Sie brachen so, als seien sie aus einer Mischung von Schokolade[8] und Siegellack, und ich warf die Stücke hinunter auf die Dächer.

»Das könnte unangenehm werden, wenn's nicht ein Traum ist«, meinte X neben mir mit einem humorigen Gesichtsausdruck. »Es *ist* ein Traum«, wiederholte ich mit Bestimmtheit. Aber gleichzeitig überlegte ich mir vorsichtig: »Im schlimmsten Falle könnte mich das nicht mehr als £ 50 für die Ziegel kosten.«

Die Schilderung enthält die für einen Helltraum typischen Elemente: die Kritikfähigkeit, gekoppelt mit der Überlegung, daß der Spaß Geld kosten könne, falls er etwa doch nicht ein Traum sei, sowie die (begrenzte) Phantasieausschmückung innerhalb eines im übrigen stark realistischen Bildes. Ein Abgleiten der Phantasie ins Absurde würde den Hellträumer wecken oder bedeuten, daß er in einen »Normaltraum« zurückgefallen ist.

Wir halten es für sehr wahrscheinlich, daß viele Menschen Hellträume haben und daß sie dies während der Dauer dieser Träume auch wissen, dennoch aber die Bedeutung dieses Zustandes nicht ›erkennen‹ und ihn deshalb wieder aus dem Bewußtsein verlieren. Wer einmal darauf aufmerksam geworden ist, daß er hellträumt, kann sich in dieser Beziehung besser beobachten.

Wahrscheinlich gibt es ein Vorstadium zum Helltraum, über das viele Schläfer nicht hinweggelangen. In diesem Stadium ist die Kritikfähigkeit des Träumers wach genug, um ihn fragen zu lassen: »Träume ich das?« Doch der Traum geht weiter und der Träumer ›vergißt‹, daß er gefragt hat.

Oder es ist ein Vernunft-Ich des Schlafenden, das sich dem Träumer-Ich gegenüberstellt und auf ihn einredet: »Was du da erlebst; ist doch Traum, es kann nicht Wirklichkeit sein!« Das Träumer-Ich ist aber durchaus in der Lage, zu antworten: »Fühl doch die Dinge an und überzeuge dich, daß sie wirklich sind!«

Der Streit läßt sich nur beenden, wenn es dem Vernunft-Ich gelingt, den Schläfer zu wecken. Aber auch da spielt der Helltraum – genauer gesagt, das Helltraum-Vorstadium – den Sinnen oftmals noch einen Streich. Es gaukelt ihnen vor, sie seien ›aufgewacht‹ ... Träumer, denen dieser Schabernack gespielt wird, können sich manchmal helfen, indem sie ihre Umgebung genauestens inspizieren (obwohl es durchaus möglich ist, daß der Traum inzwischen einen solchen Grad von Realismus erreicht hat, daß ein Erkennen der Situation praktisch unmöglich wird). Am sichersten helfe noch der Versuch, daran zu denken, »was du gestern getan hast und was du morgen zu tun vorhast«, lautet der Rat des Amerikaners Oliver Fox. »Wenn du das nicht kannst, bist du nach wie vor im Helltraum.«

Umgekehrt ist es durchaus denkbar, daß Menschen, nachdem sie den im Helltraum erreichbaren neuen Bewußtseinszustand erst einmal erkannt haben, ständig vollbewußt hellträumen, ja sogar versuchen, die neugewonnene Dimension zu *hellsichtigen* Leistungen zu benutzen.

So nahm sich Oliver Fox, der von *dreams of knowledge* spricht, vor, im Helltraum die Fragen für eine bevorstehende Ingenieurprüfung zu ›lesen‹. Das gelang ihm auch in bescheidenem Umfang bei zwei Teilfragen (von denen eine sehr unerwartet war), die am übernächsten Tage tatsächlich auf seinem Prüfungsbogen standen.

Normalerweise ist das ›Lesen‹ im Traum eine überaus mühsame Sache. Die zunächst klar erscheinenden Zeilen beginnen beim Lesen zu verschwimmen; jedes einzelne Wort erfordert Anstrengung. Schließlich löst sich alles in ein Nichts auf ...

Es gibt zahlreiche Beispiele dafür, daß Gelehrten und Wissenschaftlern die Antwort auf schwierige Probleme, die sie tage- und wochenlang mit sich herumgetragen hatten, buchstäblich im Schlaf gegeben wurde, so daß sie beim Erwachen die Lösung wußten. Ganz zu schweigen von jenen Fällen, in denen die Betreffenden nachts im somnambulen Zustand aufstanden und sich – ohne von ihrer Umgebung Kenntnis zu nehmen – an einen Tisch setzten, um eine Zeichnung oder Niederschrift anzufertigen. Hier scheinen aber noch andere Gesetzmäßigkeiten als die des Helltraums am Werk zu sein.

Um so eher halten wir es für wahrscheinlich, daß hellsichtige, telepathische und präkognitive Eindrücke dem Helltraum verwandt sind. Hier bietet sich der Forschung noch ein sehr interessantes Feld.

Kann man den Helltraum bewußt herbeiführen? Manche Menschen versichern, daß dies möglich sei, wenn man sich beim Einschlafen darauf konzentriere. Versuche am Oxforder *Institute of Psychophysical Research* ergaben, daß Hellträume unter Hypnose offenbar spontan auftreten[9]. Versuchspersonen erinnerten sich anschließend genau an den Traum, nicht aber an die Suggestion des Hypnotiseurs. Auch dieses Gebiet scheint uns besonders geeignet für weitere Forschungen zu sein.

Schlägt sich ein Helltraum im Enzephalogramm nieder? Wir wissen es nicht mit Sicherheit. Anzeichen deuten jedoch darauf hin, daß Hellträume vor allem während der REM-Stadien in der zweiten Nachthälfte auftreten, wenn der tiefste Schlaf bereits vorbei ist.

Der emigrierte russische Philosoph und Schriftsteller P. D. Ouspensky war fasziniert von dem Gedanken, den Helltraum künstlich zu erzeugen und, gleich zu Beginn der Nachtruhe, das Wachbewußtsein mit in ihn hinüberzunehmen. Wenn man ihm Glauben schenken darf, gelang ihm das so sehr, daß er sich schließlich seine Träume selbst ›aussuchen‹ konnte. Das geschah, indem er vom Helltraumstadium aus gedanklich den Anstoß dazu gab. Einmal im Gange, taten die Träume dann, was *sie* wollten ...

Ouspensky war übrigens der Ansicht, daß der Mensch im Schlafe nicht über sich selbst nachdenken kann, *es sei denn der Gedanke ist selbst ein Traum.* Ein Träumer könne aus diesem Grunde auch nicht seinen eigenen Namen aussprechen.

Die englische Tibetkennerin Alexandra David-Neel berichtet von den Lehren des Weisen Tsong Khapa, der seine Schüler ermahnt, ihre Zeit nicht mit unnützen Träumen zu verschwenden und während des Schlummers die Herrschaft über sich selbst zu behalten. Wer beim Einschlafen zur »Wahrung des Lichts« (im Sinne der Lehre Buddhas) gelangt sei und dieses festhalte, dessen Geist werde im Schlaf hell und wach bleiben.

Die überlieferten Aussagen tibetanischer Lamas entziehen sich zwar der Nachprüfbarkeit, doch scheint uns, daß diese »Traumhygiene« im Einklang mit sehr einfachen christlichen Geboten steht, wie etwa dem, nach dem abendlichen Gebet keinen Tagesgedanken mehr nachzuhängen! Ob wir dem Tsong Khapa auch folgen dürfen, wenn er verkündet, daß jeder Mensch für seine Träume verantwortlich sei, steht auf einem anderen Blatt; wir kommen später noch darauf zurück.

Wir fassen zusammen: Das Vorkommen von Hellträumen wird von so vielen Zeugen aus allen Teilen der Welt berichtet, daß wir es als eine empirische Erfahrungstatsache akzeptieren. Wer uns nicht folgen will, wird den Helltraum zumindest als eine sehr starke Hypothese anerkennen müssen. Welche Rolle die Natur ihm zugemessen hat, liegt noch im Dunkel des Unerforschten. Wir vermuten, daß er dazu dienen kann, uns eine zusätzliche Bewußtseinsebene zu eröffnen.

Einer von denen, die eine solche höhere Funktion vermuten, ist der amerikanische Psychologe Charles T. Tart, der den Ausdruck *high dream* geprägt hat. Der Hellträumende, meint Tart, fühle sich in gewisser Weise ›high‹, obwohl sein Zustand sich wesentlich vom Drogenrausch unterscheide. Tiere und Gegenstände beispielsweise werden im Helltraum niemals personifiziert, die Naturgesetze werden niemals radikal umgeworfen. Obwohl der Traumgegenstand nicht unbedingt angenehm sein muß, empfindet der *high dreamer* ihn stets als etwas Positives und für ihn Wertvolles.

Den Normaltraum und seine Deutung kann man dem Widerstreit der psychologischen Auffassungen überlassen. Der Helltraum, das scheint uns sicher zu sein, ist jedenfalls nicht ein Zustand, in dem sich unterdrückte oder unerfüllte Wünsche austoben. Der Helltraum erlangt auf mysteriöse Weise eine tiefere, durchdringende Bedeutung. Wir sind auf dem Wege zu etwas, wir wissen nur noch nicht, was.

4. Kapitel: Das Geheimnis der Silberkordel

Das »Seelendoppel« – Der nichtphysische Feinstoffkörper – Bilokation: Das Beispiel des Pater Pio und der Emille Sagée – Patienten in Narkose – Die Versuche des Magnetiseurs Durville – Ein Doppelkörper auf der Leinwand – Umfragen bestätigen Vorkommen der Projektion

Die alten Ägypter glaubten an »Ka«, den zum Menschen gehörenden, aber doch unabhängig vom Körper existierenden Geist, der frei durch die Lüfte reisen konnte. Grabbilder zeigen »Ka« symbolisch als ein Wesen mit Adlerschwingen. Man nahm an, es kehre von Zeit zu Zeit in die Nähe des mumifizierten Körpers zurück. Der Glaube daran führte dazu, daß man die kostbarsten persönlichen Besitztümer und Standessymbole des Verstorbenen im Grabe zurückließ.

Die Griechen, besonders die Mysterienschulen der Orphiker und der Pythagoräer glaubten, daß die Seele des Menschen im Schlafe auf Wanderschaft gehe. Die Neuplatoniker nannten dieses Seelendoppel »Astroeide«. Paracelsus sprach vom »siderischen« Körper. Hindupriester predigen den Seelenflug während des Tiefschlafs. Viele alte Überlieferungen der Völker und praktisch alle sogenannten okkulten Lehren kennen in irgendeiner Form einen solchen Zweitkörper, der sich im Schlaf oder in der Trance vom leiblichen Körper lösen, ja gelegentlich weite Reisen unternehmen kann.

Schamanen (Zauberpriester) primitiver Stämme versetzen sich in eine ekstatische Starre, damit ihr Seelenkörper frei werde und »Himmelsreisen« unternehmen könne, über die sie anschließend ihren Stammesangehörigen ausführlich berichten. Es ist bemerkenswert, daß der Schamanismus in der ganzen Welt, bei geographisch und ethnisch weit voneinander getrennten Völkern, von diesen Überzeugungen getragen wird. Schamanische Riten sind oft symbolisch für den Austritt der Seele. Natürlich ist aus dem Glauben hier und dort Aberglauben geworden. Wer seinem Feinde schaden will, schleicht sich nachts an sein Lager, legt eine Maske über sein Gesicht oder trägt den Schlafenden gar in eine andere Hütte, damit ihn das zurückkehrende Seelendoppel nicht mehr finde . . .

Es ist völlig falsch, zu behaupten, daß dieses Phänomen nur noch die Völkerkundler angehe und in unserer aufgeklärten Gesellschaft nichts zu suchen habe. Im Gegenteil, sehr wahrscheinlich ist es Ausdruck einer beinahe unbekannten, aber zentral wichtigen Körperfunktion, die bisher von Psychologie und Medizin sträflich vernachlässigt und als »Astralreise« verspottet worden ist. Erst in den letzten beiden Jahrzehnten haben Forscher in England und Amerika mit der systematischen Untersuchung dieser Frage begonnen.

Den Körper, der den Austritt aus sich selbst unternimmt, hat man Ätherkörper, Astralkörper, Strahlenkörper, Seelen- oder Geisteskörper, Fluidal oder auch Phantom genannt. Einige philosophische Lehren machen noch Unterschiede zwischen diesen Bezeichnungen; jedenfalls bezeichnen sie alle einen *nichtphysischen Körper*.

Wir möchten lieber von Feinstoff- oder Doppelkörper sprechen, weil diese Bezeichnungen wertfrei, das heißt nicht mit einer bestimmten Lehre identifiziert sind.

Der Feinstoff- oder Doppelkörper ist zunächst eine reine Arbeitshypothese. Wir nehmen an, daß dieser Körper weder dichtmateriell, noch notwendigerweise ganz stofflos ist, sondern aus einer (ebenfalls zunächst hypothetischen) Feinmaterie von möglicherweise variabler, jedenfalls aber für unsere Instrumente normalerweise nicht meßbarer, extrem geringer Dichte besteht. »Variabel« sagen wir deshalb, weil es Fälle gibt, in denen ein Doppelkörper so feste Gestalt annimmt, daß dieselbe Person natürlich redend und körperlich handelnd zur gleichen Zeit an zwei verschiedenen Orten beobachtet werden kann.

Solche vollmaterialisierten Doppelauftritte nennt man auch »Bilokation«. Gut verbürgte Berichte darüber sind zwar selten, aber doch eindeutig genug, um ernst genommen zu werden. Das Phänomen scheint um so eher möglich zu sein, je tiefer sich der natürliche »Erstkörper« im Schlaf oder in der Meditation befindet; es ist aber auch beobachtet worden, daß *beide* Körper an ihren jeweiligen Orten einer anscheinend vollwachen Tätigkeit nachgingen.

Ein vielzitierter klassischer Fall dieser Art ist der der französischen Lehrerin Emille Sagée aus Dijon, die ihre Stellung in mehreren Schulen und Internaten aufgeben mußte, weil sie von den Schülerinnen immer wieder »doppelt« gesehen wurde – und naturgemäß dadurch Unruhe verbreitete. In einem Schulheim in Neuwelcke bei Riga beispielsweise verdoppelte sie sich vor den Augen der Klasse beim Schreiben an der Tafel. Ein anderes Mal beaufsichtigte die »eine« Mademoiselle Sagée eine Handarbeitsklasse, während die »andere« unten im Garten Blumen pflückte.

Bilokationserscheinungen sind vor allem von Heiligen berichtet worden, etwa von Antonius von Padua, Franz Xaver, Joseph von Cupertino, Alfons von Liguori; ebenfalls von dem indischen

Weisen (Yogavatar) Lahiri Mahasaya und dem stigmatisierten Kapuzinerpater Pio. Oft wurden die Erscheinungen von *mehreren* Personen beobachtet, können also kaum als religiöse Wunschvision erklärt werden. Wie Maria Winowska in ihrer Pio-Biographie berichtet, kam es vor, daß der Pater in San Giovanni Rotondo im Beichtstuhl saß und mitten während des Anhörens einer Beichte in eine Art Starre versank. Nach einer Weile kehrten dann Leben und Ausdruck in sein Antlitz zurück. Pios Mitbrüder waren an solche »Abwesenheiten« durchaus gewöhnt.

Ein uns persönlich bekannter Londoner Verleger hat uns folgenden Bericht zur Verfügung gestellt: »Nach einem telepathischen Erlebnis, das sich anschließend zu 100 Prozent bewahrheitete, beschloß ich, ohne jemandem etwas davon zu sagen, ein paar Experimente anzustellen. Ich wollte sehen, ob es mir nicht möglich sein würde, sozusagen ›auf Distanz‹ zu sehen. Abends vor dem Einschlafen stellte ich mir vor, ich ginge durch die Straßen zum Hause meines Freundes, öffne seine Haustür und gehe die Treppen hinauf in das Wohnzimmer. Ich war überrascht, wie einfach das zu gehen schien und wie klar ich alles wahrnehmen konnte.

Mein Experiment hatte ein sehr unerwartetes Nachspiel, als ich am nächsten Tage meinen Freund wirklich besuchen ging. Diesmal klopfte ich an die Haustür. Am Fenster erschien das Gesicht Marys, des Hausmädchens, doch seltsamerweise kam sie nicht zur Tür. Nach einer Weile klopfte ich erneut, und mein Freund öffnete die Tür selbst. Mary hatte sich inzwischen in ihrem Zimmer eingeschlossen und weigerte sich, herauszukommen. Schließlich aber war sie immerhin bereit, mir durchs Schlüsselloch den Grund ihres Verhaltens zu sagen.

In der vergangenen Nacht hatte sie am sehr späten Abend noch die Milchflaschen vor die Haustür stellen wollen. Als sie dazu gerade vor die Türschwelle getreten war, sah sie mich an ihr vorübergehen – genauer gesagt, sie sah mich die Außentreppe hochkommen und durch sie und die angelehnte Tür hindurchgehen! ... Sie sei, berichtete Mary, schreiend auf ihr Zimmer geflüchtet und habe die ganze Nacht kein Auge zugetan.

Ich versuchte, Mary zu beruhigen, aber ohne viel Erfolg. Noch lange danach weigerte sie sich, mir etwas zu essen zu bringen, wenn ich zu Besuch kam. Sobald ich das Haus betrat, lief sie auf ihr Zimmer und schloß sich ein. Übrigens, Mary war kein dummes junges Ding, sie hatte die Sechzig schon hinter sich!«

Die Psychologie neigt dazu, Doppelkörpererlebnisse als Halluzinationen zu deuten, als Wunschbilder der Psyche, die sich ein Doppel schaffe, um einer Streß-Situation zu entrinnen. Wir glauben jedoch, daß die Schulpsychologie es sich damit entschieden zu einfach macht – oder ist die Scheu vor dem »Okkulten« (die bei den Psychologen ganz besonders groß ist) der eigentliche Grund? Es wäre sicher wissenschaftlich ehrlicher, zuzugeben, daß das Bilokationsphänomen in keines der bisher akzeptierten Lehrsysteme paßt.

Es gibt natürlich Situationen, in denen Menschen, besonders Kinder, sich ein zweites Ich schaffen, um ihre Phantasien zu beflügeln oder um unangenehmen Dingen auszuweichen. Ähnliche Halluzinationen können bei Schizophrenie oder bei Rauschgiftgenuß auftreten. Man darf diese verhältnismäßig leicht erkennbaren Dissoziationen aber nicht mit echten Doppelerlebnissen gleichsetzen.

Psychologen und Mediziner wissen oft sehr wenig oder gar nichts über parapsychologische Forschungsergebnisse. Das ist nicht unbedingt ihre Schuld, denn in der Regel werden die Grenzgebiete bei der akademischen Ausbildung übergangen. Der echte Wissenschaftler verschließt sich jedoch nicht vor den Fakten oder, wo diese noch nicht ganz klar sind, vor den Beobachtungen. Wahrhaft wissenschaftlicher Geist gibt auch offen zu, wenn er keine Antwort weiß – das ist ihm dann Ansporn, weiterzuforschen. Wenn das Beobachtete dann immer wieder dem bisherigen »Fürmöglichhalten« widerspricht, wird er die Konsequenzen daraus ziehen.

Sobald es um die Grenzgebiete geht, handelt leider längst nicht alle nach diesen Grundsätzen. Man ist mit wegerklärenden Urteilen schnell zur Hand und begründet sie aus der engen Sicht der eigenen Fachgebiete. Wer so handelt, zeigt ähnliche Überheblichkeit wie jene, die zu ihrer Zeit Galvani, Marconi und andere große Erfinder verhöhnten. Noch um die letzte Jahrhundertwende erklärte man, was schwerer sei als Luft könne nie und nimmer aus eigener Kraft fliegen. Die Zeiten ändern sich, die allzu menschlichen Eigenschaften offenbar nicht.

Glücklicherweise sind viele Doppelerlebnisse so unverwechselbar, daß es keinen vernünftigen Zweifel an ihnen mehr geben kann. Sie erfüllen unsere Vorbedingung, daß ein Phänomen bei einer möglichst breiten Gruppe von Menschen auftreten sollte, bevor wir unsere Arbeitshypothese stellen. Tatsächlich ist das von Fachwissenschaftlern in den letzten 20 Jahren gesammelte und gesiebte Material allein – die zahlreichen Berichte in den Archiven parapsychologischer Institutionen nicht eingerechnet – inzwischen so umfangreich, daß die Projektion des Doppels längst als ernstzunehmende Hypothese in Lehrbüchern und Vorlesungen erwähnt zu werden verdient. Allein die Angst vor dem Okkulten versperrt den Weg dazu.

Vollmaterialisierte Bilokationen sind eine ausgesprochene Ausnahme. In den weitaus meisten Fällen werden Feinstoffkörperaustritte berichtet, die für andere entweder gar nicht oder nur in hellsichtigen Augenblicken – etwa beim Erwachen während der Nacht – oder jedenfalls nur für Sekunden sichtbar sind. Auch die meisten Doppelerscheinungen des Paters Pio wurden von den

»Besuchten« in Hellträumen oder beim Erwachen wahrgenommen.

Es sind viele Fälle bekannt, in denen Menschen schildern, wie sie während einer kritischen Erkrankung oder einer Bewußtlosigkeit, etwa bei einer Operation, plötzlich mit einem zweiten Körper – der nun der Sitz ihres eigentlichen Bewußtseins ist – über ihrem leblosen physischen Körper schweben und sich manchmal von dort in Sekundenschnelle an andere Orte, etwa zu nahestehenden Familienangehörigen, versetzt sahen.

Sehr oft handelt es sich um das erste *bewußte* übersinnliche Erlebnis der Betreffenden überhaupt: Es beeindruckt und erschüttert sie meist zutiefst und prägt sich für das ganze Leben ein.

Nicht selten folgt auf den ersten Schock des Anblicks des leblosen eigenen Körpers ein überwältigendes Gefühl der Freiheit. Dazu maßlose Überraschung, daß dieses zweite Selbst, das nunmehr das »Ich« ist, blitzschnell auf jede Gedanken- und Gefühlsregung reagiert und sie wie Befehle ausführt.

»Nun gut«, werden die Skeptiker sagen, »vielleicht fühlen und erleben manche Menschen so etwas. Aber dies ist zu subjektiv, und es fehlen objektive Beweise.« Genau um diese Beweisführung ist es den Forschern gegangen, die sich gründlich mit *Out of the Body*-Erlebnissen (wie der englische Fachausdruck lautet) befaßt haben. Einige Pioniere auf diesem Gebiet führten schon vor Jahrzehnten hochinteressante Experimente aus. Die Gelehrtenwelt hat sie »übersehen« und bis heute nicht den Versuch einer Wiederholung gemacht.

Beim Studium dieses Phänomens erinnerte sich der französische Magnetiseur H. Durville daran, daß schon Anton Mesmer (1734 bis 1813) durch sein »Magnetisieren« einige Patienten in einen hypnoseähnlichen Bewußtseinszustand versetzte, in dem sie im Geiste Reisen unternahmen und später über das dabei Erlebte berichten konnten. Durville beschloß, dieser Beobachtung seines berühmten Vorläufers nachzugehen.

Er hatte dabei das seltene Glück, unter seinen eigenen Patientinnen neun medial veranlagte Personen für Versuche zur Verfügung zu haben. Diese Versuche begann er – wie die übliche Behandlung auch – mit magnetischen Strichen längs des Körpers, die er nach seiner eigenen Schilderung soweit zu steigern vermochte, daß aus den Körpern schließlich eine fluidische Ausstrahlung austrat und sich zu verdichten begann, bis ein regelrechter zweiter Körper entstand. Dieses »Phantom« hatte genau das Aussehen des physischen Körpers; bekleidet war es gewöhnlich mit einer gazeartigen Hülle.

Der physische Körper, beobachtete Durville, blieb mit diesem Doppel durch eine offenbar feinstoffliche »Silberkordel« verbunden, die etwa die Dicke eines Fingers hatte und sich blitzschnell verlängern oder verkürzen konnte. Dieser »Lebensstrang« diente offensichtlich zur Übermittlung von Eindrücken und Impulsen in beiden Richtungen. In der modernen Nachrichtentechnik würde man von einem Multiplexkanal sprechen. Der Franzose sah dieses Silberband entweder am Hinterkopf oder im Bereich des Sonnengeflechts bzw. der Milz aus dem physischen Körper austreten und an derselben Stelle in den Doppelkörper eintreten.

Durville ließ diese Experimente von hellsichtig-medial begabten Zeugen beobachten, denn nur von solchen konnte man mit einiger Zuversicht hoffen, daß sie die Feinstoffkörper würden sehen können. Der Wert seiner Schilderung hängt damit zwangsläufig von der Zuverlässigkeit dieser Zeugen ab. Es sei jedoch betont, daß sie sich in allen wichtigen Punkten mit den Beschreibungen in anderen Fällen decken.

Es spricht für Durvilles Erfindungsgabe, daß er seine Versuchspersonen im Doppelkörper (der nun nach dem vollen Austritt die intellektuellen und Sinnesfähigkeiten des physischen Körpers angenommen hatte) in andere Räume beorderte und dort Gegenstände erkennen ließ. Dabei geschah etwas Eigenartiges: Die Doppelkörper stießen sich mit Armen oder Schultern an den Türrahmen (sie bewegten sich bei den ersten Versuchen noch recht schwerfällig und ungeschickt), und die Medien beklagten sich über die schmerzlichen Püffe. Durville riet ihnen deshalb, sie sollten versuchen, durch die Mauer hindurch in das andere Zimmer zu gehen. Und siehe – dies ging ohne die geringsten Schwierigkeiten! Die Erwartung der Medien hatte den Türrahmen zum Hindernis gemacht. Auch Klopfgeräusche konnten die Doppel erzeugen, ja sogar kleine Gegenstände bewegen. Ist es möglich, daß die Erklärung für manche (wenn auch durchaus nicht alle) der sogenannten Spukerscheinungen in der Aktivität eines Doppelkörpers gesucht werden kann?

Durvilles Gründlichkeit ist daran zu erkennen, daß er seine Medien auf eine Waage setzte, um an ihrem etwaigen Gewichtsverlust das Gewicht des Doppelkörpers feststellen zu können. Der Versuch verlief jedoch negativ. In jüngerer Zeit haben mehrfach Ärzte (Duncan MacDougall, Nils-Olaf Jacobson und andere) ähnliches versucht, indem sie das Bett von Sterbenden auf eine Waage stellen ließen. Dabei wurden im Augenblick des Todes plötzliche Gewichtsverluste zwischen 21 und 70 Gramm festgestellt.

Solange sich solche Gewichtseinbußen notfalls auch physiologisch erklären lassen, wird sich eine skeptische Medizinerschaft aber kaum von diesen Versuchen überzeugen lassen. Befriedigender wären neue Versuchsanordnungen mit Trancemedien und modernen Präzisionswaagen. Wenn sich zuverlässig ein Gewichtsunterschied von auch nur wenigen Gramm feststellen ließe, dann würde daraus folgen, daß der Doppelkörper zwar aus einem Feinstoff von enorm geringer Dichte bestehen, aber immer noch in einem annähernd materiellen Sinn vorhanden sein muß. Für den Physiker ist das ein sehr wichtiger Punkt; er hat es dann jedenfalls nicht mit einem »Nichts« zu tun.

Zu den Pioniertaten sind auch die Experimente zu rechnen, die in den zwanziger Jahren mit dem Grazer Medium Antonia Posich veranstaltet wurden. Wie der damals mit Frau Posich gut bekannte Zeuge Alfred Emil Lattinger beschreibt, ließ der Leiter eines dieser Versuche, der Grazer Hauptschullehrer Dr. Ludwig Welisch, das Medium in einem nur leicht abgedunkelten Vorlesungsraum in einem Sessel Platz nehmen, der in etwa 2–3 Meter Entfernung von einer Leinwand stand. Diese Leinwand war mit Bariumplatincyanür bestrichen, einer Masse, mit der man damals Röntgenstrahlen sichtbar machte.

»Bald fiel Frau Posich in Trance«, schildert Lattinger den Vorgang, »und wurde nun gebeten, aus ihrem Körper auszutreten und sich auf dem Leuchtschirm zu zeigen. Daraufhin huschten zunächst Lichtreflexe über den Leuchtschirm, bis schließlich die volle Silhouette ihres Körpers erschien, zuerst in sitzender Stellung, dann . . . aufrecht stehend. Auf Ersuchen bewegte die Lichtsilhouette den Kopf, einen Arm, die Beine. Die Seele der Frau Posich (besser ihr feinstofflicher Körper) war vor aller Augen, also auch vor den geistig Blinden, sichtbar geworden. Schließlich zog . . . sie sich wieder in ihren Körper zurück, den wir zu Beginn des Experiments an den Stuhl angebunden hatten. Wir lösten die Bande, und als Frau Posich erwachte, wußte sie nichts von dem, was vor sich gegangen war.«

Lattinger betont, daß sich vor Beginn des Experiments alle Anwesenden vergewisserten, daß niemand im Saal einen Projektionsapparat dabei hatte. Es gab übrigens damals auch nur ganz große, unförmige Apparate, die sofort aufgefallen wären. Auch ein Effekt, wie er durch Infrarotfotografie erzielt werden kann, scheidet angesichts der Versuchsanordnung aus.

Die moderne Parapsychologie hat hier auf experimentellem Gebiet sehr viel nachzuholen. Es ist damit zu rechnen, daß die an Paraphänomenen stark interessierten sowjetischen Fachwissenschaftler inzwischen auch auf diesem Sektor tätig geworden sind, ohne aber etwas darüber zu veröffentlichen.

Immerhin stehen uns im Westen heute aufschlußreiche Ergebnisse von Umfragen zur Verfügung. Ähnlich in der Form wie die Präkognitions-Umfrage Dr. Barkers im Falle Aberfan müssen auch sie davon ausgehen, daß die Betreffenden ihr Erlebnis anderen erzählt haben, *bevor* es durch den Augenschein oder von dritter Seite bestätigt wurde. Ein weiteres Beweisindiz kommt dazu, wenn der Doppelkörper von anderen gesehen und erkannt wird.

Nehmen wir an, eine Versuchsperson erlebt an sich selbst die Projizierung an den ihr unbekannten Aufenthaltsort eines Angehörigen oder Freundes. Es sind zahlreiche solche Fälle bekannt, in denen der Erlebende anschließend – und natürlich bevor die Bestätigung eintraf – den von ihm besuchten Ort *im Detail* einschließlich der Tapetenmuster zu beschreiben vermochte. Manche Projektionen erfolgten über große Entfernungen, und die Erlebenden schrieben dem besuchten Freund oder Verwandten einen ins einzelne gehenden Brief, der sich in der Post mit dem Gegenbrief des »Besuchten«, der die Projektion hellsichtig bei sich wahrgenommen hatte, kreuzte. Darin liegt ein starkes Beweisindiz.

Professor Hornell Hart, damals Mitarbeiter des Pioniers der modernen Parapsychologie, Prof. J. B. Rhine, prüfte Anfang der 50er Jahre 288 in der Fachliteratur genannte Fälle. In 99 Fällen war es ihm noch möglich, von Zeugen eine befriedigende Bestätigung zu erhalten. In 20 von diesen 99 Fällen war die Doppelaussendung unter Hypnose zustande gekommen; die meisten anderen erfolgten spontan – oft in Augenblicken, in denen die Betreffenden intensiv an die dann später besuchte Person dachten.

1953 stellte Hart durch eine Umfrage bei Studenten an der Duke-Universität (North Carolina) fest, daß 27,1 Prozent bewußt eine Projektion an sich erlebt hatten, mehr als 70 Prozent von diesen sogar mehrere Male. Nach langjährigem Studium des Phänomens kam Hart zu dem Schluß, daß mindestens 10 Prozent der Bevölkerung in ihrem Leben mindestens einmal eine Projektion bewußt erleben. Er weist mit Recht darauf hin, daß das Bewußtsein sich dabei an einem Standort außerhalb des physischen Körpers befinden muß; reine *Beobachtung* über Entfernung kann auch nur Hellsehen sein.

Dr. J. H. M. Whiteman veröffentlichte 1956 Beispiele aus 550 von ihm gesammelten, zum guten Teil selbst erlebten Fällen, bei denen er solche von mehr mystischem Charakter von vornherein ausschloß. Whiteman betont, daß das kritische Reflexionsvermögen des Projizierenden nicht nur erhalten bleibe, sondern durch eine scheinbar höhere Bewußtseinsstufe noch verstärkt werde. Das Wissen darum bleibe bei der Rückkehr in den Körper erhalten.

Ähnliche Umfragen wie Professor Hart haben unter anderem der südafrikanische Biologe Dr. John Poynton von der Universität Natal und die englische Mathematikerin Celia Green, MA, vom *Institute of Psychophysical Research* in Oxford veranstaltet. Mit Hilfe eines sehr umfangreichen Fragebogens stellte Poynton fest, daß die Berichtenden in etwa zwei Drittel der von ihm analysierten Fälle noch niemals etwas über *Out of the Body*-Erlebnisse gehört hatten; dies mache die Übereinstimmung ihrer Aussagen um so bemerkenswerter.

Celia Green legte bei ihrer Umfrage (1967) Studenten die Frage vor: »Hatten Sie jemals das Gefühl, daß Sie sich außerhalb Ihres eigenen Körpers befanden?« 131 Befragte (34 Prozent) antworteten mit Ja. Bei einer späteren öffentlichen Umfrage gingen in dem Oxforder Institut rund eintausend Antworten ein. Etwa ein

Drittel der »eksomatischen Erlebnisse« (wie Celia Green sie nennt) hatte sich während einer Narkose oder Bewußtlosigkeit ereignet. Ein Offizier berichtete von einem Kriegserlebnis: ». . . ich schien die Szene von mehreren verschiedenen Standpunkten zur gleichen Zeit sehen zu können. Mit anderen Worten, ich schwebte über meinem Körper und war mir dessen bewußt . . . aber ich war mir auch eines viel schwächeren Beobachtungsvermögens von der Seite her bewußt. Ich konnte sowohl den Körper als auch den schwebenden Körper beobachten . . .«

Es wäre zu fragen, ob der Offizier sich diesen dritten Standpunkt durch inneres Erleben selber schuf. Andernfalls hätten wir es mit einem relativ seltenen, aber in der einschlägigen Literatur nicht unbekannten Fall von »multiplem Bewußtsein« zu tun.

Die Liste ließe sich beliebig fortsetzen. Medizin, Biologie und Schulpsychologie hätten keinen Mangel an Material, wären sie zu einer unvoreingenommenen Prüfung bereit. Sie müßten dann allerdings auch die Bereitschaft mitbringen, das gültige Bild vom Menschen beträchtlich zu korrigieren.

Anhänger der Jungschen Schule neigen dazu, den Doppelkörper als Symbol einer archetypischen Wahrheit zu bezeichnen. Mit derartigen Etiketten läßt sich jedoch wenig anfangen, und es ist zweifelhaft, ob die Anhänger Jungs es selbst können. Ganz schlimm wird es, wenn Freudianer das Doppelerlebnis als »intrauterines Trauma« zu deuten versuchen, also als eine durch die Erinnerung an das vorgeburtliche Schwimmen des Fötus in Wasser der Gebärmutter ausgelöste Halluzination. Solche Verstiegenheiten sind aber wohl unausbleiblich, wenn erst einmal versucht wird, alles in ein Dogma hineinzupressen.

Wir fassen zusammen:

1. Die pragmatische Beobachtung weist klar auf die Existenz eines feinstofflichen Doppelkörpers; sie kann als Arbeitshypothese dienen. Versuche, diese universale Erfahrungstatsache als Halluzination zu erklären, sind nicht wissenschaftlich, da sie den grundsätzlichen Unterschied zwischen psychopathologischen Erscheinungen und Spontanfällen bei völlig gesunden Menschen sowie die deutlichen *qualitativen* Unterschiede zwischen den beiden nicht berücksichtigen.
2. Das Feinstoffdoppel ist ein getreues Abbild des physischen Körpers und kann aus diesem austreten; wir sprechen dann von einer Projektion. Bewußtsein und kritisches Reflexionsvermögen bleiben während einer Projektion erhalten, gehen aber zeitweilig auf das Doppel über, das mit dem physischen Körper durch eine feinstoffliche Energie- und Informationsleitung (die »Silberkordel«) verbunden bleibt.
3. Der Feinstoffkörper ist offenbar mit Sinnesorganen ausgestattet. Die Anerkennung dieser Tatsache kann eine völlige Umkehrung unseres bisherigen Denkens bedeuten, da sie

nahelegt, daß wir die Umwelt primär mit geistigen Sinnen wahrnehmen, denen aber ein grobstofflicher Filter vorgesetzt ist, der nur auf elektro-magnetische Wellen anspricht. Dieser wäre an die Newtonsche Raumzeitordnung gebunden, der geistige Feinstoff dagegen nicht.

Eine etwas unklare Bibelstelle (Prediger Salomo 12,6) wird manchmal zur Unterstützung der Beweisführung für die »Silberkordel« herangezogen. Wir glauben nicht, daß dies überhaupt notwendig ist. Diese Nabelschnur zwischen den beiden Körpern gehört weder in die Kategorie biblischer Wunder noch ist sie dazu da, daß jeder fünfte oder sechste von uns einmal in seinem Leben ein Doppelerlebnis hat, an das er sich erinnert. Die Natur hat für die Organe unseres Körpers stets ganz konkrete Aufgaben vorgesehen – warum nicht auch hier?

Mit anderen Worten; Es geht hier nicht um »mystische« Ausnahmefälle. Die Sache geht uns alle an.

5. *Kapitel:* Raumflug der Seele

Goethe sah sich selbst zu Pferde – Der »Vardögr« – Präkognition oder Doppelerlebnis? – Das eigentliche »Ich« verläßt den Körper – Gehört die Projektion zum gesunden Schlaf? – Die »Silberkordel« als Lebens- und Nachrichtenkabel – Doppelaustritte bleiben meist unbewußt – Reisen durch zwei verschiedene Dimensionen – Wenig Chancen für »Doppelkörper-Spione«

In *Dichtung und Wahrheit* schildert Goethe eine Vision, die er als junger Mann beim Abschied von Friederike Brion hatte. Von Sesenheim wegreitend, begegnete er »sich selber«, ebenfalls zu Pferde, aber in einem ihm unbekannten Gewand: hechtgrau mit etwas Gold. Acht Jahre später ritt er erneut nach Sesenheim, um Friederike noch einmal zu sehen – und trug genau dieses Gewand!

Niemand wird im Ernst behaupten, daß Goethe an jenem Tage sein Doppel (einschließlich des Pferdes!) auf sich zureiten sah. Sehr viel wahrscheinlicher ist, daß er, seelisch noch stark vom Abschied angerührt, ein besonders klares präkognitives Erlebnis hatte. Dieses Erlebnis war paranormal; es läßt sich auch nicht als »normal« erklären, wenn wir annehmen, Goethe habe acht Jahre später unter einem psychologisch deutbaren Erfüllungszwang gehandelt.

Um eine Form der Präkognition könnte es sich auch bei gewissen hörbaren Ankündigungen handeln. Solche Erlebnisse sind besonders in den einsamen Gegenden Norwegens häufig und werden vom Volksmund dort »Vardögr« (Vorläufer) genannt. Sie kommen, wie wir aus Berichten uns persönlich bekannter Zeugen wissen, natürlich auch in anderen Teilen der Welt vor.

Es sei in Norwegen »fast eine alltägliche Erscheinung«, berichtet der Osloer Physikprofessor W. Wereide, daß die Ankunft eines Menschen sich durch den »Vardögr« ankündigt. Man hört ihn die Tür aufschließen, die Treppe heraufsteigen, kurz, alle Handlungen vollführen, die der Erwartete normalerweise beim Nachhausekommen ausführt. Man hat festgestellt, daß die »Vardögr«-Geräusche stets in dem Augenblick beginnen, in dem der Betreffende sich auf den Weg macht oder den Entschluß dazu faßt. In manchen Fällen geschieht das so regelmäßig, berichtet Wereide, daß die Hausfrau auf die Ankündigung wartet, um das Essen aufzusetzen.

Bei den auslösenden Personen *kann* es sich auch um junge Menschen im Pubertätsalter handeln (siehe Kapitel 9). Nils-Olaf Jacobson schildert einen solchen Fall. Das Mädchen brachte Geschirr im Schrank zum Klirren, wenn es sich auf den Heimweg machte (die Tasse, aus der sie gewöhnlich Kaffee trank), oder ein Löffel sprang aus der Schublade. Als sie nach Stockholm zog, beklagte sich ihre Zimmervermieterin: »Du kommst ja, bevor du kommst, und das Türschloß sagt schnapp, und du kommst herein und ziehst den Mantel aus und rumorst auf dem Flur, dann gehst du an mir vorbei in dein Zimmer, und ich gehe dir nach ... und dann ist niemand da!«

Ob der Urheber der Geräusche unter Umständen auch ein »vorausgeschicktes« Doppel sein könnte, vermag man beim heutigen Stand des Wissens nicht zu sagen. Vielleicht spielen noch dritte Faktoren mit, von denen wir noch weniger wissen.

Zu einem echten Doppelerlebnis gehört stets, daß das Bewußtsein, das eigentliche »Ich«, sich nach außerhalb des physischen Körpers verlagert. Das ist auch dann der Fall, wenn der Erlebende in seinem Schrecken über die völlig ungewohnte neue Situation (er mag glauben, er sei gestorben) seinen Doppelkörper selbst gar nicht wahrnimmt – er sieht nur den regungslos daliegenden physischen Körper »unter sich«.

»Der Doppelkörper, das bin ich«, sagt Jane, eines der Medien Durvilles. »Der Leib – ich weiß nicht, was das ist, aber ich bin's nicht.« Und ihre Kollegin Edmea versichert:

»Meine ganze Person ist in der leuchtenden Gestalt. Nur sie denkt, weiß und handelt.«

Durville: »Wie soll man die leuchtende Person nennen?«

Edmea: »Man braucht sie nicht zu nennen; es *ist* Edmea, ich bin es.«

Durville: »Aber irgendeinen Namen müssen wir ihr doch geben. Sollen wir sagen: der Astral, Doppelgänger, Fluidal ...?«

Edmea: »Nein, nein, nicht Astral oder Fluidal. Sagen Sie Doppelgänger, wenn Sie wollen, aber es ist doch nicht mein Doppelgänger, das bin doch ich selber!«

Klarer könnte nicht zum Ausdruck kommen, daß das Ichbewußtsein dem feinstofflichen Teil unseres Selbst zugehört. Es ist die wohl wichtigste Erkenntnis der Parapsychologie.

Ein zweites, fast regelmäßig eintretendes Merkmal ist das schon erwähnte wunderbare Gefühl der Freude und Losgelöstheit, das sich nicht selten noch in den wachen Tag hinein fortsetzt.

Manchmal bleibt eine Art sekundäres Restbewußtsein im Körper zurück, das sogar noch auf mehrere lokale Zentren (des Herzens, des Kopfes usw.) aufgeteilt sein kann; auch dann aber befindet sich das wirkliche Ich stets außerhalb. In anderen Fällen weiß das ausgetretene Doppel vom physischen Körper zeitweilig überhaupt nichts mehr. In wieder anderen kann es selbst schmerzhaftes Geschehen an seinem Körper von »draußen« völlig ungerührt beobachten.

So schildert der amerikanische Schriftsteller Harold Sherman, wie er während einer an sich vorgenommenen Operation »von der Decke des Raumes aus« Zeuge eines ärztlichen Kunstfehlers wurde. Ein als Anästhesist herbeigeholter Zahnarzt hatte ihm zu Beginn des (relativ unbedeutenden) Eingriffs eine Überdosis Chloroform gegeben. Plötzlich sah das »eigentliche« Sherman-Ich zu, wie man um seinen leblosen Körper bemüht war und über längere Zeit Belebungsversuche anstellte. Dann dachte Sherman an seine Mutter. Fast im gleichen Augenblick fand er sich zu Hause, wo seine Mutter gerade in der Küche arbeitete. Er ging auf sie zu und sprach sie an, wurde aber weder gesehen noch gehört.

»Da ging mir auf«, schreibt Sherman, »daß ich mich ja in einer ganz anderen Körperform befinden mußte. Ich mußte in meinen Körper zurück.« Kaum hatte er diesen Gedanken gedacht, als er auch schon pfeilschnell zu seinem physischen Körper zurückgezogen wurde. Bewußtlosigkeit folgte, und daraus auftauchend schließlich das benommene Erwachen auf dem Operationstisch.

Später konnte Sherman dem operierenden Arzt genau beschreiben, was während der Operation vor sich gegangen war; er konnte sogar die Unterhaltung zwischen den beiden Ärzten wiedergeben.

Fälle wie diese sind durchaus nicht so selten und scheinen uns ein klarer Beweis dafür zu sein, daß paranormale Erlebnisse nicht nur medial begabten Menschen zuteil werden. Sie sind besonders wertvoll, weil Betrug völlig ausgeschlossen ist. Auch der hartgesottenste Skeptiker wird nicht behaupten können, der auf dem OP-Tisch festgeschnallte oder sonstwie bewegungsunfähig im Bett liegende Patient habe sich seine Informationen »hintenherum« besorgt, wenn er sie gleich nach dem Erwachen erzählt.

Vom Augenblick des Austrittes an gibt es für den Erlebenden keine andere Wirklichkeit als die feinstoffliche. Wie stark diese Überzeugung ist, geht aus folgendem Beispiel hervor:

Ein Amerikaner – nennen wir ihn Mister N. – fährt an einem Wintertage mit dem Pferdeschlitten aus, um im Wald Feuerholz zu holen. Auf der Rückfahrt knallt ganz nahe der Straße plötzlich der Schuß eines Jägers. Die Pferde scheuen, der hochbeladene Lastschlitten stürzt um, und N. wird mit dem Kopf voraus auf den gefrorenen Boden geschleudert.

Einen Augenblick später findet sich N. am Straßenrand neben seinem eigenen, leblos im Schnee liegenden Körper stehend wieder. Alles andere ist unverändert – der Schnee rieselt vom Himmel, die Pferde stehen, nunmehr zum Halten gekommen, mit dampfenden Leibern vor dem gestürzten Gespann ... Nun kommt auch der Jäger herbeigelaufen, um sich um den Verunglückten zu bemühen.

Dann wird es dunkel um N. Das nächste, was er weiß, ist, daß er mit schmerzendem Schädel in seinem »alten« Körper erwacht.

Aber das Erlebte war so greifbar und real gewesen, daß er, wieder auf physischen Beinen stehend, den Schnee am Straßenrand nach »seinen« Fußspuren abzusuchen beginnt und kaum glauben will, daß es dort keine Spuren gibt.

Der Amerikaner Sylvan Muldoon berichtet über diesen Fall, um sich gewissermaßen selbst zu beweisen, daß andere Menschen die gleichen Erlebnisse haben wie er. Als Jugendlicher, der in einem Dorf im mittleren Westen aufwuchs, hatte Muldoon schon 12 Jahre lang Doppelkörper-Erlebnisse an sich beobachten können, bevor er beim Lesen eines der Bücher des Parapsychologen Hereward Carrington herausfand, daß ein wissenschaftliches Interesse an diesen Dingen bestand. Er setzte sich mit Carrington in Verbindung, der sehr bald feststellte. daß er auf ein ungewöhnliches Naturtalent gestoßen war: Muldoon konnte seinen Körper verlassen, ohne daß dabei eine Bewußtseinsänderung eintrat. Die gleiche seltene Gabe besitzt sein Landsmann Robert A. Monroe, ein in Virginia lebender Fachmann für Elektronik und Kabelfernsehen.

Heute liegen mit dem von Muldoon und Carrington gemeinsam verfaßten Werk *Die Aussendung des Astralkörpers* und Monroes erst 1972 erschienenen Buch *Der Mann mit den zwei Leben* zwei umfangreiche Dokumentationen selbsterlebter außerkörperlicher Erfahrungen vor, die jeder gelesen haben sollte, der wirklich Einblick in die Dinge gewinnen möchte. Auch Monroe beobachtete sich zunächst selbst über einen Zeitraum von 12 Jahren; am Anfang zweifelte er an seinem eigenen Verstand! Seiner Gründlichkeit verdanken wir Aufzeichnungen über 589 Projektionen, bei denen er sich und seine Umgebung sorgfältig beschreibt und analysiert.

Muldoon und Monroe glauben, daß sich der Feinstoffkörper während des gesunden Schlafes wahrscheinlich bei allen Menschen vom physischen Körper abhebt, und sei es auch nur um wenige Zentimeter. Wenn sie recht haben, könnten wir hier die Antwort auf viele noch ungeklärte Fragen über das eigentliche Wesen des Schlafens und Träumens suchen.

Welchen Zweck könnte die Natur mit dieser Trennung verfolgen? Zunächst einen physiologischen: Muldoon ist überzeugt, daß das ausgetretene oder abgelockerte fluidale Doppel aus der Atmosphäre bestimmte lebenserneuernde Feinsubstanzen aufnimmt, für die es eine Art Kondensator ist, und über die Kordel an den Körper weiterleitet. Tatsächlich weiß die Neurophysiologie bis heute nicht, worin die restaurierende Wirkung des Schlafes besteht, vor allem, da von einem Ausruhen der Gehirnzellen – wie wir aufgrund der fortgesetzten Hirnaktionsströme wissen – ja nicht die Rede sein kann. Könnte der Doppelaustritt etwas damit zu tun haben? Und könnte es sein, daß Schlafmittel diesen natürlichen Prozeß beeinträchtigen, so daß der »Tablettenschlaf« aus *diesem* Grunde niemals wirklich erfrischend ist?

In jedem Fall geht die restaurierende Wirkung des normalen Schlafes weit über die des bloßen Ausruhens hinaus, und wir können physiologisch nicht bestimmen, warum. Auch das Selbstheilungsvermögen des Körpers ist während des Schlafes viel intensiver.

Hier ist Muldoons Versicherung interessant, daß die Fähigkeit eines Menschen zur Projektion in Zeiten des Fastens und Hungerns oder während einer schwächenden Krankheit enorm gesteigert sei. Das unbewußte Ich registriert die körperliche Schwäche und stößt den Doppelkörper geradezu heraus, um Nahrungsmangel oder Schwäche durch Aufnahme »kosmischer Vitalenergie« (Muldoon) auszugleichen. Der Inder würde wahrscheinlich von »Prana-Aufnahme« sprechen. Die Aufladefähigkeit steigt mit der Entfernung vom physischen Körper.

Beweisen lassen sich diese Dinge vorläufig nicht. Man fragt sich aber unwillkürlich, ob unsichtbare Prozesse solcher Art nicht mit im Spiele sind, wenn sich jemand buchstäblich über Nacht gesundschläft.

Die Tatsache, daß konsequentes Fasten schließlich doch zum Tode führt – Heilige und Yogi-Avatars vielleicht ausgenommen –, zeigt aber wohl, daß kosmische Nahrung allein auf die Dauer nicht genügt.

Aber der Doppelaustritt erfüllt offenbar auch psychische Aufgaben; sie stehen in Monroes Berichten im Vordergrund. Scheinbar ist es dem Feinstoffkörper bestimmt, während des nächtlichen Austritts Erfahrungen zu sammeln. *Wie* er das macht, ist eine Frage der individuellen Entwicklung. Bei Monroe und Muldoon ist es ein bewußter Prozeß –; vielleicht auch noch bei manchen anderen, die es vorziehen, nicht darüber zu sprechen, um nicht zum Psychiater geschickt zu werden. Zweifellos aber bleiben diese Erfahrungen bei den meisten Menschen im Bereich des Unbewußten. Austritt und Traumzustand laufen nebeneinander her.

Die Vorstellung, daß wir während der Nacht alle als schöne Seelen durch die Lüfte schweben, entbehrt zweifellos nicht einer gewissen Komik. Paranormale Dinge sind jedoch beinahe zwangsläufig ungewohnt und bizarr; sie lassen sich leicht ins Lächerliche ziehen. Wer sich mit ihnen befaßt und unvorsichtig genug ist, sich nicht mit wissenschaftlichem Jargon einzunebeln, muß auf billigen und auch boshaften Spott vorbereitet sein.

Ganz so bizarr geht es in Wirklichkeit wahrscheinlich auch nicht zu. Es ist nicht bewiesen, daß jeder Mensch etwa regelmäßig während des Schlafes ausgedehnte Astralreisen unternähme. In den meisten Fällen bleibt das träumende oder hellträumende Doppel vermutlich nahe beim Körper.

Muldoon spricht von einem Nahstadium und einem Fernstadium des Austritts. Im ersteren ist der Doppelkörper oft nur um zwei bis drei Zentimeter vom physischen angehoben. Mit zunehmender Schlaftiefe mag er sich um einige Fuß oder Meter weiter anheben und waagerecht über dem Körper schweben. Er schwingt dabei oft leicht hin und her, wobei die »Silberkordel« stets Achse der schwingenden Bewegung ist. Bei so dichtem Abstand der beiden Körper hat die Kordel noch die Dicke eines Kabels.

Die Körperfunktionen werden auf das genaueste kopiert. Der physische Körper gibt Atem und Herztätigkeit über die Kordel an das Fluidal weiter; umgekehrt laufen die vom Fluidal verdichteten kosmischen Vitalkräfte zum Körper. Sinneseindrücke wandern über die Kordel blitzschnell in beiden Richtungen. Bei Mademoiselle Sagée, deren spontaner Doppelaustritt im Wachzustand natürlich ein Sonderfall war, konnte sich die Parallelität darin zeigen, daß die »zweite« Mademoiselle beispielsweise beim Essen hinter dem Stuhl der ersten stand und genau deren Bewegungen mitmachte – nur ohne Messer und Gabel. *Dachte* die junge Lehrerin aber an eine Tätigkeit, dann konnte das Doppel diese selbständig bewirken (Beispiele: Blumenpflücken – Klassenaufsicht).

Abb. 2: Schematische Darstellung des aus dem physischen Körper austretenden Doppels.

Mit zunehmender Entfernung vom Körper verdünnt sich die Kordel, bis sie bei etwa fünf Meter Abstand ihren nur noch fadendünnen Mindestdurchmesser erreicht (Muldoon). Jetzt verliert sie auch ihre bisherige Starre und übt auf den Doppelkörper nicht mehr die schiebende Kraft aus, die ihn im Nahbereich oft wie eine Puppe über der Liegestätte des physischen Körpers hin- und herbewegt.

Mit zunehmender Entfernung vom Körper steigt die Schwingungsrate des Doppels; seine feinstoffliche Dichte geht zurück und wird schließlich so extrem gering, daß es Mauern und andere feste Körper durchdringen kann. Erst jetzt ist der Fluidalkörper wirklich frei und kann vom Willen des Menschen gelenkt werden. Der Raumflug der Seele kann beginnen. Sehr wahrscheinlich sind die meisten Exkursionen des Doppels aber auch dann noch in eine Traumhandlung eingebettet. Nur die wenigsten »reisen« bewußt. Muldoon spricht vom Schlafwandel im Doppelkörper als der häufigsten Erscheinung.

Wohin? Folgen wir Monroes Beschreibung. Seine »Reisen« gingen zunächst durch eine geographische, dreidimensionale Welt, die Welt seiner amerikanischen Heimat. Der ausgetretene Doppelkörper wurde blitzschnell durch diese Welt getragen, sobald er an eine Zielperson dachte. »In wenigen Augenblicken ist man da. Man kann beobachten, wie sich die Landschaft unter einem dahinbewegt, wenn man das wünscht; aber es ist ein wenig beunruhigend, wenn man so, Kopf voran, auf ein Gebäude oder einen Baum zubraust und glatt hindurchfliegt ... Ganz kann man sich nie von der physischen Erfahrung frei machen, daß solche Dinge massiv sind.«

Der Gedanke an die Zielperson – oder bei der Rückkehr an den eigenen Körper – liefert ein »automatisches Navigationssystem« (Monroe), freilich mit der Gefahr sofortiger Kursabweichungen, wenn ein anderer Gedanke »auch nur für eine Mikrosekunde« dominiert.

Monroe bezeichnet diesen Erfahrungsbereich als »Schauplatz I«. Es ist zumindest noch eine der Lebenserfahrung entsprechende Sphäre, in der das vertraute Raum-Zeit-Gefühl gilt, in der sich das Doppel in bestimmten Fällen bis zur Sichtbarkeit und sogar Fühlbarkeit verdichten kann. Monroe lieferte sich selbst dafür den Beweis, als er während eines Doppelaustritts eine gute Bekannte »besuchte« und ihr in die Seite kniff. Es gab einen kräftigen blauen Fleck, und er mußte versprechen, es nicht wieder zu tun.

Mit fortschreitender Zeit führten Monroes Reisen immer häufiger in einen von dieser Sphäre völlig getrennten, ganz anders gearteten Bereich. Er nennt ihn »Schauplatz II«. Dieser ist vielgesichtig, ohne »irdischen« Zeitbegriff, sozusagen nicht von dieser Welt. Monroe empfindet ihn als die *natürliche* Umwelt des Feinstoffkörpers, in die er eigentlich gehöre. Auf »Schauplatz II« sind Denken und Handeln ein und dasselbe. Denkprodukte bleiben erhalten und bilden so eine selbstgeschaffene Umwelt ... Bestimmte Teile dieser Sphäre, die von »grenzenloser Ausdehnung« sei, seien von »subhumanen« Lebewesen bevölkert ... Das Sehen ist eine »Rundumschau« nach allen Seiten zugleich, das Hören wird durch automatisches Gedankenerfassen ersetzt.

Dem »normalen« Menschen bleibt diese Welt verschlossen, oder er erinnert sich aus dem Traum zurückkehrend nicht an sie. Am ehesten noch bleibt ihm ein Flugtraum im Gedächtnis. Noch in den wachen Tag hinein setzt sich oftmals das wunderbare Gefühl der Freude und Losgelöstheit fort, das so ein Traum bringen kann. Der Schläfer »schwimmt« in der Luft; wenige sparsame Bewegungen genügen, den Körper voranzutreiben oder ihn tänzerische Bewegungen ausführen zu lassen, die ihm nie im Wachzustand gelingen würden. Der Schläfer *weiß* in diesen Augenblicken: »Ich bewege mich, ich kann fliegen. Es ist unglaublich, aber es ist kein Traum. Niemand wird mir das glauben.«

Der Schläfer irrt natürlich. Es ist zwar gut möglich, daß sein Doppel fliegt, aber *es träumt zur gleichen Zeit.* Das Doppel hat sozusagen den Traum oder Helltraum mit auf die Reise genommen und ist nun bestrebt, den Traum selber – etwa wie ein Schauspieler – mit Mimik und Leben zu erfüllen. So bleibt dem Bewußtsein der Schock des Vollerwachens im Zustand der Trennung vom Körper erspart.

Wir stellten weiter fest, wie sich ein Helltraum von einem Normaltraum unterscheiden läßt. Eine »Exkursion« ist, solange der Schläfer nicht das Vollbewußtsein erreicht hat, vom Helltraum nicht so klar unterscheidbar. Dennoch bestehen feine qualitative Unterschiede: Das außerkörperliche Erleben ist von einem noch stärkeren Realgefühl, von einer höheren Bewußtseinsstufe begleitet; es enthält auch im Gegensatz zum Helltraum keine reinen Phantasieelemente. Das Blickfeld des Astralreisenden ist breiter.

Die Aussagen der Fachautoren auf diesem Gebiet sind jedoch nicht einheitlich. Eine der von Celia Green befragten Personen erklärte, sie könne bei einer Projektion Wände durchdringen, im Helltraum dagegen nicht. »Der Körperzustand bei einer Projektion ist ähnlich dem eines Astronauten ... man hat kein Schweregefühl.«

Oliver Fox und Celia Greens Versuchspersonen erklären übereinstimmend, daß sie am Ende einer Projektion in einem Zustand der Katalepsie (Körperstarre) erwachen. Auch dieses Merkmal fehlt beim Helltraum.

Ausgedehnte Exkursionen des Doppels scheinen sehr oft eine Katalepsie des physischen Körpers hervorzurufen. Dies ist natürlich auch medizinisch hochinteressant. Beim heutigen Stande des Wissens kann niemand sagen, ob bestimmte Fälle von Dauerschlaf – gewöhnlich als Folge eines schweren Schocks – oder von Scheintod bei körperlicher Starre nicht mit einer unnatürlich starken und langen Projektion des Doppels erklärt werden müssen. Und wenn es zutrifft, daß einige der wenigen echten Fakire sich wochenlang in einer luftdicht vernagelten Kiste begraben lassen können, um dann an einem verabredeten Tage ausgegraben zu werden und aus einer – wohl selbsthypnotisch erzeugten – totalen Starre ins Leben zurückkehren, dann darf man dahinter sicher auch eine Form der Projektion vermuten.

Oder denken wir an Lazarus, von dem Jesus sagte, er schlafe ja nur!

Für den, der die ausgedehnte Projektion *bewußt* anstrebt, ist die totenähnliche Starre des zurückbleibenden Körpers die große psychologische Hürde. Monroe und andere schildern anschaulich die Furcht, vielleicht nicht in den eigenen Körper zurückkehren zu können, den ersten Schrecken des Unerfahrenen, der glaubt, gestorben zu sein. Wenn wir der okkulten Überlieferung glauben dürfen, ist dies der »Schrecken der Schwelle«, den der Tempelschüler der altägyptischen Mysterienschulen zu überwinden hatte, bevor er zu den wirklich Eingeweihten gehören konnte. Das nie gekannte Freiheitsgefühl der bewußten Exkursion, die »Überwindung des Todes«, war sein Lohn.

Paul Brunton vertritt in seinem Buch *Geheimnisvolles Ägypten* die Ansicht, daß der Sarkophag in der Königskammer der großen Pyramide von Gizeh zum feierlichen Antritt von Astralreisen bestimmt war. Diese Ansicht erscheint gar nicht so abwegig. Für einen Toten hätte man schwerlich kompliziert zu bauende Luftschächte zu dieser Kammer angelegt. Oder haben die menschenfreundlichen Baumeister des Pharao Cheops schon an die Touristen späterer Jahrhunderte gedacht?

Kann man, auch wenn man nicht gerade ein »Naturtalent« ist wie Muldoon, Monroe oder Fox, eine Projektion des Doppels bewußt zustande bringen? Die Frage wird von allen Autoren grundsätzlich bejaht. Die Techniken weichen zum Teil voneinander ab, laufen aber schließlich alle darauf hinaus, von vorherein das volle Bewußtsein mit in den zweiten Zustand hinüberzunehmen.

Monroe rät seinen Lesern, nach vorangegangener vollständiger Entspannung – verbunden mit einem selbstinduzierten Schwingungszustand – sich vorzustellen, daß man leichter werde und aufwärts schwebe. Muldoon empfiehlt, beispielsweise an einen Ballon, ein startendes Flugzeug, an Windmühlenflügel oder an einen Aufzug zu denken – aber nur dann, wenn dieses Gefühl einem selbst behagt. Der damit ausgelöste Traum werde dann dem Doppel das Loslösen vom Körper signalisieren.

Unverkennbar taucht dieses »Nach-oben-Drängen« immer wieder in den verschiedensten Berichten über außerkörperliche Erlebnisse auf. Oft haben die Betreffenden das Gefühl, durch einen Tunnel oder einen Trichter »ins Freie« zu gelangen. Oliver Fox empfand es so, als verlasse er seinen Körper durch eine Art Klapptür im Kopf. Friedrich Andres berichtet, daß die Schamanenschüler Niederländisch Guayanas bei ihrer mehrwöchigen Vorbereitung auf die erste »Himmelsreise« Balanceübungen auf in verschiedener Höhe gespannten Seilen machen.

24 Tage lang müssen die jungen Männer fast vollständig fasten. Sie werden angehalten, ständig zu rauchen, Tabakblätter zu

kauen und Tabaksaft zu trinken. Fasten, Tabakvergiftung, erschöpfende Tänze und schließlich die Balanceakte bereiten sie auf die ekstatische Reise vor. Ihr Lehrmeister schärft ihnen ein, daß sie schließlich auf einer Wendeltreppe zum Himmel hochsteigen werden.

Schamanische Riten sind für unsere Begriffe oft abstoßend. Wenn wir uns das magische Rahmenwerk wegdenken, bleibt ihnen aber stets ein gemeinsamer Kern – die Befreiung des Seelenkörpers vom physischen Körper, die Reise ins Jenseits oder zu den Göttern und die Rückkehr von dort. Daß Völker und Stämme in allen Teilen der Welt über die Jahrhunderte Praktiken mit diesem einen, übereinstimmenden Ziel entwickelt haben, ist sicher kein Zufall. Daß der Schamane fast immer zugleich einen symbolischen Aufstieg vollzieht – auf einen Pfahl, einen Baum oder eine hochgelegene Plattform –, macht dies noch deutlicher.

Die Schamanenpraktik bestätigt offenbar, daß eine Projektion leichter vonstatten geht, wenn der Körper durch Fasten, Vergiftung oder Krankheit geschwächt ist.

Können Exkursionen auch gefährlich sein? Auf keinen Fall, wenn sie spontan erfolgen. Alle Berichterstatter betonen, daß das Doppel mit unfehlbarer Sicherheit in den physischen Körper zurückkehre, ja notfalls blitzartig zurückgezogen werde, und daß die Silberkordel während der Exteriorisation nicht reißen könne. Das *künstliche* Herbeiführen der Projektion ist etwas anderes; hier ist von leichtfertigen Selbstversuchen ebenso abzuraten wie von manchen anderen pseudo-okkulten Praktiken. Wer Klettertouren im unbekannten Terrain unternimmt, sollte die Risiken kennen.

Monroe gibt die zusätzliche, ausdrückliche Warnung, daß die einmal erweckte Fähigkeit zur bewußten Projektion sich nicht beliebig wieder »abstellen« lasse. Dem Amerikaner gelang es – er ist darin fraglos eine Ausnahme – gelegentlich auch, nur seine feinstofflichen Arme oder Beine »aus dem Körper zu stecken«. Die Doppelgliedmaßen sanken dann zur Seite herunter; ein Zeichen dafür, daß sie anscheinend noch schwerkraftabhängig, also teilmateriell sind.

Die Rückkehr in den Körper ist nicht selten von einem »fallenden« Traum begleitet. Manchmal, besonders wenn das Doppel durch eine Umweltstörung plötzlich und ungewollt zurückgerufen wird, entsteht beim »Einklinken« ein harmloser, aber für den Erwachenden unsympathischer Muskelschock; gelegentlich auch ein Gefühl, als sei im Kopf eine »Saite zu straff gespannt« worden. Bei ungestörtem Verlauf kann das Zurücksinken dagegen als ein sehr angenehmer, pulsierender Vorgang empfunden werden.

Die Schwelle zwischen Einssein und »Ausklinken« des Doppels wird in einem Sekundenbruchteil überschritten. Einschlafende erleben gelegentlich, daß sie beim Hinübersinken in den Schlaf noch einmal durch ein blitzschnelles schnappendes Geräusch ins

Wachbewußtsein zurückgeholt werden. Es scheint ganz dicht am Ohr oder sogar im Kopf zu entstehen. Einmal gleicht es dem Knistern eines Feuers oder elektrischen Funkens, ein anderes Mal dem Bersten eines Luftballons oder sogar dem schnappenden Bellen eines Hundes. Zeigt es die Lockerung des Feinstoffkörpers an? Monroe zumindest weiß zu berichten, daß eine »zischende Welle« im Kopf stets die – bei ihm vollständige – Projektion einleitet.

Außerkörperliche Ereignisse gehören zu den bisher am wenigsten erforschten in der experimentellen Parapsychologie. Wird sich das ändern, wenn die Geheimdienste auf den Gedanken kommen, »Doppelkörper-Spione« auszubilden? Theoretisch ist das denkbar und möglich, praktisch gottlob nicht sehr wahrscheinlich. Einmal gibt es nur sehr wenige dafür geeignete Individuen, und diese würden sich schon aus ethischen Gründen kaum freiwillig melden.

Außerdem sind Reisen auf dem *Schauplatz I* – im Gegensatz zum Schauplatz II, dem natürlichen Element des Doppelkörpers – für den Betreffenden nach übereinstimmender Aussage von Muldoon und Monroe ausgesprochen anstrengend, als wenn ein Taucher »ohne Atemgerät zum Meeresgrund hinunterschwimmen« müsse, so daß einem Mißbrauch auch von dieser Seite her Grenzen gesetzt sind.

Schon im Altertum hat man die Existenz des Doppelkörpers als Beweis für das Fortleben der Seele nach dem physischen Tode gesehen. Das Freiheitsgefühl einer bewußt erlebten Exkursion ist häufig so überwältigend, daß der Erlebende zutiefst empfindet: So wird es auch nach dem Tode sein. Ich werde ihn nie mehr zu fürchten haben.

Hinzu kommen zahlreiche Berichte von Sterbeszenen, bei denen Zeugen hellsichtig wahrnehmen konnten, wie die »Silberkordel« des bereits über dem physischen Körper Schwebenden riß und so den Seelenkörper freigab.

Subjektiv kann man hiervon überzeugt sein. Berichte dieser Art sind viel zu zahlreich und im wesentlichen übereinstimmend, als daß es sich um Halluzinationen handeln könnte. Dennoch sind sie kein wissenschaftlicher Unsterblichkeitsbeweis, da immerhin die Möglichkeit besteht, daß der Feinstoffkörper sich nach der Abtrennung langsam auflöst.

Zur Zeit kann man behaupten: Der empirische Nachweis des zeitweise vom Körper gelösten Bewußtseins macht seinen Fortbestand nach dem Tode logisch und wahrscheinlich. Das Argument, ein Todesüberleben stehe im Widerspruch zur wissenschaftlichen Naturbeobachtung, ist damit zumindest ins Wanken geraten.

6. *Kapitel:* Das unsichtbare Gehirn

Ein Affenhirn lebt ohne Körper – 14 Milliarden Neuronen im menschlichen Hirn – Das Kurzzeit- und das aktuelle Gedächtnis – Wozu sind Träume da? – Wissenschaftler wollen den Gedächtniscode brechen – Wie funktioniert unser Gehirn? – Der unterschwellige Gefühlszensor – Der Dualismus ist tot – Will man uns schonend »aufklären«? – Zum Feinstoffkörper gehört ein Gehirn – Was ist Denken? – Das dreidimensionale Gedächtnis

Auf einem Operationstisch in der amerikanischen Stadt Cleveland lag ein Gehirn. Es war von seinem Körper beinahe vollständig abgetrennt. Neurochirurgen hatten in siebenstündiger Arbeit sorgfältig den Schädel entfernt und die Wirbelsäule durchschnitten. Nur noch die vier Schlagadern verbanden die pulsende Gehirnmasse mit dem Körper. Nun wurden auch sie durchschnitten und mit geübten schnellen Griffen an eine Herz- und Lungenmaschine angeschlossen.

Die Geduld der Chirurgen wurde belohnt. Das Gehirn lebte weiter, das Elektroenzephalogramm (EEG) zeigte normale Funktionen an.

Das Gehirn gehörte einem Rhesusaffen. Seine in Cleveland unter Leitung von Dr. Robert J. White erstmals gelungene Isolierung ist inzwischen zu einem Kapitel der modernen Medizin geworden. Daß ihm ein Gruseleffekt anhaftet, wird niemand mehr abstreiten, wenn er hört, daß White später die Frage einer Journalistin bejahte, ob man auch einen abgetrennten *menschlichen* Kopf am Leben erhalten könne.

Die Neurochirurgie hat in den letzten Jahren enorme Fortschritte gemacht. Diese Ergebnisse muß man kennen, will man wissen, was die Gehirnforschung über den Menschen aussagen kann.

Die menschliche Großhirnrinde beherbergt 10 bis 14 Milliarden Nervenzellen, auch Neuronen genannt. Sie sind eingebettet in rund 100 Milliarden sogenannte Gliazellen. Diese bilden ein Stützgewebe, den »Nervenkitt«, und sorgen für den Stoffwechsel im Gehirn. Neueste Forschungen an der Universität Manchester zeigen, daß die Vermehrung der Neuronen schon etwa 15 Wochen nach der Befruchtung des Eies im Mutterleib einsetzt. Nach 27 bis 30 Wochen sind im Fötus bereits alle Nervenzellen des künftigen Menschen vorhanden. Das *Wachstum* des Gehirns geht natürlich über die Geburt hinaus weiter; es verlangsamt sich erst nach 18 Monaten.

Jede der 14 Milliarden Neuronen ist durch sogenannte Synapsen (Verbindungsstellen) mit Hunderten anderer verknüpft. So ergibt sich das Bild eines Nachrichtennetzes von unvorstellbar feiner und vielfältiger Gliederung, dessen Anzahl von Zwischenverbindungen offenbar das ausmachen, was wir Intelligenz nennen. Dabei gleicht jede einzelne Zelle einer winzigen Gleichstrombatterie, die aber mehrere Potentiale zugleich enthält. Wird eine Zelle oder ein Zellverband erregt, so fließen Mikroströme vom Zellkern aus durch die faserartigen Fortsätze, Neuriten oder Dendriten genannt, von denen jedes einzelne wiederum ein biochemisches Kunstwerk ist.

Wäre es möglich, dieses Wunderwerk in einem gläsernen Gehirn wirklichkeitsgetreu darzustellen, dann würden wir ein wahres Firmament von Lichtpunkten, Lichtbahnen und aufleuchtenden Feldern sehen, die sich – je nach dem Denkvorgang oder Bewußtseinszustand – blitzschnell verändern oder verlagern.

Die Reizung eines Neurons oder Neuronenverbandes wird vermutlich von Ionen bewerkstelligt. Gleichstrom wird ausgeschickt und wandelt sich vorübergehend in Wechselströme, die das Signal bis zum äußersten Ende der Reizleitung weitertragen. Aneinandergereiht würden alle Nervenleitungen des Menschen zusammen eine Strecke von 300000 km ergeben; das entspricht genau der Entfernung von der Erde zum Mond. Trotz dieses gewaltigen Netzes ist der Energieverbrauch des Gehirns sehr gering; er entspricht etwa dem einer 25-Watt-Glühbirne.

Das Neuron hat noch eine zweite Aufgabe: die Erzeugung von Ribonukleinsäure (RNS) und Protein. Die Zellen und ihre Dendriten enthalten im Inneren netzförmige Strukturen, sogenannte Nisslschollen, die dicht mit Ribosomen besetzt sind. Die Nisslschollen sorgen für die Bildung des Zellproteins der Neuronen, das sozusagen den Kraftstoff für die Reizleitungsfunktionen liefert.

Wir wissen heute sehr viel über die anatomischen und biochemischen Funktionen des Gehirns. Trotzdem wissen wir noch nicht genau, wie das Gedächtnis eigentlich funktioniert, auch wenn wir verschiedene seiner Stufen gut unterscheiden können.

Da ist zunächst das Kurzzeitgedächtnis, bestehend aus bestimmten Zellengruppen, die eine Speicherungsdauer von etwa 20 bis 24 Sekunden haben. Denken wir daran, wie lange wir das Schlagen einer Uhr noch »im Ohr« haben oder wie lange der Autofahrer bei der Fahrt durch eine verkehrsreiche Stadt die an der Einmündung der Seitenstraßen wartenden Fahrzeuge im optischen Gedächtnis behält. Sofern er die Erinnerung daran nicht behalten *will*, falls nicht ein Unfall oder ein anderes ungewöhnliches Geschehen seine

Aufmerksamkeit gefesselt hat, erlöschen die Mikroströme des Kurzzeitgedächtnisses nach diesen 20 Sekunden.

Möglicherweise gibt es eine zweite Vorstufe, bei der die Zellen ihren *input* einen oder zwei Tage lang festhalten, dann die »Spreu« aussondern und den Rest an das Langzeitgedächtnis weitergeben. Wir nennen diesen Zwischenzustand *aktuelles Gedächtnis* – das Wissen um die vielen kleinen Alltagsdinge, den Terminkalender, den man bald nicht mehr braucht und vergessen *muß*, wenn das Gehirn nicht mit einem Wust unnützer Information vollgestopft werden soll.

Einige Forscher glauben, daß dieses aktuelle Gedächtnis während des Schlafens und Träumens ausradiert wird, so wie ein Computer überflüssig gewordene Informationen löscht, um für neue Programme bereit zu sein. Was noch gebraucht wird, wird mit dem bereits vorhandenen Material verglichen und eingeordnet. Es *kann* sein, daß dieser Löschungs- und Einordnungsprozeß mit Hilfe von Bildern bewerkstelligt wird, natürlich mit Hilfe der Symbolik des Tiefengedächtnisses. Daß dabei auch ein Wunscherfüllungsstreben mitwirkt, nach Sigmund Freud die Ursache *aller* Träume, wird niemand bestreiten.

Die Gedächtniseinprägung selbst ist überwiegend ein biochemischer Vorgang. Die vom Gehirn aufgenommenen Reizimpulse verursachen Engramme, das heißt, molekulare Strukturveränderungen im Eiweiß der Neuronen, ganz ähnlich wie beim Bespielen eines Tonbandes die Anordnung der Eisenteilchen verändert wird. Die genaue Aufhellung des Imprägnierungsvorganges gehört zu den faszinierendsten noch unbeantworteten wissenschaftlichen Fragen. Den genetischen Code haben wir der Natur bereits abgerungen. Sicherlich werden wir innerhalb des nächsten Jahrzehnts auch das Geheimnis des Gedächtniscodes kennen.

Der amerikanische Biochemiker Dr. Georges Ungar hält es für bewiesen, daß der Lern- und Gedächtnisprozeß rein chemischer Art ist. Bei Ratten läßt sich beispielsweise eine Vorliebe für ein Geräusch oder Angst vor bestimmten Lichteffekten erzeugen. Ungar und sein Kollege Professor Mark Rosenzweig stellen fest, daß man diese andressierten Eigenschaften durch Extraktion von RNS aus der Gehirnmasse und Injektion in andere Tiere auf diese übertragen kann. Diese Resultate gelten allerdings noch nicht als völlig gesichert.

Ungar glaubt, daß der Gedächtniscode wahrscheinlich aus 20 Aminosäuren besteht. Ähnlich wie die DNS-Doppelhelix den genetischen Code enthält, könnte die kettenweise Ordnung dieser Aminosäuren zu Peptiden jeweils ein Wort oder einen Begriff in unserem Gedächtnis bedeuten. Die Permutation der 20 Säuren ergibt eine Gesamtkapazität des Gehirns von 10 Milliarden Worten oder Begriffen.

Natürlich müssen wir uns darüber klar sein, daß das Brechen des

Gedächtniscodes uns dem Nürnberger Trichter, dem manipulierten und programmierten Menschen um einen recht beängstigenden Schritt näherbringen wird. Jedoch, zwischen dieser Feststellung und der Annahme, daß das Menschengehirn in seinem Aufbau ein Computer *ist*, liegen ganz entscheidende, oft übersehene Unterschiede.

Funktionell bietet das Gehirn ein kybernetisches Bild mit perfekter Arbeitsteilung. Das Großhirn, geteilt in zwei durch dicke Nervenstränge miteinander verbundene Hemisphären, ist Träger aller Verstandes- und Sinnesfunktionen. Seine einzelnen Zentren oder Regionen sind für das Sehen, Hören und Sprechen, für die motorischen Bewegungen der Gliedmaßen, für die intellektuelle Reflexion und Assoziation zuständig. Letztere machen die eigentliche Intelligenz eines Menschen aus. Alle diese Großhirnfelder stehen in enger Verbindung mit dem Thalamus und der sogenannten Formatio reticularis, einer netzförmigen Struktur im Inneren des Gehirns. Das Wachbewußtsein hat seinen Sitz in diesen beiden Organen, und nicht, wie man früher vermutete, in den Intelligenzsektoren der Großhirnrinde.

Dies ist die erste Abweichung vom Computervorbild. Die nächste liefert die Stirnregion der Großhirnrinde. Die Zellengruppen der Stirnlappen enthalten das, was unsere Persönlichkeit ausmacht, sie überwachen die Ordnung von Gedanken und Emotionen, die Konzentrationsfähigkeit und die Urteilsfähigkeit in abstrakten Situationen, vor allem aber auch den planerischen, schöpferischen Drang und Impuls. Deshalb sind chirurgische Eingriffe in diese Region, wie die Lobotomie, so umstritten.

Ein Computer hat keine Stirnlappen. All das, was die menschliche Persönlichkeit ausmacht, geht ihm ab.

Im Stammhirn, vor allem im Thalamus, Hypothalamus und Hypophysenbereich, sind jene Organe untergebracht, die für die einfachen, unbewußten Abläufe des Organismus zu sorgen haben – für Blutdruck, Temperatur, Wasserhaushalt, Sekretfluß und anderes mehr. Alle diese Funktionen laufen mit einer perfekt konstruierten Regelmechanik ab, bei der Hormone eine maßgebliche Rolle spielen.

Dies sind absolut lebenswichtige Organe, und ebenso wie das Bewußtseinszentrum sind sie von der Natur in der unteren Mitte des Schädels, also an seiner geschütztesten Stelle, untergebracht worden. Sie gehören ganz offenbar einer sehr frühen Entwicklungsstufe an.

Man könnte danach vermuten, daß das Bewußtsein in seiner Grundform »älter ist als das Gehirn«, das heißt älter als die intelligenztragende Großhirnrinde. Das wäre allerdings das Gegenteil dessen, was die heute vorherrschende Lehrmeinung vertritt, wenn sie das Bewußtsein als eine Folgeentwicklung (ein Epiphänomen) der körperlichen Evolution versteht.

Aber es gibt noch mehr Rätsel und Widersprüche.

Jüngste Forschungen deuten auf das Vorhandensein von zwei verschiedenen Schaltsystemen für den Informationsfluß hin. Das erste System ist unterschwellig, das heißt, unbewußt, das zweite tritt in Aktion, wenn die Bewußtseinszentren der *formatio reticularis* eingeschaltet werden. Interessanterweise ist der »Gefühlswert« einer Information bei *beiden* Systemen von Bedeutung.

Jahrelang stritten sich die Psychologen darüber, ob man wissenschaftlich überhaupt von unterschwelliger Wahrnehmung sprechen dürfe. Es scheint ein logischer Widerspruch in diesem Begriff zu liegen. Konnte etwas, das man wahrnimmt, logischerweise überhaupt noch unterschwellig sein?

Erst neueste Versuche mit in die Kopfhaut eingepflanzten Elektroden brachten die Gewißheit. Man setzte die Patienten dabei blitzschnellen Sinneseindrücken aus, die völlig unterhalb der Bewußtseinsschwelle blieben. Trotzdem zeigte der Enzephalograph deutlich den Eingang des Stimulus in der Großhirnrinde an, wo er für einige Zeit festgehalten wurde. Aus dem Verlauf der Kurve konnte man erkennen, daß die Bewußtseinszentren in den Tiefregionen *nicht* eingeschaltet waren. Sobald die Bewußtwerdungs-Schwelle erreicht wurde, änderte sich auch das Kurvenbild.

Die so ins Gehirn, aber nicht ins Bewußtsein gelangenden Informationen treten sogar mit den Assoziationsfeldern in Kontakt. So wurde einem Studenten auf dem Sehschirm für einen Sekundenbruchteil das Wort *Line* gezeigt. Dann fragte man ihn, an welches Wort er denke. Die Antwort war *Valparaiso* – weshalb, konnte er nicht erklären. Später stellte sich heraus, daß *Valparaiso* der Name eines Liners (engl. Passagierschiff) war, auf dem er eine Reise gemacht hatte. Dies ist eine typische Assoziation; die betreffenden Gehirnregionen müssen also auch in diesem vorbewußten Stadium schon eingeschaltet gewesen sein. Auf gleiche oder ähnliche Weise sind sie offenbar beim Gestalten unserer Träume beteiligt. Außersinnliche Eindrücke werden offenbar zunächst vom Unbewußten registriert. Sie erreichen das Bewußtsein – wenn überhaupt – erst, nachdem sie die Assoziationsbereiche mit den ihnen anhaftenden Bildern des Unbewußten durchlaufen haben.

Unterschwellige Reize dringen schneller und sicherer zum Bewußtsein, wenn der übermittelte Begriff emotionsgeladen ist. Als man Menschen unterschwellig mit aufreizenden Worten attakkierte, zeigten sich Veränderungen im Enzephalogramm und beschleunigter Herzschlag, *bevor* die Versuchspersonen durch Drücken einer Taste anzeigten, daß die Worte auf dem Sehschirm Bewußtseinsstärke erreicht hatten (die Signale waren langsam verstärkt worden).

Nach einem ähnlichen Prinzip hat der amerikanische Parapsychologe Douglas Dean ein experimentelles Telepathiesystem entwickelt, bei dem der Empfänger an einen Plethysmographen (der Veränderungen im Blutvolumen anzeigt) angeschlossen ist. Der *Sender* übermittelte seinen Text nach einem binären Morsecode: Gefühlsimpuls gleich *Punkt*, fehlender Impuls gleich *Strich*. Deans Methode hat den sehr großen Vorteil, daß der bewußte Verstand des Empfängers in keiner Weise beteiligt ist; er kann deshalb die telepathische Botschaft auch nicht verfälschen. Allein der unbestechliche Apparat registriert die Impulse.

Voraussetzung für das Funktionieren ist allerdings, daß Sender und Empfänger sich gut kennen, eine persönliche Beziehung zueinander haben. Da es dann anscheinend genügt, wenn der Sender sich auf den *Namen* (nicht Aufenthaltsort!) des Empfängers konzentriert, bietet sich diese Methode möglicherweise als Kommunikationsmittel für Bodenstation und Raumfahrer an.

Psychologen, in deren Funktionsmodellen das Unbewußte nur die Rolle eines Speichers spielt, werden das Vorhandensein eines intelligenten unterschwelligen Gefühlszensors ungern zugeben. Im Grunde arbeitet aber das Langzeitgedächtnis nach demselben Prinzip. Wir vergessen Dinge, die uns nicht interessieren, die uns kaltlassen, aber behalten fürs ganze Leben jene Situation, bei denen das Gefühl die Hauptrolle spielt.

Wir stehen heute in einem Forschungsabschnitt, in dem die Neurophysiologen, Biologen, Behavioristen und Biokybernetiker das Feld beherrschen. Das ist auch völlig verständlich, denn sie haben in den letzten beiden Jahrzehnten den größten Beitrag zur Erweiterung des Wissens geliefert. Die Gehirnforschung gehört zu den wenigen Wissensgebieten, auf denen noch wirkliches Neuland vorhanden ist.

Nicht in der Ordnung ist, daß aus den Ergebnissen dieser Forschung bereits eine neue materialistische Metaphysik konstruiert wird. Man spricht heute beinahe schon mitleidig von den »idealistischen« Philosophen der alten Schule, die noch an einen Dualismus Körper-Seele glaubten.

Das Credo dieser Metaphysik wird erkennbar, wenn etwa der führende amerikanische Neurophysiologe Professor José Delgado (Yale-Universität) den Menschen als eine »funktionelle Trinität sensorischer Eingaben und behavioraler Reaktionen« sieht, »die durch das essentielle Band intrazerebraler Prozesse verbunden sind«. Delgado will damit ausdrücken: Wir haben den Menschen jetzt eingekreist, seine innersten Regungen als bloße Polarisierung und Depolarisierung von Synapsen und Neuronengruppen erkannt. Kreativität ist weiter nichts als eine Begabung, empfangene Informationsinhalte neu zu kombinieren. Für idealistische Auffassungen bleibt da kein Platz mehr.

Die Verhaltensforschung scheint diese Auffassung zu bestätigen. Wir wissen heute, daß die geistige Entwicklung des Menschen entscheidend von den Umwelteinflüssen, den Eindrücken und

Informationen abhängt, die – vornehmlich im frühen Kindesalter – auf ihn einströmen. Neugeborene entwickeln aufgrund dieses sensorischen *inputs* ihren Verstand. Ohne diese Reize bleiben wir eine *tabula rasa*, ein leeres Gefäß mit triebhaften Anlagen.

Biologisch ausgedrückt werden wir nicht klüger geboren als unsere Vorfahren vor 10000 oder 15000 Jahren. Ohne das uns zufließende Zivilisationswissen würden aus uns wahrscheinlich, wie damals, Jäger und Fischer werden.

Die makabren Experimente des Dr. Robert J. White, der Marionettentanz unserer Glieder beim Elektroreiz an den betreffenden Hirnstellen, die falschen Tränen des emotional manipulierten Patienten scheinen zu beweisen, daß das menschliche Gehirn ein total kybernetischer Mechanismus ist. Es sieht aus, als ob kein Weg daran vorbeiführt. Der amerikanische Verhaltensforscher Professor B. F. Skinner spricht denn auch dem Menschen einen freien Willen überhaupt ab. Er hält ihn für eine Illusion, da wir nur so reagieren könnten, wie unsere Umwelt es uns einprogrammiert hat.

Die Neurologen, Biologen und Psychologen haben natürlich vom Baum dieser Erkenntnis schon gegessen. Aber wie steht es mit uns anderen? Uns steht der Schock des Erkennens der Wahrheit wohl noch bevor. Professor John Taylor hält es nun freilich für äußerst gefährlich, mit unserer Aufklärung so lange zu warten, bis alles festgelegt sei; er ruft daher die verantwortungsbewußten Wissenschaftler auf, »die Menschen jetzt auf das Leben in einer deterministischen Welt vorzubereiten, so daß der Übergang maßvoll sein kann«. Andernfalls könnte die Gesellschaft am Schock der plötzlichen Wahrheitserkenntnis, »an der Zerstörung des Selbstverständnisses« des Einzelmenschen zerbrechen.

Es sind wohlgemeinte Worte. Aber ist es wirklich so, daß wir am Rande des Abgrundes angelangt sind? *Wissen* die Naturwissenschaften inzwischen, daß der Mensch tatsächlich nur ein Automatismus ist? Verabfolgen sie uns diese Wahrheit in ihrer Herzensgüte nur sozusagen tröpfchenweise, erlauben sie den Theologen und Philosophen noch ein bißchen Auslauf, um uns wie Kinder schonend und langsam auf das Unvermeidliche vorzubereiten?

Es scheint so, und obwohl wir ganz anderer Meinung sind, haben wir unsere Leser an den Rand dieses Abgrundes geführt. Wir wollen uns nicht nachsagen lassen, wir schlössen die Augen vor dem heutigen Wissensstand über den kybernetischen Menschen, so wie andere ihre Augen vor den Ergebnissen der Parapsychologie zu verschließen pflegen.

Wenn wir genau hinschauen, sehen wir nun aber, daß die Gehirnforschung das Bewußtsein weder definieren noch es lokalisieren kann. Bestenfalls weiß man, daß seine »Ankoppelungsstellen« in der *formatio reticularis*, im Thalamus und in gewisser Beziehung auch im Stirnlappen zu suchen sind. Möglicherweise gleicht der Versuch, das Bewußtsein im Körper zu finden, einem Bemühen, im Fernsehapparat den Sender zu finden.

Der große Irrtum des naturwissenschaftlichen Establishments liegt darin, daß es nur seinen eigenen Erfahrungsbereich sieht und gelten lassen will. Würde man sich bemühen, die *erlebte* Welt des Bewußtseins und Träumens zu berücksichtigen und die zahlreichen empirischen Beweise der ASW und des menschlichen Feinstoffdoppels zumindest zur Kenntnis zu nehmen, dann würden sich plötzlich ganz andere Perspektiven eröffnen. Wir würden völlig natürlich vor die Frage geführt, ob im »ganzen« Menschen nicht vielmehr beide Komponenten, die physisch-kybernetische und die feinstoffliche miteinander wirken.

Denn aus der Beobachtung des Feinstoffkörpers folgt logisch, daß der Mensch auch ein Feinstoffgehirn[11] haben muß. Es muß wie die übrigen feinstofflichen Strukturen ein minuziös genaues Abbild des physischen Organs sein. Es muß parallel mit dem physischen funktionieren, aber ihm gleichzeitig unendlich überlegen sein, denn nur es hat die Fähigkeit, die eingehenden Informationen auch moralisch zu werten, einen freien Willen auszuüben und höhere Bewußtseinsformen zu entfalten.

In diesem Bild stehen sich Psyche und Körper nicht mehr dualistisch gegenüber; sie bilden vielmehr eine verschmolzene Ganzheit aus zwei parallelen Komponenten, von denen sich freilich eine, die feinstoffliche, freiwillig lösen kann. Man kann im physischen Gehirn auch einen Transducer sehen, der »eine Art von Energie in eine andere umwandelt wie zum Beispiel eine Fotozelle Licht in elektrische Energie« ... »Das Gehirn ist also eine Anordnung, die zwischen einem Feld von psychischer Energie und einem Feld von materieller Energie vermittelt« (Jacobson).

Beweise gibt es in Fülle. Es sind im Grunde dieselben gern übersehenen, aber unumstößlichen Tatsachen, die es verhindern, daß man den Menschen mit elektronischen Bausteinen nachbilden kann. Die Mensch-Maschine könnte weder eigentlich denken noch fühlen noch gar schöpferisch konzipieren. Sehen wir uns einige Beispiele an.

Herr A. muß seinen Vorgesetzten über sein Verhalten in einer Reihe von Situationen Rechenschaft ablegen. Die Rede kommt auf einen Vorfall, der ihm peinlich ist; dies läßt ihm die Röte ins Gesicht steigen. Beim nächsten Punkt wird Herrn A. ein ganz ähnlicher Vorwurf gemacht. Aber diesmal weiß er sich frei von jeder Schuld und bleibt gelassen und kühl.

Nun wissen wir natürlich, daß vegetative Funktionen wie Gefäßerweiterung, Speichelsekretion und anderes vom Frontal- und Temporalhirn aus beeinflußt werden; oder daß Zornausbrüche mit dem Hypothalamus gekoppelt sind. Alle diese Reaktionen lassen sich durch Stromstöße nachvollziehen. Aber niemand kann einer Neuronengruppe die Fähigkeit zuschreiben, zwischen peinlichen und nicht peinlichen Situationen zu unterscheiden, um dann jeweils Signale an die vegetativen Zentren weiterzuleiten! Um einen reflektiven, aus dem assoziierenden Gehirnteil gesteuerten Vorgang handelt es sich jedenfalls nicht, denn sonst müßten wir das Erröten ja wollen können! Ironisch ließe sich auch fragen: Kann ein Computer erröten?

Die zweite Sünde der Verhaltenspsychologie liegt darin, daß sie nicht mehr agierende, sondern nur noch reagierende Menschen kennt. Typisch ist das Erlebnis eines amerikanischen Mediziners, der sich (um eine bestimmte Theorie zu testen) simulierend und inkognito in eine psychiatrische Klinik einweisen ließ. Mehrfach am Tage machte er sich, in seinem Bett sitzend, eifrig Notizen.

Niemand kümmerte sich weiter darum. Nur die Krankenschwester trug schließlich in seine Akte ein: *Patient engages in writing behavior* – »Patient zeigt Schreibverhalten«.

Wir selbst zeigen starrsinniges »Unglauben-Verhalten« angesichts einer Lehre, die solches möglich macht! Warum erreichen unterschwellige Reize schneller die Bewußtseinsschwelle, wenn sie einen Gefühlswert haben? Warum funktionieren Experimente mit außersinnlichen oder »Psi«-Kräften[12] viel besser, wenn man an ihren Erfolg glaubt oder zumindest offenen Sinnes ist? Warum sind wir von einem Musikstück ergriffen, während das andere uns kaltläßt? Wie ist es zu erklären, daß Hypnotisierte sich viel länger an jene Zufallseindrücke erinnern können, die das normale Kurzzeitgedächtnis nur 20 Sekunden lang festhält, daß sie genau die Zahl der Telegrafenmasten angeben können, an denen sie vorübergegangen sind? Wie ist in einem mechanistischen Rahmen die Hypnose *überhaupt* zu erklären?

Fragen wir doch einfacher: »Wie ist das *Denken* zu erklären?«

»Als Spontanauslösung von Neuronengruppen«, antworten die Biokybernetiker, so daß wir nun weiter fragen: »Steht es uns nicht frei, unseren Willen in jede gewünschte Denkrichtung, auch die unmöglichste zu lenken oder das Denken einfach nur schleifen zu lassen?« Die Bausteine des Denkens mögen uns irgendwann einprogrammiert worden sein; was wir mit ihnen machen, ist etwas anderes. Und wären wir primitive Jäger und Fischer mit einer »tabula rasa« im Kopf, so stünde uns wahrscheinlich, wie allen Primitiven, ein Erbgut an außersinnlichem Wahrnehmungsvermögen offen, das sich mit behavioristischen Normen noch viel weniger erklären läßt.

Dort aber, wo Menschen ihr ASW-Vermögen beobachten können, etwa bei »außerkörperlichen« Erlebnissen, stellen sie oft eine weit über das Normale hinausgehende Denk- und Beobachtungsfähigkeit fest. Auch hier also ein deutlicher Hinweis auf eine dem physischen Hirn weit überlegene Struktur.

Man wird nun fragen, ob nicht wenigstens das Gedächtnis

kybernetisch sei. In seiner äußeren Funktionalität sicherlich, aber schauen wir auch hier hinter die Kulissen.

Dr. Wilder Penfield und seine Mitarbeiter an der neurochirurgischen Klinik in Montreal[13] stellten bei zahlreichen Gehirnoperationen fest, daß ihre Patienten bei der Reizung bestimmter Gehirnpartien längst vergangene und vergessene Erlebnisse im vollen Sinne des Wortes wiedererlebten. Sie hatten dabei dieselben Gefühle von Angst, Glück oder Ergriffenheit, wie sie sie zum Zeitpunkt des wirklichen Erlebens in der Vergangenheit – manchmal sogar in der Kindheit – empfanden. Es war ein dreidimensionales Erleben, ganz anders als das gewöhnte »flächige«, etwas farblose Hervorholen aus dem Gedächtnis, wenn wir an etwas denken. Eine Patientin beispielsweise fand sich in einen Weihnachtsgottesdienst in der Kirche ihres Heimatdorfes in Holland zurückversetzt. Sie *war* in der Kirche und hörte dem Gesang zu, als werde er ihr von einer Schallplatte vorgespielt.

Warum geschieht hier so viel mehr als beim Erinnern? Wenn der komplette dreidimensionale Film in den Proteinmolekülen der Gehirnrinde gespeichert wäre, dann müßte man ihn eigentlich in gleicher Lebendigkeit auch mit dem Willen wieder hervorholen können; das aber kann man nicht.

Wir müssen also nach einer Struktur suchen, deren Speicherfähigkeit denen des physischen Normalgedächtnisses um eine ganze Dimension überlegen ist. In der Technik haben wir so etwas bereits in der Form der Hologramme. Ein Hologramm ist ein dreidimensionales elektrisches Ladungsbild, das von Laserstrahlen in bestimmten Kristallen erzeugt und ebenfalls wieder durch Laser abgelesen werden kann. Die Speicherfähigkeit von Hologrammen ist beinahe unbegrenzt. Es muß im Feinstoffgehirn solche oder ähnliche Strukturen geben, und *dort* würden ihnen natürlich auch durch die thermische Bewegung der Materie keine Grenzen gesetzt.

Das dreidimensionale, von der ganzen Gefühlsskala begleitete Wiedererleben früherer Situationen durch Elektrostimulation oder Pharmazeutika erinnert an die bekannte Erscheinung, daß Menschen, die unmittelbar vom Tode bedroht sind, innerhalb von wenigen Sekunden ihr ganzes Leben an sich vorüberziehen sehen. Fälle dieser Art sind von dem amerikanischen Psychiater Russel Noyes (Universität Iowa) gesammelt worden[14]. So berichtete ein Fallschirmspringer, dessen beide Schirme sich beim Sprung aus 1000 Meter Höhe nicht geöffnet hatten, der den Absturz aber überlebte: »Mein ganzes Leben huschte vor meinen Augen vorüber. Ich sah das Antlitz meiner Mutter, alle die Wohnungen, in denen ich gewohnt hatte, die Militärakademie, die Gesichter meiner Freunde, einfach alles.«

Der behavioristisch orientierte Wissenschaftler müßte das alles als eine Aktivierung bestimmter Neuronengruppen in der Großhirnrinde erklären. Uns will eher scheinen, daß es unter dem Eindruck der Stimulation oder des unerhörten Gefühlsaufwallens angesichts des sicher scheinenden Todes zu einem totalen Durchbruch des Feinstoffgedächtnisses durch die sonst vorhandene Sperrmauer kommt.

Wenn ein solcher Vorgang unkontrolliert ist, brechen auch ichfremde feinstoffliche Phantasmen mit durch. Es kann dann zu sehr unangenehmen Halluzinationen kommen; beispielsweise bei einem LSD-Rausch, bei Vergiftungen, ja sogar bei anhaltender Entbehrung von Schlaf. Letzteres läßt vermuten, daß im Gehirn auch toxische Abfallstoffe entstehen, die auf noch ungeklärte Weise durch Schlaf und Traum abgebaut werden.

Das Entscheidende bleibt jedoch der freie Wille. Mit ihm beherrschen wir den kybernetischen Apparat unseres Gehirns und Körpers, so wie der Künstler sein Instrument beherrscht. Wir sind programmierte Wesen, aber mit dem alles entscheidenden Plus des freien Willens. Erlauben wir niemandem, ihn als Bagatelle abzutun; er erst macht uns zum Menschen. Die Skinner-Behavioristen vergessen, daß es neben den umweltbedingten Alltagsentscheidungen noch eine andere Dimension gibt, in der unser Gewissen gefordert wird.

7. Kapitel: Pflanzen lügen nicht

Ein Philodendron am Lügendetektor – Pflanzen haben Angst vor dem Feuer – Das Pflanzengedächtnis: ein Mörder wird wiedererkannt – Ohnmacht vor dem Gepflücktwerden – Gebet hilft dem Wachstum – Pflanzen stimmen sich ein – Vorschlag für einen Weltraumversuch

Cleve Backster gilt als der führende amerikanische Experte auf dem Gebiet der sogenannten Lügendetektoren. Der frühere CIA-Mann leitet seit 1965 ein Forschungsinstitut[15] in New York und bildet Polizei- und Kriminalbeamte im Gebrauch der Geräte aus. Die Arbeitsweise dieser Polygraphen, wie die Geräte offiziell heißen, ist kein Geheimnis: sie messen Veränderungen des Blutdrucks und der Pulstätigkeit sowie der Atemfrequenz und der elektrischen Hauteigenschaften. Seit langem war bekannt, daß sich emotionelle Reize in einer Veränderung des Hautwiderstandes niederschlagen. Man spricht von einem »psychogalvanischen Reflex«.

An einem Tage im Jahre 1966 hatte Backster in seinem Labor gerade einer Philodendronpflanze Wasser gegeben, als ihm der Gedanke kam, doch einmal zu sehen, ob sich das Hochsteigen der Feuchtigkeit nicht auf eine mit dem Polygraphen feststellbare Weise auf die Pflanze auswirke. Schnell hatte er mit einem Gummiband zwei Elektroden an einem Blatt befestigt und das Gerät angeschaltet. Eine Minute lang geschah nichts Auffälliges. Dann aber bewegte sich der Schreiber des Geräts für einen kurzen Augenblick in einer Weise, die – wie Backster aus jahrelanger Erfahrung wußte – der Reaktion eines Menschen entsprach, der einen kurzen Gefühlsimpuls empfindet.

Backster war verblüfft: Sein Polygraph hatte eine Emotion registriert, etwas, das man von einer Pflanze eigentlich nicht zu erwarten hatte! Neugierig geworden, beschloß er, festzustellen, ob der Philodendron auch so etwas wie eine Schreckreaktion zeigen könne. In seinem Bericht heißt es: »Ich ging also daran, das Wohlbefinden der Pflanze zu bedrohen. Ich tauchte eines ihrer Blätter in eine Tasse Kaffee. Nichts geschah. Ich versuchte Musik. Kein Flackern der Kurve. Schließlich kam mir der Gedanke: Ich brenne das verdammte Ding einfach an. Es war nur ein Gedanke, aber der Schreibstift des Polygraphen sprang geradezu hoch. Ich holte ein paar Streichhölzer und bewegte sie ein paarmal nahe an der Pflanze vorbei. Große Aufregung.«

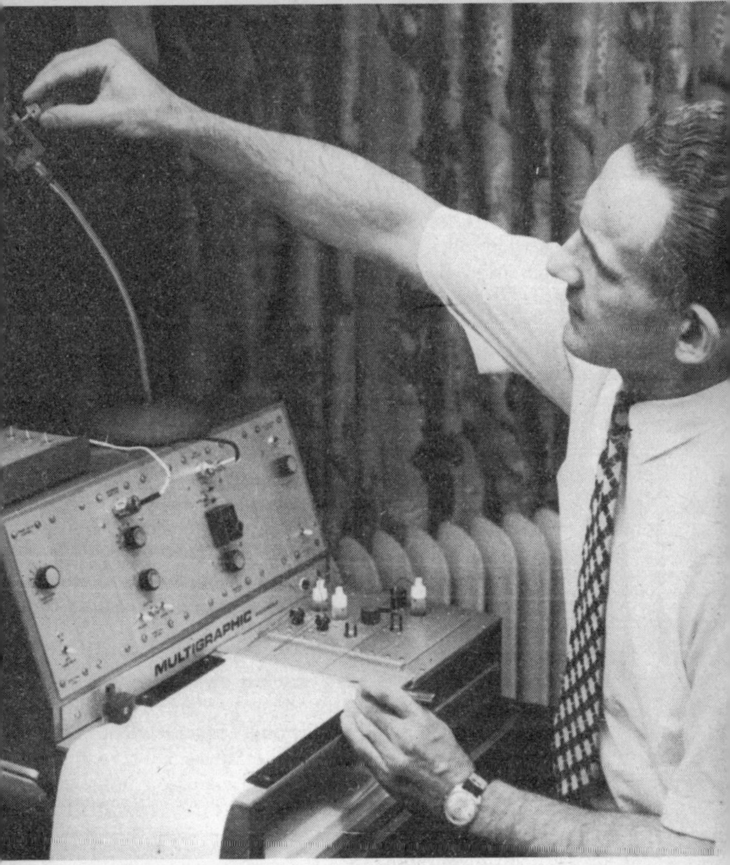

Abb. 3: Backster beim Anschließen eines Polygraphen (»Lügendetektors«) an eine Pflanze.

Die Pflanze hatte also bereits reagiert, als Backster an Feuer erst *dachte*; der Schreiber zeigte eine regelrechte Panik an. Umgekehrt reagierten durstige Pflanzen mit »Freude«, wenn Backster im Begriff stand, ihnen Wasser zu geben.

Jahrelanges Experimentieren folgte auf jene erste Entdeckung. Es stärkte in Backster und seinen Mitarbeitern die Überzeugung, daß Pflanzen über eine Art »außersinnliches« Wahrnehmungsvermögen verfügen, das er *primary perception* nannte. Es reicht hinunter bis zur Zellebene.

Eine der ersten Versuchsanordnungen bestand darin, lebende

Krabben durch eine vollautomatische Apparatur (von Backster eigens konstruiert) in kochendes Wasser schütten zu lassen. Die Experimentatoren konnten so vor Beginn des Versuchs das Labor verlassen. Außerdem wurde das Einschütten der Krabben durch einen Random-Mechanismus besorgt; auf diese Weise wußte niemand genau, wann es erfolgen würde. Eine telepathische Beziehung Mensch-Pflanze-Polygraph war damit ausgeschlossen.

»Anwesend« im Labor war allein die Philodendronpflanze. Als Backster, nachdem alles vorbei war, zurückkehrte, fand er seine Erwartung bestätigt: Die Pflanze hatte auf die »Hinrichtung« der Krabben unmißverständlich reagiert, statistisch ausgedrückt mit einer fünffach größeren Häufigkeit, als es der Zufallserwartung entsprochen hätte.

Noch dramatischer verlief ein von Backster erdachter »Pflanzenmord«. Eine von sechs Versuchspersonen wurde durch Los dazu bestimmt, eine Pflanze »vor den Augen« einer anderen Pflanze in Stücke zu reißen. Während der »Tat« war der »Täter« mit den Pflanzen allein; auch seine Identität war Backster nicht bekannt. Nach vollzogener Missetat wurden alle sechs Personen nacheinander in den Raum geführt. Bei fünf von ihnen blieb die beblätterte Zeugin vollkommen ruhig. Beim sechsten jedoch zeigte sie wilde Angst: Sie hatte den Mörder ihrer Artgenossin wiedererkannt. Backster schloß daraus, daß Pflanzen auch eine Art Gedächtnis haben.

Tschechoslowakische Teilnehmer eines internationalen Parapsychologenkongresses in Moskau im Juli 1972 zeigten einen Film über ähnliche Experimente. Ihre Versuchspflanzen reagierten mit erratischen Ausschlägen, wenn Kleintiere in ihrer Nähe getötet wurden. Ähnliches geschah, als man Pflanzen Zweige abriß und Teile von diesen verbrannte. Auffallend waren die positiven, starken, ruhigen und gleichmäßigen Ausschläge nach biologischer Düngung. Hier eröffnet sich möglicherweise ein sehr lohnendes Feld für die Nahrungsmittelchemie!

Blumen und Gemüse zeigen in dem Augenblick, *bevor* sie gepflückt werden, eine der Ohnmacht vergleichbare Reaktion In Backsters Labor reagierte eine Pflanze sogar, als in ihrer Nähe ein Ei geschlagen wurde. Geschickte Gärtner, Leute »mit grünen Fingern«, wie man in England sagt, sind offenbar Menschen, die auf die Pflanzen Glück, Zufriedenheit und Wohlwollen ausstrahlen, während Sorgen und Depressionen das umgekehrte Ergebnis haben.

Die Wirkung von gedanklicher Konzentration und Gebet auf das Pflanzenwachstum wurde bereits von Experimentatoren in mehreren Ländern beobachtet. Bei einem unter strikten Laborbedingungen durchgeführten Test am 4. Januar 1967 stellte der amerikanische Chemie-Ingenieur Dr. Robert Miller fest, daß ein wirksames »Gebet« die Wachstumsgeschwindigkeit um das Achtfache steigern kann.

Zielobjekt war ein Topf mit Raigras, dessen Wachstum mit einem eigens dazu konstruierten Gerät gemessen wurde. Um das »Gebet« hatte Miller das für seine paranormalen Heilerfolge bekannte Ehepaar Ambrose und Olga Worral in Baltimore gebeten. Die Worrals »sahen« das Raigras in ihrer geistigen Vorstellung im schnellen Wachsen befindlich – ebenso wie sie es gewohnt waren, ihre Patienten gesund zu sehen. Wachstumsgeschwindigkeit vor Einsetzen des Gebets: 0,00625 Zoll pro Stunde, *nach* Beginn des Gebets: 0,0525 Zoll pro Stunde, eine Steigerung von 840 Prozent. Es kann kaum noch überraschen, zu hören, daß Pflanzen augenscheinlich ein »Resonanzverhältnis« zu ihrer Umgebung entwikkeln, besonders zu bestimmten Personen – vorzugsweise ihren Betreuern. Backsters Messungen zeigten, daß die Pflanze sich auf den Herzschlag eines Menschen »einstimmt«. Erste Versuche am Rockland State Hospital in Orangeburg, N.Y., zeigten heftige Reaktionen bei Pflanzen, deren Betreuer ins Zimmer gerufen und von den Experimentatoren »provoziert« worden war, so daß er in Erregung geriet.

Die stark zum Hypnose-Experiment orientierten Sowjets schlossen einen Enzephalographen, wie er zu Hirnstrommessungen benutzt wird, an eine Geranie und stellten diese in die Nähe eines in Hypnose versetzten Mädchens. Als der Experimentator dem Mädchen Komplimente über sein gutes Aussehen machte, lächelte es. Im gleichen Augenblick zeigte der Enzephalograph eine deutliche Reaktion der Pflanze an. Und wiederum reagierte der Schreibstift, nun aber ganz anders, als man dem Mädchen suggerierte, es stehe ohne Mantel in einem Schneesturm und friere erbärmlich.

Der sowjetische Psychologe W. Puschkin berichtete im Februar 1973 von einem Experiment, bei dem eine hypnotisierte Versuchsperson abwechselnd in Freude oder Niedergedrücktheit versetzt wurde. Eine auf die Person »abgestimmte« Geranie reagierte im gleichen Rhythmus mit.

Eine amerikanische Forschergruppe unter Leitung von Dr. Marcel Vogel arbeitet gegenwärtig daran, die Eignung von Pflanzen als Sensoren für psychopathologische Erkrankungen festzustellen. Vogels Experimente gehen von der Annahme aus, daß eine Pflanze beispielsweise eine Schizophrenie oder Suchterkrankung aus dem bioelektrischen Feld des Menschen aufnimmt und eine charakteristische Reaktion zeigt, die dann vom Polygraphen abgelesen werden kann.

Andere Experimente, bei denen die Pflanze in einen Faraday-Bleikäfig gesperrt wurde, bestätigten Backsters Vermutung, daß die »Primär-Perzeption« nicht abgeschirmt wurde. Danach dürfte kein Zweifel mehr bestehen, daß die Pflanzen-ASW jedenfalls nicht elektromagnetischer Natur sein kann. Und ebenso, wie es offenkundig bei Telepathie und Hellsehen der Fall ist, müssen wir auch hier vermuten, daß die betreffenden Signale beinahe ohne Zeitverlust (das heißt schneller als das Licht) große und größte Entfernungen zurücklegen.

In einem Interview mit der angesehenen amerikanischen Zeitschrift *Psychic* hat Backster den Vorschlag gemacht, eine vorher auf einen bestimmten Betreuer »eingestimmte« Pflanze in einem Raumlabor oder einem Satelliten in die Erdumlaufbahn zu bringen, komplett mit angeschlossenem Polygraphen. Der Betreuer auf der Erde müßte dann unter experimentellen Bedingungen (ohne daß er es vorher weiß) »provoziert« und so in Erregung gebracht werden, notfalls auch mit einem kleinen Elektroschock ... Ein vom Polygraphen ausgehendes Funksignal würde dann die Reaktion der Pflanze anzeigen und zugleich Aufschluß über die Signalgeschwindigkeit geben. Backster vermutet, daß der Eingang des Signals an der Bodenstation in der Hälfte der normalerweise benötigten Zwei-Wege-Zeit erfolgen würde. Nur das Funksignal von der Raumstation zur Erde hätte dann Zeit benötigt (zwangsläufig, weil es elektromagnetischer Natur ist), während das Psi-Signal vom Menschen zur Pflanze zeitlos oder fast zeitlos gereist wäre.

Ein solcher Test wäre für den Anfang wahrscheinlich sogar besser als eine Versuchsanordnung, an der ein Raumfahrer aktiv beteiligt sein muß. Wie das »Mondexperiment« Ed Mitchells gezeigt hat, können zu leicht Zeitverschiebungen im Programm eintreten, oder der Raumfahrer wird durch andere Aufgaben beansprucht. Bei einer Pflanze wäre das nicht der Fall. Im Idealfall könnte man sich eine Pflanze vorstellen, die die von Douglas Dean vorgesehene Rolle des ganz und gar von Verstandesüberlegungen abgeschirmten Empfängers auf der Erde übernimmt, nachdem sie vor dem Start des Raumfahrers in »Resonanz« mit ihm gebracht wurde.

Wie alle Pioniere ist auch Backster einem gerüttelten Maß von Unglauben und Abwehr begegnet. Gleichzeitig aber erhielt er Tausende von Briefen anderer Wissenschaftler, die ihn privat um nähere Informationen baten. An mehreren amerikanischen Universitäten wurden inzwischen ähnliche Pflanzen-Versuchsserien begonnen. Alle diese Untersuchungen sind jüngsten Datums, und es entspricht den Regeln, daß das Phänomen wiederholt beobachtet wird, bevor es als wissenschaftlich gesichert gelten kann.

Wenn aber nicht alle Anzeichen trügen, sind Backster und andere einem nichtmateriellen Informationsfluß auf der Spur, der bis zum einzelligen Lebewesen hinunter in der gesamten Natur vorkommt und der von Einstimmungen oder Emotionen »angeheizt« wird. Wenn sich dies endgültig bestätigt, wird es eine Revolution für unser gesamtes Naturverständnis bedeuten.

8. Kapitel: Das paraphysische Modell des Menschen

Akupunktur und Schulmedizin – Wirken die Nadeln auf unbekannte Energiekanäle? – Kirlianfotografie zeigt eine Aura – Rätselhafter »cut-away-Effekt« – Hilfsmittel bei der Frühdiagnose? – Das paraphysische Modell: Körper, Bioplasma und Feinstoff

Vor mehr als 5000 Jahren, so besagt die Überlieferung, stellten chinesische Wundärzte fest, daß von Pfeilen getroffene Soldaten nicht nur von ihrer Verwundung, sondern manchmal auch von Erkrankungen genasen, unter denen sie schon seit Jahren gelitten hatten. Sorgfältige Beobachtung ergab, daß die genaue Körperstelle, an der der Pfeil getroffen hatte, und die Tiefe seines Eindringens in einem ganz bestimmten Zusammenhang mit diesen seltsamen Heilungswirkungen stand.

Die chinesischen Ärzte fanden heraus, daß sie die gleichen Effekte selbst erzeugen konnten, wenn sie in die Haut ihrer Patienten an bestimmten Stellen kleine hölzerne Stäbchen einsetzten. Später wurden Dornen benutzt, die schärfer waren, noch später Bronze- und Eisennadeln. Um etwa 2950 v. Chr. wußte man bereits um die unterschiedliche Wirkung verschiedener Metalle. Bald hatte die neue Heilmethode, die wir heute unter dem Namen *Akupunktur* kennen, im naturphilosophischen System des alten China ihren festen Platz gefunden. Je nach der gewählten Körperstelle, der Einstichtiefe oder dem gewählten Metall wirkten die Nadeln entweder durch das männliche Prinzip des *Yang* stimulierend auf das zugehörige Organ oder aber durch das weibliche *Yin* beruhigend.

Im Laufe der Jahrhunderte wurde die Akupunktur zu einer hochentwickelten Wissenschaft, für deren Erlernung eine Ausbildungszeit bis zu neun Jahren gefordert wurde. Die chinesischen Ärzte fanden nicht weniger als 700 Einstichstellen im Körper, die auf einem von insgesamt 12 (nach Auffassung einiger Akupunkteure 14) sogenannten Meridianen oder Energieadern liegen, die längs der Körperoberfläche verlaufen. Jeder Meridian steht in direkter Beziehung zu einem Hauptorgan des Körpers und wird ständig von der Lebenskraft »Chi« durchflossen[16]. Nach Auffassung der Akupunkturmedizin entstehen Krankheiten, wenn der Fluß dieser Kraft oder das Gleichgewicht zwischen *Yin* und *Yang* irgendwie gestört ist.

Was diese 700 Stellen physiologisch bedeuten, ist der Schulmedizin bislang ein Rätsel. Man weiß durch Messungen mit der Whetstone-Brücke nur, daß der negative Hautwiderstand an diesen Punkten geringer ist und eine stärkere elektrische Leitfähigkeit besteht.

Wir erleben heute so etwas wie eine Renaissance der Akupunktur. Obwohl sie im Fernen Osten niemals ausgestorben war und in Japan oder auf Formosa ungehindert beobachtet werden konnte, wurde die westliche Medizin erst wirklich aufmerksam, als 1971 glaubhafte, teilweise von europäischen Ärzten bezeugte Berichte über die moderne Akupunkturpraxis im kommunistischen China veröffentlicht wurden.

Man erfuhr, daß vor allem die Anästhesierung von Patienten selbst bei schweren Operationen an führenden Krankenhäusern in Peking und anderen Orten durch Akupunkturnadeln erfolgt, die – an einer bestimmten Körperstelle eingeführt – während der Dauer des Eingriffs leicht hin- und herbewegt werden. Die so bewirkte örtliche Betäubung geht bis zur völligen Schmerzfreiheit. Die Patienten bleiben bei vollem Bewußtsein, der Blutverlust ist angeblich viel geringer als bei Operationen unter Narkose, die Genesung geht viel schneller voran. Europäische Ärzte sahen ungläubig zu, wie unter anderem ein Patient, dem soeben ein Lungenflügel entfernt worden war, sich anschließend vom Operationstisch erhob und auf seinen eigenen Beinen den OP-Saal verließ, nachdem er Ärzten und Krankenschwestern dankend die Hände geschüttelt hatte.

Oft wird die Wirkung der Gold- und Silbernadeln durch Abbrennen bestimmter Kräutersubstanzen (*Moxibustion*) an der betreffenden Körperstelle ergänzt. Eine sehr wichtige Rolle spielt auch die Pulsdiagnose. Ein voll ausgebildeter chinesischer Akupunkteur muß 12 verschiedene Pulsstellen (entsprechend den 12 Meridianen) und zahlreiche Pulsvarianten auf ihnen kennen.

Vor und während jeder Behandlung werden mehrere Male die Pulsschläge abgetastet.

Die westliche Medizin muß vermuten, daß die Akupunktur, wenn überhaupt, nur auf das Nervensystem wirken kann. Auch die modern ausgebildeten Ärzte des kommunistischen China waren dieser Ansicht, als sie in den fünfziger und sechziger Jahren mit zunächst beträchtlicher Skepsis die Heilmethoden ihrer Altvorderen erneut zu studieren begannen.

Verblüffend war nur, daß die 700 Einstichstellen in keinem sichtbaren Zusammenhang mit den Nervenzentren des menschlichen Körpers stehen. Auch blieben die Heilungserfolge keineswegs nur auf nervöse Erkrankungen wie etwa Migräne beschränkt. Auch organische Befunde wurden geheilt oder gebessert. Besonders eindrucksvolle Erfolge erzielten die Chinesen in den letzten Jahren mit der Akupunkturbehandlung von taubstummen Kindern.

Natürlich hat es an Angriffen westlicher Ärzte gegen die Akupunktur nicht gefehlt; die Kontroverse unter unseren Medizinern ist sogar noch recht lebhaft im Gange. Wo die Kritik auf klinischen Beobachtungen beruht – etwa darauf, daß viele westliche Patienten sich offenbar mit der Nadel nicht wirksam anästhesieren lassen –, ist sie voll berechtigt. Verwunderlich wird es, wenn die Akupunktur angegriffen wird, weil die Art und Weise ihres Wirkens nicht nachweisbar ist.

»Es gibt nicht das Zipfelchen eines anatomischen oder physiologischen Beweises, daß ein solches System (von Meridianen und Punkten) existiert«, schreibt der amerikanische Arzt Dr. William S. Kroger im *Medical Tribune*. Natürlich nicht! Gäbe es solche Beweise, dann hätte unsere Schulmedizin die Nadeltherapie längst in ihr Lehrgebäude aufgenommen. Daß es sie nicht gibt, beweist jedoch weiter nichts, als daß ihr Wirken eben auf anderen Ebenen als denen der Anatomie und Physiologie vermutet werden muß.

Wenn die Kunst der Gold- und Silbernadel nicht primär auf das Nervensystem wirkt, worauf wirkt sie *dann*? Yin und Yang mögen für die alten Chinesen als Erklärung genügt haben; heute müssen wir ein wenig mehr verlangen. Wenn es sich nicht um Nervenreizungen handelt, dann müssen die Nadeln auf ein System von Energiekanälen einwirken, die in engster Wechselbeziehung zum bioelektrischen Nervenkörper stehen. Ein solches System ließ sich bisher nicht nachweisen. Wenn es besteht, kann seine Bedeutung gar nicht hoch genug eingeschätzt werden.

Möglicherweise sind wir diesem Nachweis inzwischen durch die Wiederentdeckung der Hochfrequenzfeld-Fotografie nahe gekommen. Das sowjetische Forscherehepaar Semjon und Valentina Kirlian war darauf aufmerksam geworden, daß an der Außenfläche fotografierter Objekte eigenartige farbige Lichterscheinungen auftreten, wenn man sie in ein Hochfrequenz-Wechselbild bringt. Ein Blatt oder ein menschlicher Finger ist auf einer solchen Fotografie von einem starken Strahlenkranz, einer »Aura« eingehüllt. Innerhalb dieses Lichtmantels leuchtet ein Feuerwerk von farbigen Protuberanzen auf. In langer, mühsamer Arbeit entwikkelte das Ehepaar eine Aufnahmeapparatur, die (bei Frequenzen zwischen 70 kHz und mehreren Megahertz) allerdings sehr starke Felder zur Voraussetzung hatte.

Diese Hochfrequenz-Fotografie liefert uns vielleicht den Schlüssel, mit dem wir die Akupunktur-Meridiane und Stichpunkte als Teile eines »halb-physischen« energetischen Systems erkennen können; eines Energienetzes, das unserer Medizin bisher unbekannt war.

Seit etwa zehn Jahren ist die Kirlian-Fotografie in der Sowjetunion offiziell anerkannt. Man hält sie offenbar auch ideologisch

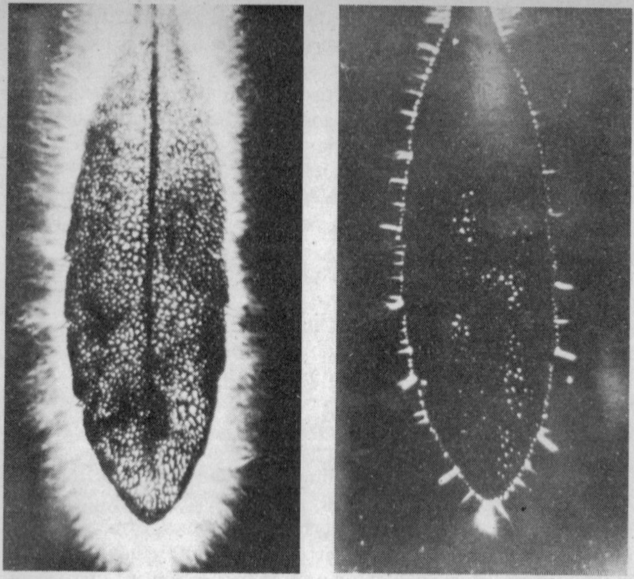

Abb. 4: »Kirlian«(Hochfrequenzfeld)-Aufnahme eines Blattes. Das frisch gepflückte Blatt (links) zeigt noch eine starke Korona. Sie wird mit fortlaufender Zeit schwächer (rechts) und erlischt schließlich ganz.

für unverfänglich, denn ihre Ergebnisse lassen sich als eine Bestätigung der materialistischen Weltanschauung interpretieren. Die Sowjets sprechen nicht von Seele oder Astralkörper, sondern von Bioplasma, das auf den Kirlianbildern sichtbar werde und offenbar den gesamten physischen Körper durchdringe. Sie vermuten, daß dieser Bioplasmakörper aus ionisierten Partikeln besteht. Er läßt sich auch bei Kleinstlebewesen unter einem mit dem Kirlianverfahren gekoppelten Elektronenmikroskop beobachten.

Sind die Sowjets in die Entdeckung einer menschlichen Aura sozusagen hineingestolpert, haben sie ein jahrtausendaltes Rätsel entschleiert? Das hängt natürlich zunächst davon ab, was man unter »Aura« versteht. Das beste ist, alle vorgefaßten Meinungen zurückzustellen und erst einmal zu fragen, welcher Art diese Ausstrahlung ist.

Als westliche Wissenschaftler um 1970 zuerst von den Kirlian-Aufnahmen hörten, waren sie äußerst skeptisch. Aber es war in diesem Fall nicht Borniertheit, die sie an den recht sensationellen Berichten zweifeln ließ – und teilweise noch läßt.

Die Sowjets zeigen bekanntermaßen bei der Aufstellung von wissenschaftlichen Hypothesen große Unbekümmertheit. Kühne

Ideen und Ansprüche werden vorgetragen, ohne daß man erfährt, wie es mit der praktischen Beweisbarkeit aussieht. Im Falle der Kirlian-Fotografie wurde die Skepsis im Westen noch dadurch verstärkt, daß sowjetische Wissenschaftler zwar sehr viel über die neue Entdeckung sprachen, die entscheidenden technischen Daten aber nicht preisgeben und auch ihre westlichen Besucher nicht in die Kirlian-Labors führen durften.

Dann erinnerte man sich daran, daß schon der geniale Nikola Tesla (1856–1943) mit der von ihm erfundenen Spule Leuchterscheinungen an seinem Körper erzeugte, die er auch fotografieren ließ. Die Prager Physiker Prat und Schlemmer veröffentlichten 1939 nach mehrjährigen Studien eine genaue Beschreibung der »Elektrographie«, wie sie sie nannten, mit ganz ähnlichen Bildern (man schenkte ihnen keine Beachtung). Schon 1911 hatte der Londoner Arzt Dr. Thomas Kilner einen Sichtschirm entwickelt[17], mit dem er die Aura sehen und diagnostizieren zu können glaubte. Durch diesen Schirm sah er um seine Patienten, die sich entkleidet vor einen dunklen Hintergrund stellten, bis zu drei verschiedene »Auraringe« verschiedener Größe und Färbung.

Teslaspulen erzeugen bei hohen Spannungen und Frequenzen von mehreren hundert kHz starke elektrische Felder. Bringt man diese Felder mit einem Körper in Verbindung, dann kommt es längs der Oberfläche zu einer sogenannten kalten Emission von Elektronen. Es bildet sich eine ionisierte Luftschicht, ein »Plasma« mit Lichterscheinungen. Man kann auch von einer Elektrolumineszenz sprechen. Bei plötzlichen Veränderungen der Frequenz oder anderen Störungen des homogenen Feldes sind Protuberanzen von der Art zu erwarten, wie sie auf den Kirlianbildern zu sehen sind.

Diese Effekte sind jedem Fachmann als sogenannte Lichtenbergsche Figuren bekannt. So ist es nicht verwunderlich, wenn westliche Techniker beim Lesen der ersten Berichte über die Arbeit der Sowjets von einem »ignoranten Herumspielen mit einer Teslaspule« sprachen und sich auch nicht dadurch beeindrucken ließen, daß die Lichterscheinungen sich angeblich bei einem plötzlichen Wechsel des Gemütszustandes der Versuchsperson ebenfalls änderten. Solche Schwankungen könnten ohne weiteres auch durch eine gemütsbedingte Veränderung des Hautwiderstandes entstehen, erklärte man. Die aufleuchtenden Adern eines Blattes und ihre Korona konnten durch Feuchtigkeit bedingt sein.

Nur eines blieb unerklärlich: Die Sowjets präsentierten ihren Besuchern Kirlian-Aufnahmen von Blättern, denen ein kleines Segment abgeschnitten worden war, die aber dennoch einen vollen (allerdings blasseren) Blattkörper zeigten. Bei einem reinen Ionisationseffekt wäre dieses »Cut-away-Phänomen« unmöglich. Sollte das Bild tatsächlich auf einen »Phantomkörper« schließen

Abb. 5: Außer der Korona kommen an diesem Blatt besonders stark die Lichtpunkte der inneren Struktur zum Ausdruck. Sie können *von der natürlichen Feuchtigkeit hervorgerufen sein. Unerklärlich ist jedoch, warum einzelne Punkte oft im Wechsel aufleuchten.*

lassen, der mit dem äußeren Blattkörper identisch ist und fortlebt, wenn man ein Stückchen der äußeren Form amputiert, so wäre das biologisch und paraphysikalisch von allergrößter Bedeutung!

Für eine weitere Überraschung sorgte Professor V. M. Injuschin von der Alma-Ata-Universität, als er besuchende westliche Physiker im Sommer 1972 mit neuen Bioplasma-Filmexperimenten bekannt machte. Er und seine Mitarbeiter hatten lebende Organismen mit einem ultraviolettempfindlichen Film fotografiert. Sorgfältige Vorkehrungen waren getroffen worden, um durch Abschirmung, Filter und Kühlmechanismen alle elektrischen und thermischen Einwirkungen fernzuhalten. Dennoch zeigten die Bilder eindeutige Belichtungseffekte.

Dies also war keine Kirlianfotografie, denn diese hat ja ein Hochfrequenzfeld zur Voraussetzung. Eher könnte man bei Injuschins

Versuch von einer fotografischen Anwendung des »Kilnereffekts« sprechen. Injuschin, der als die führende Autorität auf dem Gebiet der Bioplasmaforschung gilt, glaubt damit bewiesen zu haben, daß die Bedenken westlicher Wissenschaftler (und auch einiger seiner sowjetischen Kollegen) unbegründet sind.

Als die Sowjets schließlich auch noch über andere, mit dem Kirlianverfahren angeblich meßbare emotionelle, physiologische und psychische Einflüsse berichteten, wurde es für zwei amerikanische Fachleute, die Parapsychologin Dr. Thelma Moss (Los Angeles) und ihren Kollegen Ken Johnson zu einer Herausforderung, ihre eigene Kirlian-Apparatur zu konstruieren und den Dingen auf den Grund zu gehen. Dr. Moss war selbst in der Sowjetunion gewesen und wußte so viel über das Verfahren, wie dies nur eben möglich war. Es war ein schwieriges Unterfangen; die von den Sowjets zur Verfügung gestellten Angaben und Diagramme erwiesen sich als nutzlos. Schließlich aber gelang es doch, ein Gerät zu konstruieren, das sogar den Vorzug hatte, im Gegensatz zum russischen mit niedrigen Frequenzen (100–4000 Hertz) zu arbeiten. 1972 meldeten das University College in Los Angeles und die Universität von Neu-Mexico (USA) ihre ersten Erfolge: Blätter mit denselben Färbungen wie bei den Sowjets, menschliche Finger mit derselben Korona. Fasziniert beobachteten die Amerikaner, wie die Ausstrahlung eine rötlichbraune Färbung annahm, wenn die Versuchsperson in einen Streß-Zustand versetzt wurde. Bei Alkoholgenuß dagegen wurde die Korona größer und nahm eine leichte Rosatönung an. Allerdings gelang es nicht, den »Cut-away-Effekt« zu erzielen. Dies konnte aber auch an der unterschiedlichen Technik liegen.

Heute experimentieren auch Gruppen von Wissenschaftlern und Amateuren in England, Deutschland und Österreich mit der Kirlianfotografie. Generell hat sich bestätigt, was die Sowjets über die Sichtbarmachung von chemisch-biologischen und psychophysischen Veränderungen im Bioplasma (bei Genuß von Koffein, Drogen, Alkohol usw. oder durch Gemütsbewegungen) behaupteten. Noch nicht gesichert sind dagegen die angeblichen *para*biologischen und -psychologischen Wirkungen, nämlich

1. daß es einen »Cut-away-Effekt« gibt, der den physischen, nicht mehr vorhandenen Teil eines beschnittenen Blattes oder eines amputierten Fingers erkennen läßt,
2. daß die 700 Akupunkturstellen des Körpers Teil eines Bioplasma-Organismus sind und besonderen Lichtpunkten auf dem Kirlianbild entsprechen und
3. daß die Korona auch auf telepathische Signale anspricht, Erkrankungen vor ihrem Auftreten anzeigt, auf Sonnenfleckentätigkeit reagiert und anderes mehr.

Wir möchten glauben, daß die Punkte 2 und 3 sich früher oder später mindestens teilweise beweisen lassen werden. Zu den Indi-

Abb. 6: Kirlian-Aufnahme eines Blattes. Das rechts entfernte Stück erscheint nicht *als »Geistblatt«. Kein westlicher Forscher konnte die den Sowjets angeblich gelungene Sichtbarmachung der Geist- oder Bioplasmastruktur eines abgeschnittenen Blatteils bisher nachvollziehen.*

zien dafür zählt u. a. der von Dr. Stanley Krippner, New York, berichtete Versuch eines amerikanischen Studenten, der von einem frischen Blatt in regelmäßigen kurzen Zeitabständen Kirlianaufnahmen herstellte. Von einem anderen Ort aus konzentrierte sich währenddessen ein (von einer Kontrollperson überwachtes) Medium in *un*regelmäßigen, von einem Random-Mechanismus bestimmten Zeitabständen auf das Blatt. Die entwickelten Bilder zeigten eine hellere und breitere Blattkorona immer dann, wenn eine Aufnahme zeitlich mit einer dieser Konzentrationsperioden zusammenfiel.

Es könnte durchaus sein, daß die Korona selbst zwar physikalischer Natur ist, aber von feinstofflichen Einflüssen moduliert wird. Dies wäre nicht weniger bemerkenswert.

Es ist das unbestrittene Verdienst der Sowjets, daß sie, auch wenn sie nichts eigentlich Neues entdeckten, eine in der übrigen

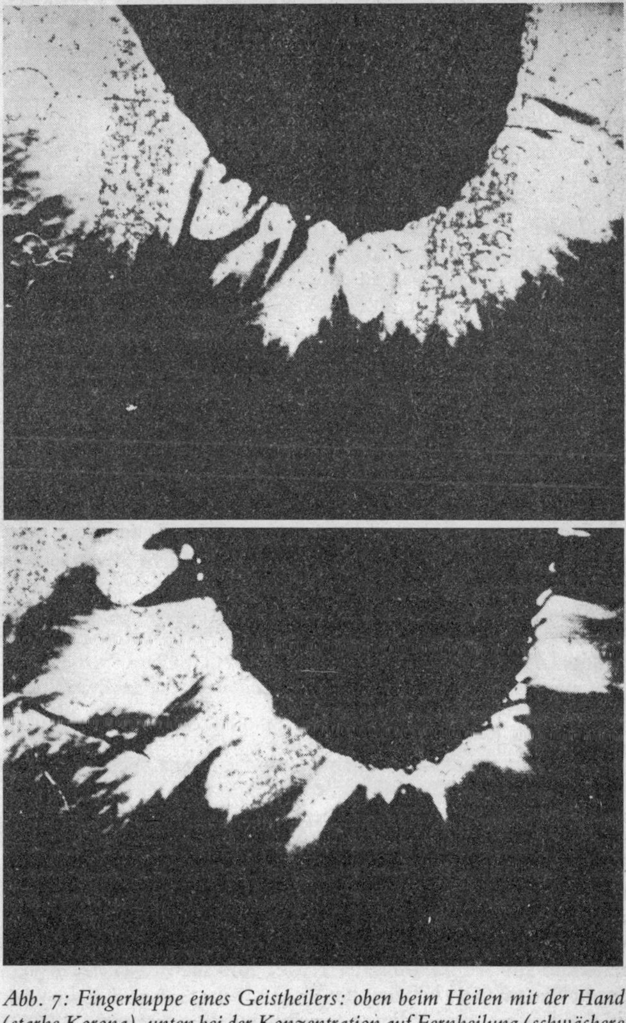

Abb. 7: Fingerkuppe eines Geistheilers: oben beim Heilen mit der Hand (starke Korona), unten bei der Konzentration auf Fernheilung (schwächere Korona). Ähnlich wie oben ist auch bei der Konzentration auf Telekinese (Fernbewegung, Kap. 10) eine Intensivierung der Strahlen festzustellen.

Welt vernachlässigte und vergessene Beobachtung mit großem Eifer aufgriffen, entwickelten und mit dem so erarbeiteten technischen Verfahren dann nach völlig neuen Richtungen Forschung betrieben haben. Dabei kam ihnen neben ihrer Unvoreingenommenheit sicher auch die Tatsache zugute, daß die Zeit für einen Durchbruch heute reif ist. Vor fünfzig Jahren wäre niemand darauf gekommen, etwa nach Zusammenhängen zwischen den Lichteffekten und der Akupunktur zu suchen. Noch weniger hätte man Telepathiewirkungen in einem Ionenplasma vermutet oder die Fingerausstrahlung von Heilern untersucht.

Alle bisherigen Erfahrungen mit der Kirlianfotografie deuten auf das Vorhandensein einer Bio-Aura. Diese Aura kann nicht dasselbe sein wie das Feinstoffdoppel, dazu hat sie noch zuviel Stoffliches an sich. Wir müssen vielmehr eine »feinstmaterielle« oder »halbmaterielle« Substanz annehmen, eine pulsierende Energiehülle, die den physischen Körper durchdringt und mit Lebenskraft erfüllt, die sich ausdehnen und zusammenziehen, Kraft annehmen und abgeben kann.

Der deutsche Chemiker und Metallurg Karl Frhr. von Reichenbach postulierte eine solche Odkraft, wie er sie nannte, schon um die Mitte des 19. Jahrhunderts. Seine jahrelangen Forschungen mit Menschen, Pflanzen, Kristallen und Metallen wurden vom damaligen wissenschaftlichen Establishment (mit der ehrenvollen Ausnahme von Berzelius und Liebig) *a priori* verdammt, befehdet und verspottet. Beschreibungen von medial veranlagten Personen, die Reichenbach zur näheren Bestimmung des »Odlichtes« heranzog (»winzige Flämmchen«, »leuchtender Rauch« usw.) ähneln verblüffend denjenigen, die heute für Kirlianbilder verwendet werden.

Aber auch Reichenbach knüpfte, wenngleich mit strikter Methodik, im Grunde an uralte vor-wissenschaftliche Überlieferungen an, wie wir sie schon im *Vis Medicatrix Naturae* des Hippokrates, im *Mana* der Polynesier, im *Astrallicht* okkulter Schulen finden. Es ließe sich argumentieren, daß auch der alttestamentarische »Rauch«, auf eine göttlich-kosmische Ebene bezogen, diesen Begriffen sehr eng verwandt ist.

Variationen sind scheinbar aber auch mehr zur materiellen Seite hin möglich. So kennt man das »Ektoplasma« als eine gazeartige, überaus feine und weiche Substanz, die aus den Körperöffnungen in Trance befindlicher Materialisationsmedien tritt und im Gegensatz zum Bioplasma eine fühlbare Masse besitzt. Offenbar tritt zum Bioplasma hier noch eine Zellausstrahlung hinzu[18].

Leider läßt sich Ektoplasma schwer untersuchen, da es sehr verletzlich ist und anscheinend bei Lichteinfall mit großer Vehemenz in den Körper des Mediums zurückkehrt. Forscher wie Professor Charles Richet und Freiherr Dr. von Schrenck-Notzing haben jedoch die Existenz dieser Substanz, die übrigens auf gedankliche

Beeinflussung reagiert, einwandfrei bestätigt gefunden. Daran ändert auch der Unfug nichts, den betrügerische Pseudomedien im verdunkelten Séanceraum mit vorgetäuschten oder aus Pappmaché gefertigten »Ektoplasmaformen« zu treiben imstande sind.

Alles, was wir vom Seelenkörper (Feinstoffkörper) wissen, zeigt uns, daß er vom physischen Körper *lösbar* ist. Alles, was wir vom Bioplasmakörper wissen, zeigt uns, daß er an den physischen Körper *gebunden* ist. Erinnern wir uns an Durville. Der Franzose stellte fest, daß sich beim »Magnetisieren« seiner Medien im abgedunkelten Raum zunächst eine weißgraue Wolke außerhalb des Körpers bildete (wir vermuten aus Bioplasma). Erst nach einiger Zeit nahm die Wolke Körpergestalt an, mit leuchtend blauer und orangefarbener Ausstrahlung. Der Zweitkörper glich dem physischen Körper, mit dem er durch einen leuchtenden Energiestrang verbunden war, auf das genaueste. Die Verdichtung der »Wolke« bedeutete offenbar: Der Feinstoffkörper war ausgetreten und hatte sich mit Bioplasma bekleidet. Nach weiterem Magnetisieren konnte Durville dem Doppel befehlen, sich außerhalb des Zimmers oder des Hauses zu begeben. Jedoch – mit der Ausführung des Befehls teilte sich das Phantom. Die leuchtende Substanz floß zum physischen Körper zurück, während der nun weiß gewordene Feinstoffkörper sich ohne jede Rücksicht auf Mauern und geschlossene Türen auf die Reise machte.

Wenn Durville richtig beobachtet hat, bestätigt dies, daß das Bioplasma eine halbmaterielle Substanz ist, viel freier als der Körper, aber weniger frei als die Seele.

Die Bioplasma-Aura ist also keine Seelenaura – was nicht ausschließt, daß es eine solche auch gibt –, sondern bestenfalls ein Zwischending. Der Engländer Dr. Robert Crookall glaubt, daß während einer Projektion im Nahbereich ein Teil des Bioplasmas (er nennt es *Vital Life Force*) aus dem Körper austritt, sich aber nicht weit von ihm entfernen kann. Ein »reisender« Feinstoffkörper müsse sich von ihm frei machen.

»Beim Tode«, erklärt Crookall, »löst sich das Bioplasma in der Regel innerhalb einiger Stunden oder Tage auf.« Tatsächlich weisen Aufnahmen von Verstorbenen, besonders wenn Plattenkameras und relativ lange Belichtungszeiten benutzt wurden, gelegentlich wolkenförmige weiße Gebilde auf, die vom Wunschdenken eines Betrachters vielleicht für die freiwerdende Seele gehalten werden. Es dürfte sich jedoch um frei gewordenes Bioplasma handeln. Bei experimenteller Wiederholung solcher Aufnahmen in England und Frankreich zeigten die »Wolken« jedesmal Veränderungen und lösten sich schließlich ganz auf.

Das Faszinierende an diesem Energieleib ist, daß er trotz seiner offenbaren Elastizität und Vielseitigkeit eine genau dem Körper angepaßte, überaus feine Gliederung hat. Ist hier die Erklärung für die Wirksamkeit der Akupunktur zu suchen?

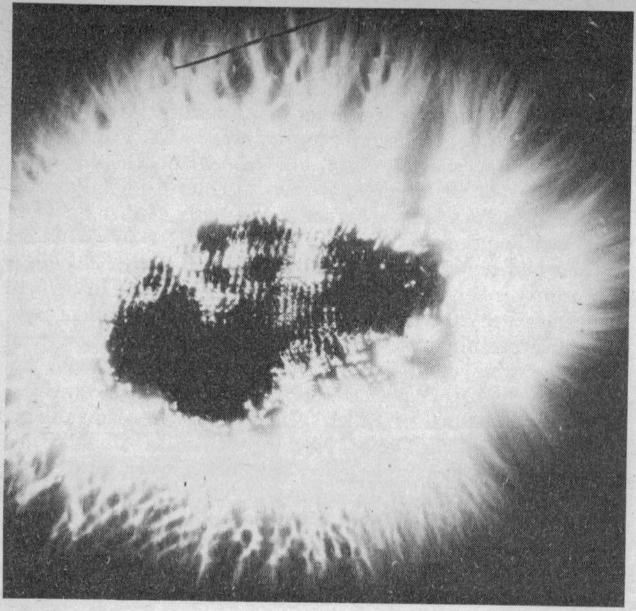

Abb. 8: Fingerkuppe eines Patienten mit chronischem Leberleiden vor *Anwendung von Heilung durch »Handauflegen« (unscharfe, zerrissene Korona).*

Schon Durville ahnte zumindest einen solchen Energieleib, als er über das verdichtete »Fluidal« (den ausgetretenen Bioplasmaleib seiner Medien) sagte: »Es erscheint aus einer Unzahl von leuchtenden Partikeln zusammengesetzt, in fortwährenden Schwingungen begriffen, die allseits die Umgebung durchstrahlen.« Durville unterschied zwei Strahlungsarten: eine dynamische, die innerhalb des Körpers zirkuliert und Ströme erzeugt, die ihn »in bestimmten Richtungen von einem zum anderen Ende durchfließen« (man wird hier zwangsläufig an die Meridiane erinnert, d. Verf.), und zweitens eine statische Form an der Hautoberfläche. Letztere bilde eine Aura um den Körper, »eine fluidische Atmosphäre, von der unausgesetzt Effluvien ausströmen, die von den Poren der Hände auszugehen scheinen«.

Eindrucksvoll demonstrieren die Sowjets das Aufleuchten der Energiepunkte des Bioplasmakörpers mit dem von ihnen entwickelten Tobiskop oder dem Biometer. Beides sind stiftförmige Instrumente (letzteres ein Zinkzylinder mit einem Futter aus die-elektrischem Material und einem eingesetzten Kupferstab), die Hautstellen mit veränderten biochemischen Eigenschaften und

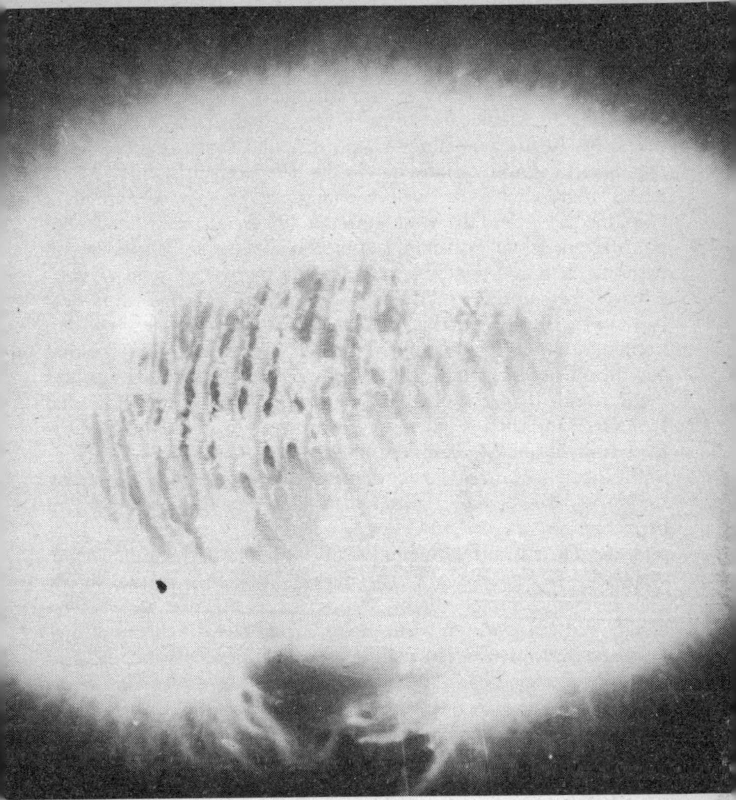

Abb. 9: Derselbe Patient nach *Anwendung der Geistheilung. Die Korona ist deutlich voller und kräftiger geworden.*

höherer Leitfähigkeit durch Aufleuchten anzeigen. Der gesamte menschliche Körper läßt sich auf diese Weise wie eine Landkarte bio-energetisch vermessen.

Das alles scheint die alte chinesische Auffassung zu bestärken, daß der Körper von einem vielgliedrigen Netz von Energieströmen durchzogen ist. Auch die tibetische Heilkunde geht übrigens von einem feinstofflichen Energiekörper aus, der von Hunderten größerer und kleinerer Kanäle durchzogen wird. Nach der tibetischen Lehre winden sich die drei Hauptkanäle korkenzieherartig um die Wirbelsäule; ein Bild, das dem der Bahnen für die sogenannte Kundalinikraft der Yoga-Lehre gleicht. Der westlichen Medizin ist von diesen Dingen wenig oder gar nichts bekannt.

Wie lange wird es dauern, bis man bei uns diesen Zusammenhängen Beachtung schenkt? Die Möglichkeiten sind so vielfältig, daß sie sich kaum alle aufzählen lassen. Zunächst sollte festgestellt werden, ob die »Aurafotografie« zu einem Hilfsmittel der ärztlichen Diagnose werden kann. Dabei sollten auch noch einmal die Sichtschirme der Kilner-Diagnostik und Hochfrequenztherapie- und Diagnoseverfahren wie die des österreichischen Arztes und Heilers Zeileis in die Forschung einbezogen werden. Mit Mitteln, die jedenfalls weit geringer wären als sie jährlich der pharmazeutischen Forschung zufließen, ließe sich feststellen, ob beginnende Krankheiten sich tatsächlich, wie sowjetische Wissenschaftler behaupten, am Bioplasmakörper *zuerst* zeigen und deshalb mit Hilfe des Kirlianverfahrens frühdiagnostiziert werden können. Bei Koppelung mit dem Elektronenmikroskop könnte auch die Früherkennung der Wirkung von Medikamenten und Heilmitteln (bei entsprechend vermindertem Risiko für den Patienten) möglich werden. Wir meinen, das sollte eine Herausforderung an die Medizin sein.

Biologen in einem Forschungsinstitut der Stadt Novosibirsk stellten 1972 fest, daß Zellen von Pflanzen und Tieren die von benachbarten Zellen ausgehende schwache Lichtenergie (Bioplasmaenergie?) aufnehmen. Die Wissenschaftler nahmen zwei identische Glasgefäße mit sehr dünnen Wänden, in die sie die gleiche Nährlösung füllten. Dann wurde in eines der beiden Gefäße ein bestimmter Virus eingebracht. Die durch ihn ausgelösten Symptome zeigten sich nun nach einiger Zeit auch in dem nicht infizierten Glas! Nach wie vor enthielt dieses Glas *keine* Viren; die Zellen der Nährlösung hatten jedoch die »Information« durch die Glaswände aufgenommen.

Schon in den zwanziger Jahren hatte der sowjetische Gelehrte A. G. Gurwitsch eine spontane, durch keine physische Ursache erklärbare organische Strahlung postuliert, die er mitogenetische Strahlung nannte. Doch es ging ihm wie vielen anderen Grenzbereichs-Forschern auch: seine Arbeit wurde von der wissenschaftlichen Welt praktisch wieder vergessen. Injuschin griff sie wieder auf und kam – ganz ähnlich wie die Kirlians – mit den 50 Jahre später vorhandenen technischen Mitteln und in einer aufnahmebereiteren Atmosphäre sofort ein beträchtliches Stück weiter.

Am wichtigsten aber ist dies: Die in den Labors von Alma Ata fotografisch festgestellte nichtphysikalische Ausstrahlung zeigt die Eigenschaften eines Informationsträgers. Die Übertragung, glaubt Injuschin, könne durch Hologrammtragende ›Mikrobioplasmons‹ erfolgen.

Ist es nicht im Grunde dasselbe, wenn Cleve Backsters Pflanzen bei einer Bedrohung ihres »Wohlbefindens« oder des Wohlbefindens in der Nähe befindlicher anderer Organismen Signale (nichtphysikalische Signale!) empfangen und ihrerseits informationstragende Signale aussenden? Ist es nicht pflanzliches Bioplasma, das menschliches »Gebet« für besseres Wachstum aufnimmt und befolgt? Müssen wir dann aber nicht annehmen, daß die gesamte organische Natur von einer energie- und informationstragenden Lebensessenz – nämlich dem Bioplasma – beseelt und durchdrungen ist? Daß es bei höherentwickelten Lebewesen in entsprechend verfeinerter Form auftritt? Kirlianaufnahmen der Fingerspitzen von Heilern, die Patienten durch Handauflegen behandeln, zeigten in der Sowjetunion ebenso wie in den USA deutliche Unterschiede vor und nach der Behandlung. Auch hier ist also offenbar Bioplasma beteiligt, in Wechselbeziehung mit körperelektrischen und -magnetischen Feldern.

Wenn sich diese Vermutungen bestätigen, könnten sich für manche Forschungsgebiete, vor allem für die Mikrobiologie, überaus bedeutsame neue Aspekte eröffnen. Vielleicht wird die Bioplasmaforschung bisher noch völlig unbekannten Lebensprozessen auf die Spur kommen. Man sollte im Westen wissen, daß die Sowjets sich mit aller Kraft um die Aufhellung dieser Zusammenhänge bemühen.

Wir begannen unsere Überlegungen mit dem kybernetischen Modell des Menschen. Wir betrachteten ihn so, wie ihn die moderne Neurophysiologie und Behavioristik sieht – als eine hochkomplizierte, von einem Computergehirn gesteuerte Nervenmaschine mit einem nur auf die Umwelt bezogenen Gemüt. Bei genauerem Zusehen stellten wir fest, daß dieses Bild sich als alleingültig nur dann aufrechterhalten läßt, wenn man Gefühl und freien Willen zu bloßen Stromstößen abwertet und vor der Erfahrungswelt des Außersinnlichen die Augen verschließt.

Inzwischen sind wir in der Lage, diesem Modell eine Antithese gegenüberzustellen, nämlich das paraphysische Modell des Menschen. Es besteht aus:

1. Dem physischen Körper. Für den Ablauf seiner Funktionen sorgen feinste elektrische Ströme. Jede Zelle, jedes Blutkörperchen, besitzt eine winzige, aber eigene elektrische Ladung. Das Erlöschen dieser Ströme im Gehirn ist gleichbedeutend mit dem Tode. Wir können sinnbildlich auch von einem bioelektrischen Körper sprechen.

2. Dem Bioplasmakörper. Man sollte hier nicht unbedingt an einen separaten Körper denken, sondern eher an eine aus hocherregten subatomaren Substanzen bestehende Hülle von halbmateriellem Charakter. Das Bioplasma besitzt vermutlich Leit-, Resonanz- und Reaktionsvermögen gegenüber gedanklichen, außersinnlichen und kosmischen Einflüssen. Sein Zustand ist für die Gesundheit des physischen Körpers ausschlaggebend. Es ist gewöhnlich an den Körper gebunden, verläßt ihn aber nach dem Tode.

Der Bioplasmakörper steht in enger Wechselbeziehung zum

Abb. 10: Dieses Bild veranschaulicht besonders deutlich den durch die Kirlianfotografie vermittelten übersinnlichen Eindruck von der lebenden Natur. Auch hellsichtige Menschen oder Menschen im Drogenrausch können lebende Gegenstände unter Umständen in ähnlicher Weise wahrnehmen. Man wird unwillkürlich an den von Moses erblickten »brennenden Busch« erinnert!

grobstofflichen wie zum feinstofflichen Körper, er ist eine Art Brücke zwischen beiden. Daß er noch quasi-materielle Eigenschaften hat, zeigt die Fähigkeit Monroes, Arme und Beine seines »Doppels« aus dem ruhenden physischen Körper herauszustrecken, bis sie langsam seitwärts absanken. Wenn er den »Doppelarm« dann unten gegen den Teppich drückte, fühlte er einen leichten Widerstand, ja manchmal sogar noch Nägel, Sägemehl und Putz, bevor die Doppelhand schließlich auch diesen durchdrang.

3. Dem Feinstoffkörper (Seelenkörper). Er hat die gleiche Gestalt wie der physische Körper und bildet ein genaues Doppel aller Organe. Er ist »Sitz« der eigentlichen Persönlichkeit, des Unbewußten, soweit sich dieses lokalisieren läßt. Er kann sich unabhängig vom physischen Körper bewegen, mit dem er durch einen feinstofflichen Lebensfaden, die »Silberkordel«, verbunden ist.

Diese Dreiergliederung ist als ein Schema gedacht; sie erhebt keinen Anspruch auf Endgültigkeit. Wir haben eben erst begonnen, den äußeren Rand dessen zu ertasten, was eine moderne

Metabiologie und -physik für uns noch bereithalten mag. Dogmatik wäre hier fehl am Platze. Vielleicht wird sich herausstellen, daß das wahre Bild noch unendlich vielfältiger ist, als wir es bisher ahnen.

Das paraphysische Modell des Menschen ist natürlich etwas anderes als das klassische Bild der Dreiheit aus Körper, Seele und Geist. Wir sagten bereits, daß wir im Innern der Seele eine noch feinere Struktur, einen Geistkern vermuten. Er gehört jedoch in den transzendenten Erfahrungsbereich, so daß wir beim Betrachten unseres Modells vorläufig ohne ihn auskommen müssen. Aus dem paraphysischen Modell folgt, daß der »eigentliche« Mensch aus Feinstoff besteht und sozusagen eine Gefäßform (Nachbildeform) für die Materie bildet. Die Naturwissenschaften werden auf Jahre hinaus zu tun haben, um erst einmal mit dieser für sie revolutionären Einsicht fertig zu werden!

Falls es übrigens zutrifft, daß das ausgetretene und träumende Doppel im Nahbereich – vielleicht nur wenige Zoll vom Körper abgehoben, horizontal oder vertikal hin- und herschwingt, könnte es dann nicht sein, daß dieses rhythmische Schwingen synchron mit den rollenden Augenbewegungen während des sogenannten REM-Schlafes erfolgt?

Zu klären wäre, ob auch die Jactatio[19] ähnlichen Einflüssen unterliegt. Vorläufig sind dies rein spekulative Überlegungen. Sollten sie sich als richtig erweisen, so würde der rätselhafte Sinn der allnächtlichen Hochdruck-Tätigkeit des archaischen Stammhirns vielleicht etwas klarer. REM-Schlaf, REM-Traum und die Nahbereichsschwingungen des Doppels wären als eng miteinander verbundene archaische Abläufe zu sehen, als ein Hinabsteigen und Zurückhorchen zu uralten, aber nach wie vor lebensnotwendigen Prozessen unserer Evolution.

9. Kapitel: Die verbotene Wissenschaft

Edgar Mitchells »Mondexperiment« – Was ist okkult, was pseudo-okkult? – Meinungsstreit und Dogma um die Reinkarnation – Der Fall Rosenheim und die Physiker – Vorurteile und »Entlarvungen« – Der Osten lernt unbekümmert

Kap Kennedy, Florida, 31. Januar 1971. »Apollo 14« mit den Astronauten Alan Shepard, Edgar Mitchell und Stuart Roosa ist auf dem Wege zum Mond. Kein anderer an Bord, kein NASA-Beamter weiß, daß Ed Mitchell, Pilot der Mondfähre Antares, sich ein Vorhaben in den Kopf gesetzt hat, das nirgendwo im Apolloprogramm vorgesehen ist.

Mitchell hat seinen Plan vier anderen Menschen in den USA vertraulich mitgeteilt. Sie sollen versuchen, sich an 6 Tagen während des Hin- und Rückfluges auf Zahlensymbole zu konzentrieren, die der Astronaut in den Ruhestunden »senden« will. Er will dafür eine Zufallsfolge der Zahlen 1 bis 5 benutzen. Einer seiner vier »Perzipienten« ist das Medium Olof Johnsson in Chicago.

Das geheime Experiment lief nicht ganz glatt. Einmal war »Apollo 14« etwas später als vorgesehen gestartet, zweitens konnte Mitchell die Zeiten nicht immer genau einhalten. An zwei von den sechs Tagen kam er überhaupt nicht zum »Senden«. Trotzdem überließ er sein beim Splashdown vom Salzwasser gezeichnetes Blatt mit den Sendedaten den Parapsychologen Dr. J. B. Rhine, Dr. Helmut Schmidt und Dr. Karlis Osis zur Analyse.

Beim Vergleich mit den Empfangsdaten der zeitlich den Sendungen naheliegenden Testläufe ergab sich etwas Eigenartiges: Von 300 Ergebnissen der Empfänger waren nur 35 richtig. Normalerweise wären 60 Richtige (ein Fünftel) zu erwarten gewesen. Ein so »schlechtes« Ergebnis ist statistisch nur bei einer von 3000 Testserien zu erwarten.

Die Parapsychologie kennt diesen Umkehreffekt seit langem und nennt ihn *psi-missing.* Wie er zustande kommt, auch bei besonders begabten Sensitiven, ist unbekannt. Man sieht in ihm aber einen Beweis für eine paranormale Wirkung, denn »normalerweise« müßte statistisch immer der Zufallsdurchschnitt erreicht werden, mit ganz geringen Abweichungen.

Mitchells Experiment war also trotz des spektakulären Rahmens alles andere als ein sensationeller Erfolg. Es war wissenschaftlich interessant, mehr nicht. Es ist notwendig, dies zu sagen, weil – leider – um den Apollo-14-Test bereits eine Legende gesponnen wird. Stellen wir die Behauptungen den Fakten gegenüber:

1. Der Versuch war ein »Beweis für Telepathie«. Falsch: Er hat nur ein psi-missing ergeben, was immer das bedeuten mag[20].
2. Mitchell hat »Hirnsignale vom Mond gesendet«. Falsch: Nur während des Hin- und Rückfluges.
3. Die Bodenkontrolle in Houston/Texas legte zwischendurch Funkstille ein, um Mitchell das »Senden« zu ermöglichen. Völlig falsch: Houston wußte gar nichts von Mitchells Plänen[21].

Mit Legenden erweist man der Parapsychologie keinen Dienst. Und wenn wir nicht achtgeben, haben wir es bald mit einem zweiten »Fall Nautilus« zu tun, jenem angeblichen Telepathie-Experiment mit einem amerikanischen Atom-U-Boot, das die Sowjets so in Aufregung versetzte, das aber, wie wir heute wissen, wahrscheinlich nie stattgefunden hatte! Es ist *eine* Sache, Berichte zu zitieren und anzumerken, daß sie unbestätigt sind oder angezweifelt werden, und es ist eine andere, sie ohne weiteres als Fakten zu übernehmen.

Die Literatur über die Grenzgebiete hat auf einer breiteren als der nur-wissenschaftlichen Ebene (wo sie vielen Menschen nicht zugänglich oder schwer verständlich ist) durchaus eine Aufgabe. Sie kann sie jedoch nur erfüllen, wenn sie absolut quellentreu ist. Anderenfalls rückt sie in die Nachbarschaft dessen, was als »okkult« beiseite geschoben werden kann.

Was ist unter okkult oder Okkultismus zu verstehen? Das Wort stammt aus dem Lateinischen und heißt soviel wie verborgen. Die *occulta* waren die Geheimnisse der antiken Mysterien. Okkult war etwas, das vor profanen Augen geheimgehalten werden sollte: die Rezepte der Alchemie oder die Lehren bestimmter Geheimbünde, beispielsweise der Rosenkreuzer.

In neuerer Zeit verstand man unter Okkultismus die Beschäftigung mit allen Erscheinungen schlechthin, die nicht durch die bekannten Naturgesetze erklärbar waren. Auch Dinge, die inzwischen kaum noch bestritten werden, wie etwa Hellsehen oder Telepathie, waren nach diesem heute überholten Verständnis des Wortes okkult. Ebenso zum Okkulten gehörten und gehören einige von den modernen Geisteswissenschaften durchaus respektierte alte Weisheitslehren wie etwa die jüdische Kabbala, der Chassidismus, der Zen-Buddhismus oder das chinesische I-Ging-Orakel.

Der Begriff »okkult« war absolut wertfrei. Wer etwas als okkult bezeichnete, gab seinen Worten nur eine Orientierung, fällte aber kein Urteil.

Leider hat der moderne Sprachgebrauch den Begriff Okkultismus stark abgewertet. Die Populärliteratur nahm den gesamten

Untergrund der Hexenbücher, der Beschwörungen, der schwarzen Magie oder der mit magischem Firlefanz verbrämten Sexualperversionen gleich mit dazu und warf ihn ohne viel Federlesens mit in den großen Topf des »Okkulten«.

Es hat zu allen Zeiten einen trüben Dunstkreis um das Okkulte gegeben, ein Halbdunkel, in dem sich Scharlatane und Psychopathen mit Vorliebe ansiedeln. Oder auch jene, die es wohl ehrlich meinen, aber in ihrem Geltungsdrang und Missionseifer zu einer sachlichen Diskussion und Prüfung weder fähig noch bereit sind. Man erkennt diese Vertreter des *Pseudo*-Okkulten nicht selten daran, daß sie von sich behaupten, auserwählt zu sein und allein den Schlüssel zur Wahrheit oder gar die Zuneigung hoher Geistwesen und »Planetarier« zu besitzen.

Mit ihnen braucht man sich nicht aufzuhalten. Es geht nur darum, darzulegen, warum Wissenschaftler auf das eigentlich ganz zu Unrecht mit diesem Jahrmarkt verknüpfte Wort »okkult« gewöhnlich mit Panik reagieren. Es genügt, daß etwas als okkult bezeichnet werden *kann*, um die meisten von jeder Mitarbeit fernzuhalten.

Ein einmal verfälschter Sprachgebrauch läßt sich nicht einfach wieder zurückbefehlen. Wir wollen deshalb in unserem Buch von parapsychologisch (oder paraphysikalisch, paranormal etc.) sprechen, wo immer ein Phänomen entweder bereits erforscht wird oder so häufig wiederholt auftritt, daß es unsere Aufmerksamkeit beansprucht. Telepathie, Hellsehen, Präkognition, Telekinese (»Spuk«), aber auch Projektionen, Trancemedialität und Geistheilung sind nach diesem Maßstab parapsychologische, und nicht mehr okkulte Erscheinungen.

Was sich der rationalen Erforschung entzieht und sich nicht empirisch beobachten läßt, was – aus welchen Gründen auch immer – absichtlich verdunkelt wird, möge weiterhin okkult genannt werden, ohne daß damit ein Werturteil verbunden sei. Es braucht deshalb durchaus nicht wertlos zu sein; man kann es nur nicht auf seinen Wert prüfen. Es hat also, solange es nicht offenkundig »Pseudo« ist, Anspruch auf unsere Toleranz.

»Muldoon behauptet nicht, Planeten besucht zu haben und nun zurückzukehren, um uns das Leben auf ihnen zu beschreiben«, schreibt Hereward Carrington in der Einleitung zu seinem Buch »Die Aussendung des Astralkörpers«. »Er behauptet auch nicht, große und herrliche Geistwelten besucht zu haben; er gibt nicht vor ... irgendwelche früheren Inkarnationen durchlebt oder die ›Akascha‹-Archive gelesen zu haben, oder zeitlich rückwärts gereist zu sein ... Er erklärt nur, daß er, wenn er es wollte, seinen physischen Körper verlassen und sich bei vollem Bewußtsein in seiner unmittelbaren Umgebung umherbewegen konnte. Das ist absolut rational.«

Besser läßt sich die Grenze zwischen dem Parapsychologischen und dem Okkulten kaum charakterisieren.

Freilich – manchmal macht es Mühe, diese Grenze zu sehen. Der Glaube an die Reinkarnation (d. h. die körperliche Wiedergeburt des Menschen) beispielsweise kann nicht mehr schlechtweg als okkult bezeichnet werden, seit der Amerikaner Professor Dr. Ian Stevenson die Ergebnisse seiner sehr gründlichen Fallstudien veröffentlicht hat. In den von Stevenson geschilderten Fällen scheint tatsächlich ein hoher Grad von Wahrscheinlichkeit dafür zu sprechen, daß die Betreffenden sich an ein vergangenes Leben erinnerten oder es plötzlich neu »erlebten«.

Die Anhänger der Reinkarnationslehre werden darin zweifellos einen Beweis für ihre Überzeugung sehen, daß der Mensch mehr als ein Erdenleben durchzumachen hat, daß er immer wieder zurück muß, bis sein »Karma« (die auf Erden angesammelte Schuld) abgetragen ist. Es ist ein verständlicher, aber nicht wissenschaftlicher Gedankensprung, der die Grenze vom Parapsychologischen zum Okkulten überschreitet.

Bewiesen ist vorläufig bestenfalls, daß es einzelne Fälle gibt, in denen ein Mensch offenbar die Erinnerung an ein früheres Leben wiederfindet. Das kann so weit gehen, daß ein unverbildetes Kind plötzlich »seine« früheren Eltern, Geschwister, sein Haus oder sein Dorf »wiedererkennt«. Es ist auch nicht zu bestreiten, daß manche Menschen unter Hypnose erstaunlich genaue Selbstbeschreibungen einer früheren Existenz geben, obwohl die berühmteste Versuchsperson dieser Art, Mrs. Virginia Tighe aus Denver, Colorado, persönlich nicht davon überzeugt ist, daß sie im 19. Jahrhundert als Irin unter dem Namen Bridey Murphy auf Erden weilte.

Auch eine größere Zahl von dokumentierten Einzelfällen berechtigt noch nicht zu dem Schluß, daß jede Menschenseele einer langen Kette von Erdenleben unterworfen sei. Wer an die Reinkarnation ernsthaft glaubt – und das ist immerhin rund ein Drittel der Menschheit –, verdient unsere Achtung und Toleranz. Wer sie dagegen dogmatisch verkündet, trifft eine okkulte Vorentscheidung. Über jene klugen Apostel, die genau wissen, daß wir 144mal oder 777mal reinkarnieren müssen, sollte man am besten hinweggehen.

Wie fast überall auf paranormalem Gebiet fehlt es leider auch im Falle der Reinkarnation nicht an jenen, die durch kritiklose Annahme exzentrischer Lehren in eine psychische Abhängigkeit geraten – oder sich gar als Reinkarnation einer berühmten Persönlichkeit fühlen und so die ursprüngliche Fragestellung einer ganz unverdienten Lächerlichkeit preisgeben. Das bekannte amerikanische Medium Irene Hughes berichtet von einem Mann, der von ihr wissen wollte, wie er in seinem nächsten Leben heißen, wo er wohnen würde etc. Er hatte sich in den Kopf gesetzt, sein ganzes Geld sich selbst zu vermachen ... Irene Hughes schickte den Mann nach Hause, doch sei der Fairneß halber erwähnt, daß sie selbst an Reinkarnation glaubt.

Das philosophische Für und Wider um die Reinkarnation würde Bände füllen. Begnügen wir uns hier mit der Feststellung, daß sie in Einzelfällen wohl mit hoher Wahrscheinlichkeit angenommen werden darf, deshalb aber nicht die Regel sein muß. Es wäre zu fragen, warum die Abbüßung des Karma nicht auch im Jenseits möglich sein sollte, dessen Vorhandensein ja sowieso Voraussetzung für den Reinkarnationsglauben ist. Ebenso wäre zu fragen, ob nicht vielleicht die menschliche Seele an den Erfahrungen ihr verwandter Seelen – ob auf Erden oder nicht – teilnimmt, um an Reife zu gewinnen. Denkbar ist auch, daß einzelne Menschen ein abnormal enges »Austauschverhältnis« zur Seelenpersönlichkeit eines anderen haben, der nicht mehr im irdischen Körper lebt. Zumindest ein Teil der angeblichen Erinnerungen an frühere Leben ließe sich so erklären.

Wenn es Reinkarnation gibt, dann ist das so wichtig, daß die Zusammenhänge auf breiter Ebene untersucht werden müßten. Die Dogmatiker helfen nur verhindern, daß die Wissenschaft endlich den Mut dazu findet.

Aber auch die Wissenschaft selbst kann Tatsachen und Emotionen nicht immer auseinanderhalten. Ein sehr gutes Beispiel dafür ist der »Fall Rosenheim«. Da seine Umstände weithin bekanntgeworden sind, seien sie hier nur kurz in Erinnerung gerufen. Im November 1967 wurden rätselhafte Vorgänge in der Kanzlei des Rechtsanwaltes Adam im bayerischen Rosenheim bekannt. Leuchtstoffröhren an der Decke erloschen immer wieder, Glühbirnen platzten, Hängelampen schwenkten so heftig hin und her, daß sie an die Decke anschlugen. Bilder bewegten sich, ja rotierten an der Wand, die Entwicklerflüssigkeit eines Fotokopiergerätes wurde immer wieder verspritzt. Die vier Telefonapparate der Siemensanlage zeigten unerklärliche Störungen, die Telefonrechnung stieg beängstigend. Die auf Verlangen Adams installierten Prüfgeräte registrierten, daß immer wieder die Nummer der Zeitansage (0119) gewählt wurde, oft bis zu sechsmal in der Minute, obwohl niemand in der Kanzlei diese Nummer gedreht hatte.

»Vor den Augen des Physikers Professor Büchel«, heißt es in einem Bericht des Freiburger Instituts für Grenzgebiete der Psychologie, »kamen Schubladen selbsttätig aus den Schreibtischen ... ein 3 1/2 Zentner schwerer Aktenschrank wurde zweimal um etwa 30 cm von der Wand abgerückt ... Bilder fielen von den Wänden oder drehten sich vor Augenzeugen. Es gelang, solch eine Rotation um 120 Grad auf einem Bildtonband aufzuzeichnen ...«

Dank der Gründlichkeit des Rechtsanwaltes Adam und des maßgeblich an der Aufklärung beteiligten Freiburger Institutsleiters Professor Hans Bender und seiner Mitarbeiter wurden die Vorgänge von Rosenheim zum bestuntersuchten und bestdokumentierten Fall von »spontaner wiederkehrender Psychokinese«

(wie der sogenannte Poltergeist-Spuk wissenschaftlich heißt), den es wohl jemals gegeben hat. Mindestens 40 Personen vieler Berufsgruppen wurden Zeuge der Phänomene, darunter Ärzte, Techniker, Klienten des Anwalts, Polizeibeamte und Physiker. Inspektoren der Stadtwerke überwachten den Stromkreis in der Anwaltspraxis ständig mit Spannungs- und Stromschreibern. Man schloß die Kanzlei sogar durch direktes Kabel an die Transformatorenzentrale an, um das Streckenkabel, den Hausanschluß und die Steigleitung als mögliche Störursachen auszuschließen. Die Phänomene aber dauerten unverändert an.

Zwei Physiker, Dr. F. Karger und G. Zicha von der Technischen Universität München, stellten nach einer Untersuchung in einem ausführlichen Bericht fest: »Obwohl die Phänomene mit den vorhandenen Mitteln der experimentellen Physik festgestellt wurden, konnten sie nicht erklärt werden. (Sie) scheinen von intelligent gesteuerten Kräften herzurühren, die die Tendenz haben, sich der Untersuchung zu entziehen.«

Übrigens fanden die Freiburger Parapsychologen bald heraus, was die Techniker nicht hatten verstehen können, nämlich warum die absonderlichen Phänomene sich fast nur während der Bürozeit ereigneten. Es war ein Fall von »personengebundenem Spuk«, der von der Anwesenheit des 19jährigen Lehrmädchens Annemarie Sch. abhängig war. In ihrer unmittelbaren Nähe traten die Phänomene am stärksten auf. »Ging Annemarie durch den Hausflur, begannen die Lampen hinter ihr zu schwingen, explodierten Beleuchtungskörper, flogen die Scherben auf sie zu« (Bender). Als das Mädchen schließlich beurlaubt wurde und später aus den Diensten des Anwalts ganz ausschied, trat Ruhe ein. Später wurde bekannt, daß auch Annemaries Verlobter nicht ungeschoren geblieben war. Er nahm seine Braut insgesamt 14mal zum Kegeln mit. Nicht weniger als achtmal versagte die elektrische Kegelbahnanlage ...

Professor Dr. Andreas Resch berichtet in »Grenzgebiete der Wissenschaft« zusätzlich von somatischen Erscheinungen bei Frl. Sch. und einer anderen Angestellten, darunter Verkrampfungen der Hände und Füße, zeitweiliges Erstarren der Kniegelenke, Hüftschmerzen, Hyperämie und elektrostatische Aufladung.

Ob es sich hier um eine Art Polarisierung der Körperelektrizität handeln könnte, muß Vermutung bleiben; auch damit wäre natürlich noch nicht die Frage nach der auslösenden Ursache beantwortet. Die bei der spontanen Psychokinese oder Telekinese auftretenden Kräfte sind bislang für die Wissenschaft völlig unerklärlich. Die Erfahrung beweist aber, daß solche »Poltergeistfälle« sehr häufig an Jugendliche im Pubertätsalter oder junge Menschen mit später Entwicklung gebunden sind. Es wird vermutet, daß Frustration, unterdrückte Aggression oder andere innere Spannungen die telekinetische Kraft bei dazu besonders veranlagten Menschen zum Ausbruch bringen und daß die Intelligenz des Unbewußten dann diese Kraft zu allerlei Schabernack benutzt. Nach spiritistischer Auffassung wird die telekinetische Kraft nicht vom menschlichen Unbewußten, sondern von intelligenten, aber frivol-boshaften Wesen des Geisterreiches gelenkt. Beweisbar ist weder die eine noch die andere Auffassung.

Es war interessant, die Reaktion der Umwelt auf den Fall Rosenheim zu verfolgen. Die deutsche Presse berichtete durchweg sehr sachlich über ihn, wenngleich nicht ohne jenen etwas verlegenen, gezwungenen Humor, der so häufig anzutreffen ist, wenn über paranormale Ereignisse berichtet wird. Humor oder Ironie sind allerdings verständliche Defensivreflexe bei Zeugen, die nach der Rückkehr in ihr Alltagsmilieu mit der Frage rechnen müssen, ob sie denn wohl gar selbst »an so etwas glauben«. Und immer gibt es natürlich auch »Entlarver«. Sie gehen davon aus, daß alle Para-Phänomene unecht sind, versuchen, den Beteiligten Betrug nachzuweisen, oder schaffen durch einseitige Darstellung ein Bild, das im Leser den Verdacht erzeugt, er sei betrogen worden. Schon vor einem halben Jahrhundert stellte der Münchner Arzt und Parapsychologe A. von Schrenck-Notzing lakonisch fest: »Es ist recht gut bekannt, daß auf jede Veröffentlichung über mediumistische Phänomene nach kurzer Zeit ein sensationeller Enthüllungsbericht folgt.«

Auch der so überaus gründlich geprüfte Fall Rosenheim blieb nicht vom Schicksal des »Entlarvtwerdens« bewahrt. Rechtsanwalt Adam mußte gerichtlich gegen den österreichischen Illusionisten Alan und seine Mitautoren Schiff und Kramer vorgehen, die in ihrem Buch »Falsche Geister – echte Schwindler« den Eindruck erweckt hatten, die Vorgänge in der Kanzlei seien mit Hilfe von Nylonfäden, Klebestreifen usw. vorgetäuscht worden. Verlag und Autoren gaben im Rahmen eines gerichtlichen Vergleichs schließlich eine Ehrenerklärung für Adam ab; sie stellten fest, sie hätten lediglich zeigen wollen, wie Geistererscheinungen manipuliert werden können. Man kann nicht umhin, für die verlegene Situation des Richters Mitgefühl zu empfinden.

So wurde der Fall Rosenheim im doppelten Sinne zum Triumph für die junge parapsychologische Wissenschaft. Einmal, weil die Beweissicherung in bislang noch nie möglich gewesener Vielfalt und Gründlichkeit erfolgte, dann aber auch, weil dieser Fall allen jenen eine Niederlage beibrachte, die ihre affektiven Vorurteile gegen paranormale Phänomene in der Öffentlichkeit ausbreiten und sich, ohne genau hinzusehen, auf alles stürzen, was ihnen »okkult« vorkommt.

»Alles längst widerlegt« – wer hat diesen Ausruf nicht schon gehört? In wie vielen Fällen aber besteht die Widerlegung, wenn man genau hinsieht, nur aus ungeprüft übernommenen Behauptungen oder Verallgemeinerungen? In vielen Fällen sind die

Widerleger selbst motiviert, ignorieren Beweismaterial, wann es ihnen gefällt, und greifen zu selektiver, einseitiger Darstellung – für den Laien natürlich nicht erkennbar –, um ihr Ziel zu erreichen und ausnahmslos alle parapsychischen und paraphysikalischen Phänomene als Schwindel oder Täuschung hinzustellen. Dabei steht ihnen eine ganze Skala von affektgeladenen Vokabeln zur Verfügung, mit denen auch ernsthafte Parapsychologen diffamiert oder lächerlich gemacht werden können. Das Wort »Spukprofessor« (gebraucht im Fall Rosenheim) ist ein einschlägiges Beispiel. In ganz krassen Fällen kommen noch Bilder aus dem Gruselrepertoire der Fotoarchive dazu. Wer sich auf parapsychologischem Gebiet informieren will, sollte nach Möglichkeit Originalberichte lesen. Vor allem aber sollte er Tatsachen und Meinungen streng auseinanderhalten, auch wenn mit den letzteren ein Name mit Rang und Titel verbunden ist. »Selbst gebildete Leute, die es besser wissen könnten, brauchen gelegentlich die unsinnigsten Argumente, werden unlogisch und verleugnen das Zeugnis ihrer eigenen Sinne«, stellte schon Carl Gustav Jung in diesem Zusammenhang fest.

Eine deutsche wissenschaftliche Zeitschrift hatte anläßlich des Rosenheim-Falles dem Wiener Entlarverbuch eine wohlwollende Besprechung gewidmet. Dies löste die Leserzuschrift eines Physikers aus, der sich von den Tatsachen in der Anwaltspraxis persönlich überzeugt hatte. Der Herausgeber der Zeitschrift meinte sich nun verteidigen zu sollen und schrieb »... aber ich glaube nicht an so sonderbare Erscheinungen wie fliegende Untertassen, Gespenster und durch psychische Kräfte bewegte Schränke«. Auch hier also, wo man wissenschaftlich klare Linien erwarten sollte, die Assoziation mit dem Bereich des Suspekten. Der angesprochene Physiker fand jedoch die richtige Antwort: »In der empirischen Wissenschaft ist nicht der subjektive Glaube entscheidend!«

Die Parapsychologie ist heute rund 100 Jahre alt. Seit ihren Anfängen ist sie eigentlich immer eine »verbotene Wissenschaft« gewesen – in dem Sinne, daß man ihre Ergebnisse einfach nicht zur Kenntnis nahm, entweder weil sie naturwissenschaftlich »unmöglich« waren oder, falls etwa doch etwas an ihnen sein sollte, weil man an der bestehenden Ordnung nichts geändert wissen wollte. Parapsychologen wurden befehdet oder belächelt, bestenfalls geduldet, solange man deshalb an den eigenen Lehrmeinungen nichts ändern mußte.

Als Grund gab man gern die fehlende Wiederholbarkeit des Experiments an (die heute zum Teil aber erreicht ist). Der tiefste, freilich nicht eingestandene Grund dürfte aber die irrationale, manchmal auch unbewußte Angst von Psychologen, Psychiatern, Biologen, Ärzten und anderen vor der Berührung mit dem sogenannten Okkulten gewesen sein. Wo diese Angst Platz greift, werden wissenschaftlich-rationale Verhaltensweisen ins Gegenteil verkehrt.

Nun zur Kehrseite, die ebensowenig verborgen werden soll. Wir zitieren eine Publikation, die bestimmt von niemandem als anti-okkultistisch verdächtigt werden wird. In einem Leitartikel schreibt die Monatszeitschrift der Spiritual Association of Great Britain[22]: »Wird man sich noch wundern, wenn der Spiritismus weder kirchlich noch sonstwie landesweit begrüßt wird, wenn man solches mediumistische Geschwätz hört wie, ›Ich sehe Johannes den Täufer bei Ihnen stehen ...‹ oder ›Ich bin die Wiederverkörperung der Jungfrau Maria ...‹ oder ›Sie waren einmal eine Hohepriesterin in einem ägyptischen Tempel‹. Diese Zitate sind aus der Wirklichkeit gegriffen. Der Spiritismus muß vor einer bestimmten Art von Spiritisten geschützt werden, wenn er jemals den allgemeinen Respekt und die Aufmerksamkeit erhalten soll, die er verdient ... Wenn weiterhin Narren vor der Menge herlaufen, kann man anderen dann einen Vorwurf machen, wenn sie das Ganze für einen Karneval halten?«

Doch nicht nur die Narren muß man erkennen. Wichtig ist auch, daß das weltweit steigende Interesse an den Grenzgebieten nicht nur zu einer kritiklosen neuen Wundergläubigkeit führt, auf die sich das abgegriffene Schlagwort vom »Rückfall ins Mittelalter« anwenden ließe.

Wenn das gesagt ist, möchte man vom Gebrauch dieses Schlagwortes zugleich aber auch allen jenen abraten, die selbst im Glashaus sitzen. Die Meidung paranormaler Zusammenhänge auf den Kanzeln und in den Hörsälen, ihre Tabuisierung im weitaus größten Teil der geistes- und naturwissenschaftlichen Literatur sind Zeugnisse eines unfreien Denkklimas, das ebenfalls vergangenen Zeitläuften angehört – angehören *sollte*!

Wie jede andere Disziplin braucht auch die Parapsychologie für größere Forschungsvorhaben Geld. In der Sowjetunion fehlt es ihr selten, im Westen meistens. Ein Kenner der Verhältnisse kennzeichnete den daraus entstehenden Teufelskreis mit folgenden Worten: »Weil die Parapsychologen arm sind, können sie die Realität ihrer untersuchten Phänomene nicht verifizieren, und weil sie es nicht können, bekommen sie weder Geld noch Anerkennung.«

Es war wahrscheinlich nötig, daß eine Persönlichkeit von der Ausstrahlung Edgar Mitchells vor der Weltöffentlichkeit sein Interesse an der parapsychischen und -physikalischen Forschung offen bekannte und daranging, ein Team von hochqualifizierten Physikern, Medizinern, Technikern und anderen aufzubauen, das von der akademischen Welt beachtet werden *muß*. Dieses Team wird nach Mitchells Worten ab 1974 »fully operational« (voll arbeitsfähig) sein. Vielleicht stehen wir nun wirklich an der Schwelle von ganz neuen Dingen.

10. Kapitel: Welt und Feinstoffwelt

Tischrücken ohne »Geister« – Eine Lampe löst Rechenaufgaben – Gibt es gebündeltes Bioplasma? – Die Sowjets bilden Telekinesemedien aus – Die Psychofotos des Ted Serios – In Nicklheim regnet es Steine – Entrückungen und »Apporte« durch Materieumwandlung? – Die Geistchirurgen der Philippinen – An unserem Weltbild stimmt etwas nicht – Das Feinstoffeld

Das sogenannte Tischerücken ist wohl noch immer die bekannteste paraphysikalische Erscheinung. Viele vermuten einen Trick dahinter. Die wenigsten wissen, daß jedermann einen Tisch zum Schweben, zum »Levitieren« bringen kann, ohne daß dies im geringsten etwas mit Spiritismus zu tun hat. Man muß nur gewisse Grundregeln beachten.

Zwei Mitglieder der Londoner Gesellschaft für parapsychische Forschung, C. Brookes-Smith und D. W. Hunt, demonstrierten dies durch eine Serie von Laborversuchen mit vier Teilnehmern und einem niedrigen Tisch (42 × 24 × 22 Zoll) von etwa 20 kg Gewicht.

Die Teilnehmer legen die Hände ruhig auf den Tisch bei voller Beleuchtung; eine fernbedienbare Kamera steht bereit. Während der Sitzung wird die Unterhaltung normal weitergeführt, aber jeder Teilnehmer *wünscht*, daß der Tisch sich bewegen soll. Ohne diese positive Einstellung bleibt – sehr typisch für alle paranormalen Experimente – der Erfolg aus.

Schon bei der ersten Sitzung der vier (nennen wir sie A, B, C und D) ist ein anscheinend aus dem Tisch kommendes Klopfen vernehmbar. Bei der zweiten Sitzung beginnt der Tisch leicht hin und her zu tanzen. Von Mal zu Mal werden die Bewegungen heftiger; schließlich hebt sich der Tisch um einen bis eineinhalb Meter über den Boden, schwebt und saust quer durch den Raum, so daß es teilweise unmöglich wird, den Ein-Finger-Kontakt der vier Personen mit der Tischplatte aufrechtzuerhalten. Einmal erhebt sich auch ein Stuhl ohne jegliches Zutun.

Als sich der Reiz des Neuen verloren hatte und keine neuen Variationen möglich schienen, wurden die Phänomene schwächer und verschwanden schließlich ganz.

Fast noch interessanter verlief ein anderes Experiment, bei dem es darum ging, eine Lampe sozusagen auf mündlichen Befehl ein- und auszuschalten.

Auch dieser Versuch gelang, jedoch mit unterschiedlichem Erfolg: A (Zahnarzt, 47 Jahre) und B (Hausfrau, 25 Jahre) konnten die Lampe gedanklich sowohl einzeln als auch zusammen betätigen. B durfte allerdings nicht *zwischen* A und der Lampe stehen oder auch nur eine offene Hand in den Zwischenraum halten.

C (Elektro-Ing., 25 Jahre) und D (Fotograf, 30 Jahre) konnten die Lampe weder zusammen noch getrennt betätigen, vermochten deren Betätigung durch A und B aber auch nicht zu verhindern. Verließen sie jedoch den Tisch einzeln oder zusammen, so konnten A und B nichts mehr ausrichten.

Die Lampe folgte keinen unausgesprochenen Kommandos, man mußte laut und deutlich sagen, was man von ihr wünschte. Dann jedoch konnten A und B ihr komplizierte Aufgaben, ja sogar mathematische Probleme stellen, die sie – wenn es befohlen war, auch durch Aufblitzen von verschiedener Frequenz und Dauer – oft richtig löste, *bevor* der Fragesteller die Lösung selber gefunden hatte. Es schien, daß der erste der vier Teilnehmer, der zur Lösung kam, durch sein Unbewußtes der Lampe die Antwort verriet.

Selbstverständlich waren Vorkehrungen getroffen worden, um Betrug oder Unfug durch einen der Sitzungsteilnehmer auszuschließen. Wie beim Tischexperiment, so wurde auch hier besonderer Wert auf eine positive Stimmung gelegt.

Im Gegensatz zur spontanen Telekinese, wie sie beim sogenannten Spuk auftritt, haben wir es bei diesen beiden Experimenten mit einer kontrollierbaren Telekinese zu tun, über die sich viel eher Konkretes aussagen läßt. Zunächst können wir sicher sein, daß die Kraft, die den Tisch anhebt und den Lichtschalter betätigt, von den Teilnehmern des Labortests ausgeht, sonst ließe sie sich nicht auf die geschilderte Art unterbrechen. Zweitens befolgt diese Kraft Befehle und reagiert offenbar auch auf Gedanken. All das deckt sich mit dem, was wir über das Bioplasma gehört haben.

Zugleich haben wir etwas Neues hinzugelernt: Wenn mehrere Personen zusammen handeln, wirkt augenscheinlich auch ihr Bioplasma in einer gebündelten und damit stärkeren Form!

Einige der Phänomene, die bei spiritistischen Sitzungen auftreten, finden so ihre natürliche Erklärung. Wir müssen allerdings unterscheiden zwischen dem Bioplasma und dem in Kapitel 8 erwähnten Ektoplasma, das in unsichtbarer wie auch sichtbarer (und fotografierbarer) Form auftritt und Masse besitzt.

Auch beim Spuk vermutet die Parapsychologie in der Regel das Bioplasma lebender Personen als Energiequelle. Der entscheidende Unterschied liegt darin, daß die kontrollierbare Telekinese vom Willen oder gedanklichen Unbewußten des Menschen abhängt, während sich der unsichtbare Dirigent des Spuks nicht bestimmen läßt. Er scheint sich der Beobachtung sogar bewußt zu entziehen, wann immer Wissenschaftler und Techniker mit Kameras und Geräten anrücken. »[Es] ist zu berücksichtigen«, schreibt Professor Bender, »daß der ›Poltergeist‹ – er sei für einen Augenblick als Entität angesprochen – nicht getäuscht werden kann. Er weiß alles über die Filmkameras, die man noch so sorgfältig hinter Vorhängen oder an anderen klug ausgedachten Orten versteckt hat.«

Ist der »Poltergeist« eine Entität (ein selbständiges geistiges Wesen), oder tobt sich das Unbewußte psychisch gestörter Menschen auf diese Weise aus? Wir wissen es nicht und müssen jeden Fall einzeln betrachten. Einigermaßen sicher können wir nur sagen, daß die Spuk*energie* vom Bioplasma der Menschen geliefert wird.

Im Grunde genommen liegt dasselbe Phänomen vor, wenn bestimmte Medien kleine Gegenstände wie Streichhölzer, Gläser und leichte Metallzylinder bewegen, Kompaßnadeln zum Drehen bringen oder dünnwandige Kugeln zwischen den vorgestreckten Händen in der Luft schweben lassen können. Es ist kontrollierbare, willensabhängige Telekinese, die Einzelpersonen (im Gegensatz zum Team) nur gelingt, wenn sie eine besonders intensive Bioplasma-Abgabefähigkeit besitzen. Sie bedeutet einen erheblichen Kräfteverzehr.

Man nennt Personen mit dieser Fähigkeit »physikalische Medien« (im Gegensatz zu mentalen Medien). Das zur Zeit wohl bekannteste ist die Russin Kulagina (auch unter ihrem Mädchennamen Nelya Mikhailova bekannt), die bei Telekinese-Experimenten über einen Zeitraum von mehr als zehn Jahren gründlich beobachtet worden ist. Der Eifer der beteiligten sowjetischen Forscher führte zu einem Maximum an Publizität, obwohl die Kulagina durchaus nicht das erste oder einzige bedeutende Telekinesemedium ist.

Schon vor Jahrzehnten stellte eine wissenschaftliche Kommission bei dem polnischen Medium Stanislawa Tomcyk ganz ähnliche Fähigkeiten fest. In den dreißiger Jahren experimentierte Admiral Tanagras zusammen mit griechischen Physikern mit dem Medium Cleio. Die junge Griechin brachte eine Kompaßnadel zunächst zum Ausschlagen und später, im Zustand der Erregung, sogar zum mehrfachen Rotieren. Die von Edgar Mitchell gegründete Forschungsgruppe arbeitet mit dem jungen Israeli Uri Geller, dem es unter anderem gelingt, eine solide Eßgabel, über die er die Hand hält, durch Willensanstrengung zu verbiegen.

Uri Geller soll sogar eine Rolltreppe telekinetisch zum Stehen gebracht haben. Dies müßte bewiesen werden, läßt sich aber, wie das Beispiel von Annemarie Sch. und der elektrischen Kegelbahn zeigt, auch nicht von vornherein ausschließen. Man darf jedoch nicht vergessen, daß es sich hier um extreme Ausnahmefälle handelt. Dies gilt sicher auch für die Tanagras-These von den psychodynamischen Kräften. Der Admiral mag recht haben, wenn er den im Volksmund so genannten »bösen Blick« für Telekinese hält. Der oder die mit ihm Begabte blickt begehrlich auf – sagen wir – eine kostbare Vase, und sie zerspringt ... Man muß aber ein wenig besorgt fragen, wo hier die Grenze zum Aberglauben liegt. Bis zum Glauben an die verhexte Kuh, die keine Milch mehr gibt, könnte es sonst nicht mehr weit sein.

Physiker stellen sich die Telekinese gern als Verdichtung einer hypothetischen psychischen Energie vor, so wie Atome und Moleküle Verdichtungen materieller Energie sind. Man kann mutmaßen, daß die Energie in Wirbeln oder Strömungseffekten auftritt und in Übereinstimmung mit einem unbekannten psychischen Gesetz von Emotionen viel stärker »angeheizt« wird als vom bloßen Willen.

Ideale Bedingungen für einen Telekinese-Effekt wären also dann zu erwarten, wenn ein Medium, dem die Natur die Fähigkeit besonders starker Bioplasma-Abstrahlung gegeben hat, in spontaner Weise affektiv motiviert wird. Kein Laborexperiment wird daher den folgenden Fall so leicht nachvollziehen können:

Das Medium Irene Hughes hatte einmal eine Stellung in einem Büro angenommen, das nur einen Papierkorb besaß. Wollte sie etwas hineinwerfen, so mußte sie aufstehen und den Raum durchqueren. Eines Tages wurde es ihr zuviel; scherzhaft und verdrießlich zugleich rief sie: »Ich bin's leid, ich steh' nicht mehr auf, warum kommt das dumme Ding nicht zu mir herüber!« Nun, der Papierkorb *kam*, kam angewackelt und gerutscht über die ganze Länge des Raumes! Irene Hughes war ebenso perplex wie ihre plötzlich sehr blaß gewordene Mitarbeiterin. Sie hat nie wieder den Zauberlehrling zu spielen versucht.

Wenn jeder Mensch einen Bioplasmakörper hat, müssen psychokinetische Fähigkeiten zumindest latent in uns allen vorhanden sein. Lassen sie sich heranbilden? Offenbar ja, wie jüngste Versuche am Moskauer Institut für Psychologie zeigen. Junge Frauen, die man als Medien auszubilden hofft, erhalten zunächst einen Kompaß und haben sich mehrere Stunden wöchentlich darauf zu konzentrieren, die Kompaßnadel zu bewegen. Dabei wird ihnen besonders eingeschärft, sich während der Konzentration möglichst in eine aufgeregte Gemütsverfassung zu bringen und sich vorzustellen, wie das Bioplasma aus ihren Fingern auf die Kompaßnadel zuströmt.

Sobald sich Erfolg einstellt, kommen schwerere Aufgaben an die Reihe: Bewegen eines Folienzylinders auf der Tischoberfläche, Bewegen von Büroklammern, Streichholzschachteln und anderen leichten Objekten. Die Ergebnisse sind nach Angaben des Versuchsleiters Victor Adamenko sehr ermutigend.

Willensgelenkte Psychokinese ist meist mit einer Beschleunigung der Körperprozesse und starker körperlicher und nervlicher

Konzentration verbunden, der später eine entsprechende Erschöpfung folgt. Bei der Kulagina wurden bis zu 240 Herzschläge pro Minute gemessen. Ihr EEG zeigt einen extrem hohen Spannungsabfall (50:1) zwischen Hinterkopf und Stirn (normal etwa 4:1). Am Ende besonders anstrengender Experimente versagt manchmal zeitweilig ihr Augenlicht, das Körpergewicht sinkt bis um 2 kg ab.

Es ist möglich, Erschöpfung und Gewichtsverlust bis zu einem gewissen Grade durch Abstrahlung von Bioplasma oder Ekto-

Abb. 11: Ted Serios produzierte dieses Bild ohne Vorlage *und konnte sich auch nicht erinnern, die beiden Türme schon irgendwo einmal gesehen zu haben. Erst Wochen später erfuhren er und Professor Eisenbud von europäischen Besuchern, daß es die Türme der Münchener Frauenkirche sind.*

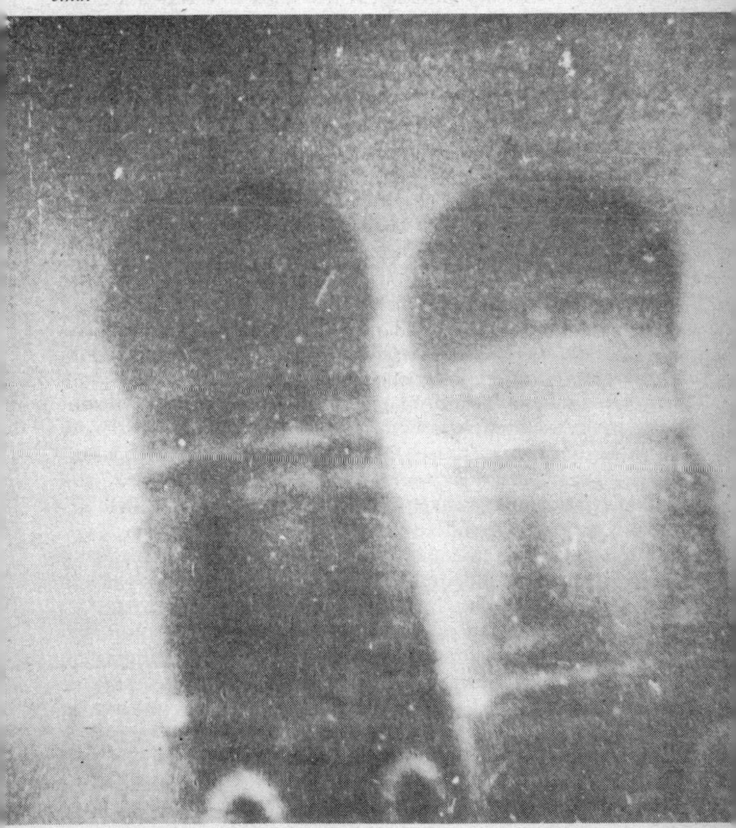

plasma zu erklären, obwohl der Beweis dafür noch aussteht. Kirlianaufnahmen zeigen jedenfalls längs der Körperoberfläche der Kulagina eine Ausdehnung und ein Pulsieren des Bioplasmas.

Die körperliche Anstrengung bei willensgebundener Psychokinese zeigt sich sehr augenfällig auch bei den sogenannten »Psychofotos« des Ted Serios. Das Medium, ein Chicagoer Gelegenheitsarbeiter, hatte an sich selbst die Fähigkeit entdeckt, Bilder, die er sich gedanklich eingeprägt hatte, durch reine Vorstellung und Konzentration auf Rollfilm oder Polaroidmaterial zu projizieren. Manchmal entstehen dabei nur bildähnliche Strukturen, manchmal aber auch klar erkennbare Bilder. Interessanterweise sind es nicht immer die Motive, die ihm vorher gezeigt worden sind.

Dr. Jule Eisenbud, Psychologe und Psychoanalytiker an der Universität Denver (Colorado), wurde 1964 auf »Ted« aufmerksam, den einige andere Wissenschaftler schon vorher mit Erfolg geprüft, dann aber als allzu »heißes Eisen« wieder fallengelassen hatten. Im Laufe von drei Jahren machte Eisenbud mit Ted Hunderte von Versuchen, zu denen rund 25 andere wissenschaftliche Zeugen geladen wurden. Das in seinem Buch »The World of Ted Serios« vorgelegte Beweismaterial gehört ohne Zweifel zum Sensationellsten, das die Parapsychologie in hundert Jahren zutage gefördert hat.

Ted, der in sehr einfachen Verhältnissen aufwuchs, zeichnet sich schon durch sein äußeres Verhalten als Original aus. Fluchend und schwitzend pflegt er sich im Studio des Versuchsleiters zunächst mit Bier und Whisky in »Schußstimmung« zu bringen. Dann stellt er sich, nachdem er das »Ziel« angekündigt hat, vor die Kamera, starrt auf die mit einer Abblendröhre[23] versehene Linse, und gibt ächzend das Auslösekommando.
Unter Teds alkoholgesättigtem Blick entstanden deutlich erkennbare, wenn auch teilweise »schiefe« oder verschwommene Bilder der Münchener Frauenkirche, des Eiffelturms, des Westminster-Abbey-Turms, eines Londoner Doppelstock-Omnibusses und zahlreicher anderer Motive, die er entweder selbst irgendwo gesehen hatte oder die andere Versuchsteilnehmer ihm – meist erst unmittelbar vor der Sitzung – im verschlossenen Umschlag vorlegten, so daß er von dem Motiv nur hellsichtig oder telepathisch Kenntnis haben konnte.

Meist erkannte Ted solche »verschlossenen« Bilder sofort und verkündete das richtige Ergebnis, hatte dann aber Schwierigkeiten, es auf den Film zu bringen. Entweder traf er ein anderes Ziel, das er vermutlich besser kannte, oder er komponierte es um wie ein Traumbild. So brachte er beispielsweise nach einem Motiv aus Rothenburg o. d. T. ein Bild zustande, das skizzenhaft verwaschene Züge eines mittelalterlichen Stadtbildes zeigte. Statt des Markusplatzes in Venedig (Ted bekam dieses Zielbild erst *nach* der Aufnahme zu Gesicht) entstanden »Windmühlen«. Jedoch: eine der Windmühlen zeigte charakteristisch übereinander stehende Fenster von der Art des *Campanile* auf dem Markusplatz!

Sehr typisch für die Gedankenbilder des Ted Serios ist, daß sie aus einem anderen Blickwinkel »geknipst« zu sein scheinen als ihre Vorlagen – teilweise aus einem unmöglichen Blickwinkel. Manchmal stehen sie auf dem Kopf.

In mindestens einem Fall ließ ein Serios-Bild auch eine Zeitaufhebung möglich erscheinen. Ein von Ted »produzierter« Flugzeug-Hangar der kanadischen Polizei war bereits 20 Jahre zuvor abgebrochen worden. Das Bild wurde durch Vergleich mit einer Archivaufnahme identifiziert.

Eine normal-physikalische Erklärung für das Entstehen dieser Bildeffekte gibt es nicht; wir müssen zu völlig neuartigen Deutungen Zuflucht nehmen. Prof. Anton Neuhäusler (München) hält es für möglich, daß bei Ted Serios eine Art Umkehrung des Sehvorganges im Spiele ist – das wahrgenommene oder vorgestellte Bild kommt aus dem Sehzentrum des Gehirns über den Sehnerv (wieder) zurück auf die Netzhaut des Auges und wird von dort in Form von Lichtimpulsen auf den Film geworfen.

Wir hielten diese Hypothese zunächst für zu anspruchsvoll. Es schien uns plausibler, daß Ted Serios die Bilder in seinem Gehirn in Bioplasma »einkleidet« und die so entstandene bildtragende Struktur mittels telekinetischer Energie in Richtung Kamera schickt, wobei sein Schwitzen, Fluchen und Stöhnen die damit verbundene Anstrengung für alle Anwesenden deutlich macht.

Seit Injuschins Versuchen scheint es nun aber doch, daß das Auge eine mitwirkende Rolle spielt; nicht als Lichtquelle freilich, sondern als Bioplasmasender. Injuschin ließ seine Versuchspersonen direkt (ohne Linse) auf eine von ihm besonders für »harte« Strahlung empfindlich gemachte Filmemulsion blicken und erhielt einige sehr klare Bilder. Der sowjetische Gelehrte ist überzeugt, daß dabei »eine sehr komplexe Polymerisations-Struktur mit informationstragender Organisation« durch das Auge vermittelt wird. Natürlich schließt das nicht aus, daß die Serios-Bilder zunächst in feinstofflichen Gehirnbereichen gebildet (und verfremdet!) werden.

Die Sowjets hatten übrigens die Veröffentlichungen über Ted Serios mit größtem Interesse verfolgt und auch mit der Kulagina ähnliche und erfolgreiche Versuche angestellt.

Wer uns bis hierher gefolgt ist, ohne das Buch kopfschüttelnd beiseite zu legen, wird, hoffen wir, auch zuhören, wenn wir den Kreis der Paraphysik noch ein wenig weiter ziehen, ja sogar die Auflösung der Materie mit einbeziehen.

Sehen wir uns einmal den »Fall Nicklheim« an. Im Hause eines Baggerführers in Nicklheim, einem nur wenige Kilometer von Rosenheim entfernten Dorf, traten Ende 1968 Phänomene auf, die

die der Rosenheimer Anwaltskanzlei vom Jahre zuvor noch übertrafen. Wie Prof. Hans Bender (Freiburg i. Br.) berichtet, flogen auch hier zahlreiche Gegenstände durch die Luft; Wäsche kam aus den Schubladen, Puppen wurden entkleidet in erotischen Positionen gefunden, Schuhe mit Wasser gefüllt, und »in den Hüten von Besuchern fanden sich plötzlich aufgeschlagene Eier«.

Es blieb jedoch nicht bei kinetischem Schabernack wie in Rosenheim; Steine und andere Gegenstände durchdrangen – jedem bekannten physikalischen Gesetz spottend – feste Mauern und Decken. Zwei Fläschchen mit Parfüm und Tabletten, die Rechtsanwalt Adam (er war als Zeuge mit einschlägiger Erfahrung nach Nicklheim geeilt) auf den Küchentisch gestellt hatte, erschienen kurz darauf in Dachhöhe außerhalb des Hauses und fielen von dort »nicht geradlinig, sondern im Zickzack« (Bender) zu Boden.

Wir haben es nun nicht mehr mit bloßer Telekinese zu tun. Wenn Steine und andere Gegenstände feste Mauern durchdringen, stehen wir vor einem neuen, noch viel erstaunlicheren Phänomen. Materie wird aufgelöst, durchdringt andere Materie und bildet sich neu!

Gegenstände, die auf diese Weise materialisiert werden (wobei nicht immer bekannt ist, woher sie kommen), nennt man »Apporte«. Uns liegen glaubwürdige Berichte über Apporte von Kristallen, seltenen Steinen und sogar Blumen aus jüngster Zeit vor. Sie wurden mit Hilfe von medial veranlagten Personen bewirkt, in einigen Fällen in Gegenwart wissenschaftlich qualifizierter Zeugen. Es liegt leider in der Natur der Sache, daß solche Medien fast stets nur im verborgenen wirken können; sie könnten sich sonst vor Neugierigen nicht retten.

Seinen Höhepunkt findet das Phänomen der De- und Rematerialisierung in jenen seltenen, teils bezeugten, teils legendären »Entrückungen«, bei denen Menschen sich plötzlich in nichts auflösten, um später außerhalb des Raumes oder an einem ganz anderen Ort wiedergefunden zu werden. Die Bibel nennt mehrere Beispiele, etwa den »durch die Lüfte gehobenen« Hesekiel, den nach Babylon getragenen Habakuk, die Männer im Feuerofen des Nebukadnezar oder die Errettung des Petrus aus dem festverschlossenen und bewachten Gefängnisverlies. Skeptiker mögen einwenden, es handle sich um fromme Legenden; es lassen sich jedoch ebensogut Beispiele aus der Neuzeit finden. Auch manche Schamanen scheinen es auf diesem Gebiet zu erstaunlichen Fähigkeiten zu bringen.

Wir behaupten nicht, daß die biblischen Entrückungen auf diese Weise geschehen *sind*. Es geht nur darum, daß sie im Extremfall so geschehen sein *könnten*.

Sehr anschaulich schildert der italienische Gelehrte Professor Ernesto Bozzano das Verschwinden des Marchese C. S. während einer spiritistischen Sitzung am 29. Juli 1928 auf Schloß Millesimo.

Der Marchese (selbst als Medium fungierend) hatte plötzlich gerufen: »Ich fühle meine Beine nicht mehr.« Als die anderen Teilnehmer sich um ihn kümmern wollten, war er bereits spurlos aus dem Sitzungszimmer verschwunden. Die Türen waren abgeschlossen, die Schlüssel steckten nach wie vor von innen im Schloß. Die anwesenden Professoren Castellani und Passini durchsuchten während der nächtlichen Stunde sämtliche Räume und sogar die Stallungen des Schlosses, ängstlich bemüht, bei den Dienstboten keinen Verdacht zu erwecken.

Um drei Uhr morgens schließlich fand man den Marchese auf einem Heuhaufen außerhalb der Schloßmauer in tiefem Schlaf. Um dorthin zu gelangen, mußte man vier verschlossene Türen passieren, betont Bozzano, der es für völlig ausgeschlossen hält, daß das Medium in irgendeiner Form betrügerisch oder im Schlafwandlerzustand gehandelt haben könnte. Bei der im Sitzungszimmer herrschenden Grabesstille hätte man jede Bewegung hören müssen; außerdem waren mehrere geschulte Wissenschaftler anwesend.

Man weckte den Marchese mit größter Behutsamkeit. Woran erinnerte er sich? »Irgend etwas senkte sich über mein Gehirn und mein Gesicht. Ich fühlte mich leicht, so leicht ... es war, als ob ich in eine Ohnmacht versinke. Dann weiß ich nichts mehr. Nichts.«

Der brasilianische Kaufmann Carlo Mirabelli (1889–1951), eines der vielseitigsten und erstaunlichsten Medien, die es jemals gegeben hat, verschwand auf ähnliche Weise aus einem Raum, in dem er *gefesselt* gerade von einer Gelehrtenkommission untersucht werden sollte. Man fand ihn in einem Nebenzimmer, noch in Trance, auf einem Sofa wieder. Die Plomben an den Fenstern und Türen des Sitzungsraumes waren unversehrt.

In einem anderen Fall wurde Mirabelli bei hellichtem Tage in Gegenwart mehrerer Zeugen von einem Bahnhof in Sao Paulo entrückt und zwei Minuten später in dem 90 km entfernten Sao Vicente gefunden. Am Rande sei vermerkt, daß Mirabelli während der Jahre seines Wirkens buchstäblich von hunderten wissenschaftlich gebildeten Personen beobachtet und geprüft wurde. Die meisten seiner Phänomene ereigneten sich bei Tageslicht.

Frisch apportierte Objekte – beispielsweise ein Stein, der in Nicklheim »von der Decke« fiel – fühlen sich oft ausgesprochen warm an; bei Metallen sind auch Schmelzeffekte bemerkbar. Um »apportiert« zu werden, oft durch Decken und Mauern hindurch, müssen die Gegenstände einen Auflösungs- und Regenerationsprozeß durchgemacht haben, der hohe Temperaturen erfordert. Ist so etwas denkbar? Die Antwort darauf ist, daß es zunächst einmal unbestreitbar geschieht; es ist unsere Sache, herauszufinden. *wie* es geschieht!

Einige Physiker wenden ein, daß für solche Prozesse wahrhaft titanische Energien erforderlich wären – etwa in der Größenordnung einer Wasserstoffbombe. Dies würde aber nur bei einer Zerstrahlung der Materie des zu dematerialisierenden Objekts zutreffen. Ganz anders würden die Dinge liegen, wenn der betreffende grobstoffliche Körper zunächst in eine fließfähige Form gebracht, das heißt in Gas oder Plasma verwandelt werden kann. Und wenn so etwas bei Steinen möglich ist, dann kann es zumindest im Grundsatz auch beim Menschen nicht ausgeschlossen sein.

Natürlich, der Mensch hat lebende Organe. Aber wir haben zugleich gesehen, daß der »wirkliche« Mensch wahrscheinlich vom Feinstoffkörper dargestellt wird. Wenn es gelänge, den Feinstoffkörper unversehrt an einen anderen Ort zu transportieren (zu entrücken) – die Exkursionen des Doppels beweisen wohl, daß das möglich ist –, dann wäre der Rest des Geschehens nicht mehr ganz so unvorstellbar. Der Feinstoffkörper würde am neuen Ort als eine Art Baugerüst dienen, um den sich die Körpersubstanz wieder zu ihrer ursprünglichen Form verdichtet. Dies geschieht möglicherweise mit unvorstellbarer Geschwindigkeit.

Wir wissen, daß solche Überlegungen sehr phantastisch anmuten; sie müssen es zwangsläufig, da auch die dahinterstehenden Tatsachen phantastisch sind! Wenn jemand eine bessere Hypothese vorbringt, sind wir gern bereit, die unsere zu revidieren. *Für* sie spricht, so meinen wir, nicht zuletzt, daß bei einer Ent- und Rematerialisierung in dieser Weise nur chemische Potentiale zu überwinden sind. Es sind also nur sehr geringe Energien erforderlich.

Woher diese Energien kommen, wer der »Regisseur« von solchen Apporten und Materialisationen ist, das alles muß einer gründlichen Forschung vorbehalten bleiben. Vielleicht wird man sich dann sogar daran erinnern, daß Schamanen die Kunst der De- und Rematerialisation gelegentlich auch bei paranormalen Heilungen anwenden, wenn sie durch die geschlossene Körperoberfläche ihrer Patienten offenbar in den Körper hineingreifen, um einen Krankheitsherd zu beseitigen. Augenzeugen berichten, daß manche dieser »Geistchirurgen« auch über die Fähigkeit verfügen, etwa eine Bauchdecke durch bloßen »Fingerschnitt« (Bewegung des Handrückens über dem Körper) zu öffnen und die Wunde nachher durch eine Handbewegung narbenlos wieder zu schließen.

»Geistchirurgische« Eingriffe dieser Art geschehen auf den Philippinen täglich. Wir wissen wohl, daß gegen den bekanntesten philippinischen Operateur, Tony Agpaoa (der viele Deutsche und Amerikaner behandelt hat), der Verdacht des Betruges geäußert worden ist, während andere, unter ihnen Ärzte, ihn nachdrücklich verteidigen.[24] Es gibt jedoch neben Agpaoa noch mindestens 35 andere Laienoperateure auf den philippinischen Inseln, die gleiche und ähnliche Methoden anwenden. Tatsächlich genügt ein einziger nachgewiesener »Fingerschnitt«, um das gesamte materialistisch-biologische Lehrgebäude ins Wanken zu bringen!

Ein uns persönlich bekannter Akademiker (Naturwissenschaftler), der von Agpaoa in Gegenwart eines Chirurgen eine Darmoperation an sich vornehmen ließ, stellte einen intensiven Geruch fest, wie er ohne die Offenlegung des Darmes schwerlich zu erwarten gewesen wäre. Agpaoa hantierte während des Eingriffs zwar am Darm, gab aber auf Befragen an, daß er eigentlich am Astralkörper (Feinstoffkörper oder Bioplasmakörper, gegebenenfalls an beiden) operiere, den er dazu vorübergehend materialisiere. Der materielle Körper folge den Änderungen des Astralleibes nach einigen Wochen oder Monaten.

Theoretisch sind solche Prozesse unmöglich, sie stellen unser gesamtes biologisches und medizinisches Wissen auf den Kopf. Aber auch hier geht Beobachtung vor Theorie. Das endgültige Urteil möge denen überlassen bleiben, die sich aufgrund des Film- und Bildmaterials über die philippinischen Heiler sowie zahlreicher, teilweise auch ärztlicher Zeugenberichte eine abgewogene Meinung über dieses sehr bemerkenswerte Phänomen bilden wollen und können.

Vielleicht werden wir uns bequemen müssen, anzuerkennen, daß eine aus den Fingern austretende Bioplasmastrahlung in gebündelter Form so stark sein kann, daß sie Gewebe – etwa einen Streifen der Bauchdecke – zeitweilig in eine fließfähige Form bringt, die sich somit öffnen läßt. Dieselbe Strahlung dient dann augenblicklich zum Herausschneiden von Gewebe, sei es nun grobstofflicher Art (auch solches wird von Agpaoa häufig entnommen) oder feinstofflicher Art. Wenn sich diese Vermutungen bestätigen, werden wir auch neue Ansatzpunkte bei der Suche nach der Kraft gewonnen haben, die Apporte und »Entrückungen« bewerkstelligt, und zugleich einen weiteren Beweis, daß der Feinstoffkörper unsere eigentliche Existenz bedingt.

Es genügt jedoch nicht, die anscheinend unglaublichen Fähigkeiten dieser »Geistoperateure« nur damit zu erklären, daß sie allesamt aus einem tiefen christlichen Glauben (und teilweise aus einer durch Gebet erzeugten Trance) handeln. Überzeugen lassen wird sich die skeptische westliche Medizin erst dann, wenn es gelungen ist, die Rolle der zu vermutenden Feinstrukturen in der Chemie der lebenden Substanzen aufzuhellen.

Und eben dieses *ist* – mit Hilfe der Kirlianfotografie – heute in greifbare Nähe gerückt.

Wir haben bereits eine ganze Reihe paraphysikalischer Effekte kennengelernt. Manche sind im Labor erzeugbar: das Tischrücken, die Lampenexperimente, die physische Beeinflussung des Pflanzenwuchses oder der Zerfallrate radioaktiver Substanzen und anderes mehr. Auch die Bewegung von Kompaßnadeln und anderen leichten Objekten oder die Gedankenfotos des Ted Serios lassen sich innerhalb gewisser Grenzen noch mit dem Willen gestalten. Wieder andere Phänomene treten nur spontan auf.

Es wäre unaufrichtig und unwissenschaftlich, wollten wir die Fülle dieser Dinge weiterhin als Kuriosa behandeln, um einer ernsthaften Auseinandersetzung mit ihnen aus dem Wege zu gehen. Natürlich gehören sie einer anderen Ordnung der Dinge an. Aber dann ist nicht an dieser Ordnung etwas falsch, sondern an unserem gegenwärtigen physikalischen Weltbild. Wir müssen uns eingestehen, daß es nicht alle Kräfte kennt.

Die großen Physiker unseres Jahrhunderts, Männer wie Planck, Heisenberg, Eddington, James Jeans haben die Begrenztheit dieses Bildes sehr früh erkannt und ausgesprochen. Bald sah sich die Physik gezwungen, über die sichtbare Welt hinauszutasten und sogar scheinbar sich widersprechende Modellvorstellungen wie zum Beispiel das Wellen- und das Teilchenmodell der Materie nebeneinander her bestehen zu lassen. Das zunehmende Interesse der Physiker an der Parapsychologie fällt heute in eine Zeit, in der man sich nicht mehr vor kühnen Hypothesen über das Wesen von Materie und Kosmos scheut.

Tatsächlich wachsen die Psi-Hypothesen wie Früchte auf den Bäumen. Haben wir es mit Gravitations- und Antigravitationsfeldern zu tun, die sich zur außersinnlichen Informationsübertragung modulieren, oder mit anderen masselosen Energieteilchen, die irgendwie mit unseren Gehirnnerven in Wechselbeziehung treten? Hat der amerikanische Mediziner und Parapsychologe Dr. Andrija Puharich recht, wenn er Protonen als Träger sämtlicher Informationsströme im Kosmos vermutet? Müssen wir nach quantenphysikalischen Gesetzmäßigkeiten suchen? Ist es »sicherer«, mit den Sowjets an eine mehr materialistisch orientierte »Bio-Energie« zu denken? Auch die Sowjets geben freilich zu, daß es sich um eine neue Energieform handeln muß, die der elektromagnetischen ähnlich, aber dennoch von ihr verschieden ist.

Das Jonglieren mit diesen Hypothesen erlaubt uns faszinierende, atemberaubende Seiltänze zwischen noch wenig erforschten Grenzbereichen der Neurophysiologie, der Biochemie, Biophysik und Quantenphysik. Zuletzt aber müssen wir mit Eisenbud zugeben: »Das Problem bleibt, wie der Geist auch nur ein einziges kleines Molekül bewegen kann. Erklärt das, und der Rest ist leicht.«

Immerhin können wir soviel sagen: Die bereits vorhandenen Experimental- und Erfahrungsbeweise für den Feinstoffkörper und den Bioplasmakörper machen es logisch, auf das Vorhandensein von Feinstoff-Feldern zu schließen. Mit ihnen wäre zumindest ein fester Sockel geschaffen, der von allen akzeptiert werden kann. Wir würden uns nicht scheuen, von einem »Feinstoffäther« zu sprechen, solange darin nicht eine wörtliche Rückkehr zum

Ätherbegriff des 19. Jahrhunderts gesehen wird. Dieser universale Äther verdichtet sich im gegebenen Fall mit Hilfe von körpergebundenem Bioplasma zu »persönlichen« Feinstoffeldern, die wir auch Psi-Felder nennen können und die dann von Willen und Gefühl beeinflußbar sind. Der Aufbau von telekinetisch wirksamen Psi-Feldern kann Zeit erfordern – bei der Kulagina eine halbe Stunde, bei »Poltergeist-Medien« Tage und mehr.

Uns erscheint das universale Feinstoffeld als eine Denknotwendigkeit; genau wie die Begriffe Atom und Kontinuum im Grunde genommen Denknotwendigkeiten waren und sind. Ob es nichtmateriellen oder quasi-materiellen Charakter hat, muß der künftigen Forschung überlassen bleiben. Es ist wahrscheinlich kein Zufall, daß ASW-Phänomene (Telepathie, Hellsehen, Präkognition) ebenso wie manche Erscheinungen des Mediumismus eine für normale Materiebegriffe überaus hohe Signalgeschwindigkeit erkennen lassen. Dies ist genau das, was der Physiker in einer Feinstoffwelt erwarten würde.

Man kann auch von einem »psychischen Kontinuum« sprechen und genau das gleiche meinen. Der Ausdruck Kontinuum erinnert uns in Anlehnung an andere Postulate der theoretischen Physik daran, daß die innerhalb dieses universalen Feldes ablaufenden Vorgänge nicht normalen Zeitbegriffen unterliegen. Physiker, die sich mit dieser sehr schwierigen Thematik befassen, gehen heute zum Teil bereits über das Einstein-Minkowskische Modell eines vierdimensionalen Raum-Zeit-Kontinuums (wobei die Zeit als vierte Dimension erscheint) hinaus und denken an eine fünfdimensionale Welt.

Informationen aus der feinstofflichen Überdimension gelangen vermutlich ungehindert an unser eigenes inneres Bewußtsein und von dort – im Ausnahmefall – über das Bioplasma an die Neuronen unserer Gehirnrinde. Im Regelfall wird das durch eine irgendwie wirksame biologische Sperre verhindert. Bei Mentalmedien ist diese Schranke niedrig; wir anderen überwinden sie nur im Traum und im gelegentlichen Aufblitzen der Intuition.

11. Kapitel: Am Anfang war das Wort

Die Seele der weißen Ameise – Psychische Blaupausen – Selbstheilung durch Geistheilung – Es geht nichts verloren – Die Zeitmaschine – Tonschwingungen aus der Vergangenheit

Der Lachs wird im Süßwasser geboren. Aus dem See oder Teich, in dem seine »Wiege« stand, findet der Jungfisch im Herbst seinen Weg zum Meer, das er bis zu Entfernungen von 6000 km durchquert. Nach fünf Jahren kehrt er auf dem gleichen Wege, den gleichen Fluß und Bach hinauf, an seinen Geburtsort zurück, paart sich dort, legt und befruchtet die neue Brut und stirbt wenige Tage später.

Woher »weiß« der Lachs, daß er sich so und nicht anders zu verhalten hat? In moderner wissenschaftlicher Sprache ausgedrückt, muß er eine *Programmierung* in sich tragen. Wahrscheinlich schon bei der Befruchtung oder Reifung des winzigen Eies werden Informationen über Zeitabläufe, Verhaltensweisen und überaus komplizierte geographische Ortungsdaten eingegeben, die – auf menschliche Größenordnungen übertragen – der Programmtechnik des Raumfahrtzeitalters ebenbürtig sind.

Woraus diese Programmierung besteht und wie sie wirkt, ist eines der tiefsten, noch ungelösten Rätsel der Natur.

Es gibt ganze Tierstaaten, die auf ähnliche Weise einem »Kommando« gehorchen, das anders ist und zugleich weiter geht als das Beispiel des Leittieres bei den höher entwickelten Arten. Die Königin eines Bienen- oder Ameisenstaates beispielsweise ist kein »Leittier«. Viele ihrer Untertanen bekommen sie vermutlich nie zu sehen. Und dennoch hängt alles von ihr ab.

Der südafrikanische Naturforscher Eugène E. Marais, der ein Leben lang die Termiten seiner Heimat studierte, schildert in seinem Buch »Die Seele der weißen Ameise« den Termitenhügel als ein Gemeinwesen. Königin, König, Soldaten und Arbeiterinnen »wissen« auf das genaueste, was sie zu tun haben, und führen ihre voneinander sehr verschiedenartigen Arbeiten so exakt durch, als seien sie alle von einem einzigen steuernden Gehirn abhängig.

Die Perfektion dieses Gemeinwesens wird auch nicht davon beeinträchtigt, daß sich die Arbeitswege der Termiten hundert Meter im Umkreis um den Stock erstrecken, während die

Königin, das Gehirn, eingemauert tief unter der Erdoberfläche sitzt.

Tötet oder betäubt man jedoch die Königin, so fällt der Termitenstaat bestürzend schnell auseinander. Chaos bricht aus; die Tiere irren ziellos umher, verhungern oder schließen sich anderen Termitenstämmen an.

Ein Signal, ein »Etwas«, das von der Königin ausging und mit ihr verbunden war, hat aufgehört. Auch eine Termitenkönigin besitzt aber natürlich kein Großhirn. Wir können uns dieses Etwas darum nur als ein feinstgegliedertes »vernunfttragendes« Kraftfeld vorstellen.

Wie im Falle des Lachses müssen wir wieder fragen: Wo kommt dieses »extrazerebrale« (außergehirnliche) Vernunftwissen her? Mit dem Wort Instinkt, selbst wenn es noch angemessen wäre, ist überhaupt nichts erklärt. Um dem Rätsel wenigstens näherzukommen, müssen wir ein geistiges Modell, ein *Urbild* des lebenden Termitenstaates vermuten, das in der Königin gewissermaßen verankert wird und von ihr aus – ohne Gehirn, ohne Nervensystem – alle Teile des Staates lenkt.

Wie das geschieht, ist wiederum ein unerforschtes Geheimnis. Wir können nur vermuten, daß das Modell und sein unerhört vielgliedriges Kommunikationssystem nicht nur physischen, sondern womöglich in der Hauptsache feinstofflichen Charakters sind.

Aber es handelt sich ja gar nicht um ein feststehendes Einzelbild! Man muß fragen, ob man nicht gleich von einem »Urfilm« sprechen sollte, nach dem das Leben dieser Geschöpfe abläuft. Im Termitenstaat reicht dieser Urfilm von der Geburt der Königin und ihrer Hochzeit bis zum Ausbau des Staates in allen Einzelheiten; beim Lachs reicht er vom Ausschlüpfen über die Fünfjahresreise in einen anderen Teil des Weltozeans bis zur Rückkehr an den Ursprungsort.

Um seine Thesen zu prüfen, fing Eugène Marais ein zum Ausflug bereites junges Termiten-Prinzenpaar und nahm ihm die Flügel ab (die nur lose in Scharnieren sitzen). Es kam nicht zum Hochzeitsflug. Das Paar irrte vielmehr sinnlos umher und verhungerte schließlich.

In einem zweiten Versuch ließ Marais das Prinzenpaar einige Meter weit ausfliegen, fing es dann aber mit einem Netz wieder ein und nahm ihm die Flügel ab. Dennoch begattete sich dieses Paar, baute ein Nest und brachte Nachkommen in die Welt: ein neuer Termitenstaat entstand.

Der Flug von nur wenigen Metern genügte also, um den »Urfilm« weiterlaufen zu lassen. Marais wurde klar, daß er beim ersten Versuch selbstherrlich ein Stück dieses Films herausgeschnitten hatte, mit dem Erfolg, daß das Prinzenpaar das Wissen um seinen Sinn verlor.

Wir können sagen, daß der Termitenstaat einen Körper hat, der von einer programmierenden Seele gelenkt wird. Solange wir nicht wissen, wie wir diese Seele einordnen sollen, ist unser Naturbild unvollständig.

»Die materielle Erscheinungsform des Termitenstaates«, folgert der deutsche Arzt Dr. Josef Gemassmer aus den Forschungen des südafrikanischen Gelehrten, »und sein Energieleib, seine Seele, sind zwar eng miteinander verbunden, gehören jedoch verschiedenen Sphären an ... Wir sehen eine Ursphäre, die Sphäre der Schöpfungsworte, und eine Erdsphäre, die Sphäre ihrer irdischen Realisation.« Gemassmer erinnert daran, daß die vitale Kraft des Gruppenwesens erhalten bleibt, auch wenn viele Termiten von Feinden gefressen werden mögen. »Wenn aber die Ursphäre gestört wird, dann hört die Lebenskraft auf.«

»Im Anfang war das Wort«, heißt es in der Bibel. Wenn dieser Satz – sei es praktisch, sei es symbolisch – überhaupt noch einen Aussagewert für uns haben kann, dann sicherlich diesen: Im Anfang sprach Gott die Schöpfungsworte, schuf die Urbilder, die Urprogramme, nach denen sich alles vollziehen werde.

Man sollte meinen, daß für eine an der modernen Kybernetik ausgerichtete Wissenschaft die Vorstellung von einer über das rein Physische hinausgehenden geistigen Imprägnierung durchaus logisch ist. Einige sehr bedeutende Gelehrte akzeptieren dies auch. So hat der britische Biologe Sir Alistair Hardy überzeugend dargelegt, daß der psychische Kollektiv-Urgrund einer jeden Spezies an deren Evolution wesentlichen Anteil hat. Das kollektive Unbewußte enthält Urbilder (Hardy spricht von »psychischen Blaupausen«) für alle Dinge, die im Werden sind.

Mit anderen Worten: Nicht allein die materiellen Lebensumstände, die Feinde, die Nahrung eines Tieres bestimmen die Selektion für die Fortentwicklung der Spezies, auch sein Verhalten prägt sich ein oder ist vorgegeben und gibt in der Folge der Generationen solchen Varianten den Vorzug, die dieser Verhaltensweise besser entsprechen[25]. Das »Verhalten« ist aber bereits ein psychischer Faktor!

Professor Hardy hat damit die Darwinsche Evolutionslehre durch eine psychische oder parabiologische Komponente erweitert und steht dadurch in einem wichtigen Punkt abseits von der Auffassung des heutigen biologischen Establishments.

Als Cleve Backster bei seinen New Yorker Laborversuchen festgestellt hatte, daß eine Pflanze auch auf das Schlagen eines rohen Eies reagierte, wurde er neugierig, was wohl geschehen würde, wenn er den Polygraphen direkt an ein frisches Ei anschloß. Der Versuch brachte ein überraschendes Resultat: Der Blattschreiber hatte genau die »Herzschläge« (170 in der Minute) registriert, die von einem teilweise ausgebrüteten Embryo zu erwarten gewesen wären. Es handelte sich jedoch um ein befruchtetes, aber völlig frisches, ungebrütetes Ei. Eine genaue Untersuchung ergab keinerlei Anzeichen für das Vorhandensein eines auch nur rudimentären Kreislaufsystems.

Backster stellt die Frage, ob es nicht eine »Blaupause«, ein Energiefeld, gibt, um dessen nicht materielles »Muster« sich erst später die organische Struktur formt. Experimentelle Beobachtung hatte ihn zur gleichen Überlegung geführt wie Professor Hardy.

Wenn feinstoffliche oder seelische Einflüsse bei dem, was wir schlechthin Leben nennen, einen Nullwert hätten, dann könnten sie schwerlich einen so ungeheuren Einfluß auf die Konstitution und Gesundheit des Menschen haben, wie dies tatsächlich der Fall ist. Jeder erfahrene Arzt weiß um die mannigfachen psychosomatischen Komponenten, die bei den Erkrankungen seiner Patienten mitspielen können. Man kann bei dem Versuch, das »Leben« zu definieren, nicht einfach über diese Dinge hinweggehen. Die Ausflucht, von »Suggestion« zu sprechen und dann schnell das Thema zu wechseln, lassen wir nicht gelten. Hier geht es um Grundsätzliches.

Schon Goethe sprach von der »Entelechie«, dem innewohnenden Gestaltungsprinzip, das allen Naturprozessen zugrunde liege. Später nannte der deutsche Naturphilosoph Freiherr Dr. Karl du Prel (1839–1899) die Seele »das organisierende Prinzip des Körpers«. Kein kluger Arzt wird dem widersprechen. Im Mittelpunkt jedes ärztlichen Bemühens steht die Herstellung der Bedingungen für den Heilungs- und Gesundungsprozeß. Die Natur heilt sich dann selber.

Nirgends wird dieses Phänomen so auffällig sichtbar wie bei jenen nichtärztlichen Heilern, denen es allein durch die Aktivierung dieser geistig-seelischen Kräfte offenbar gelingt, auch schwere organische Gebrechen zu heilen oder zu bessern. Wir wollen nur ein Beispiel herausgreifen: die von dem derzeit wohl bekanntesten und erfolgreichsten deutschen Geistheiler, Günther Schwarz in Krün/Obb. (der auch unter dem Namen JOHN wirkt), eingeführte Methode der geistigen Selbstheilung.

Schwarz greift grundsätzlich niemals in eine medizinische Behandlung ein. Viele, die bei ihm Hilfe suchen, sind jedoch jahrelang in medizinischer Behandlung gewesen und können auf medizinischem Wege keine Heilung oder Besserung mehr erhoffen. Rund 80 Prozent der Heilungssuchenden geben an, daß ihnen kein Arzt mehr helfen könne. Auch von ihnen will Schwarz nicht wissen, was ihnen fehlt. Er gibt ihnen vielmehr auf, nicht mehr an ihre Krankheit zu denken und sich selbst bzw. das erkrankte Organ *als völlig gesund zu sehen.*

»Ich fordere den Patienten auf, ungeachtet noch vorhandener Schmerzen und Behinderungen Gott dafür zu danken, daß alles gut ist«, erklärt Schwarz. »Er öffnet damit eine geistige Tür, durch die die Heilungskraft zu ihm kommen kann, er wendet ein geistiges Gesetz an, das lautet: Was du denkst, das bist du! Er schaltet – auch das ist Voraussetzung – mit diesem Danken, wenn es vom Herzen kommt, zugleich auch alle etwa vorhandenen Sorgen, Ängste und Disharmonien aus.«

Das Danken für etwas, bevor man es erhalten habe, sei dasselbe, sagt Schwarz, als wenn man am Bankschalter eine Quittung unterschreibe, *bevor* man das abzuhebende Geld ausgehändigt bekommt. »Die Unterschrift – im Falle des Kranken der Dank – setzt den Erfüllungsprozeß in Gang.«

Die Medizin neigt dazu, die Geistheilungsmethoden als Suggestion, Autosuggestion oder bestenfalls als eine Form der Psychotherapie zu bezeichnen. Dies mögen sie zum Teil auch sein. Nach den eigenen Maßstäben der Medizin können Erfolge mit diesen Methoden aber nur bei funktionellen, vornehmlich nervös oder seelisch bedingten Erkrankungen, niemals aber bei eindeutig organischen Befunden erwartet werden.

Nach den eigenen Aussagen vieler Schwarz-Patienten sind mit seiner Methode jedoch schwere und schwerste Leiden, die in ärztlicher Behandlung nicht mehr gebessert werden konnten, geheilt oder gebessert worden. Darunter befanden sich Leukämie (Heilung 29 Prozent, Besserungen 50 Prozent), Diabetes, Gallenleiden, Blindheit, Trigeminusneuralgie (eine relativ häufige Ursache von Selbstmorden). Der ärztlichen Nachprüfung dieser Berichte steht nichts im Wege.[26]

Die Patientenberichte zeigen viele Übereinstimmungen mit anderen Fällen von spontaner Heilung, die unter ganz anderen, aber dennoch stets vom Glauben des Patienten mitgetragenen Umständen erfolgten. Auffallend häufig ist der Heilungsvorgang mit einem plötzlich stark ansteigenden Schmerz oder einem Gefühl der Hitzeentwicklung in dem erkrankten Organ verbunden. Nicht wenige Spontanheilungen setzen ein, wenn sich die Kranken in einem Zustand der Ergriffenheit befinden; doch braucht es durchaus nicht – wie etwa in Lourdes oder anderen Wallfahrtsorten – ein direkt auf die Krankheit bezogener Erwartungszustand zu sein.

Was geschieht bei diesen Heilungen?

Niemand an offizieller Stelle scheint sich dafür zu interessieren, obwohl es kaum ein wichtigeres und aufschlußreicheres Studienobjekt zum Verstehen des »wirklichen« Menschen geben könnte.

Zu den wenigen Medizinern, die sich gründlich mit der Geistheilung befaßt haben, gehört die englische Ärztin Dr. Joan Fitzherbert. Ihre interessante Hypothese lehnt sich an die aus der Nuklearphysik bekannte »Paarbildung« an: Ein Photon verwandelt sich beim Durchqueren eines starken elektrischen Feldes in je ein Elektron und ein Positron.

Mit anderen Worten, es entsteht Materie aus körperloser (Licht-)

Energie. In ähnlicher Form könnte unsere geistige Energie beim Durchlaufen eines anderen mentalen Feldes zu telekinetischen Wirkungen führen.

Dr. Fitzherbert zieht die hypnotische oder suggestive Heilung etwa von gewissen Hauterkrankungen zur Stützung ihrer Hypothese heran. Der Patient trägt nach Empfang der Suggestion das Bild der *heilen* Körperstelle »in sich« und läßt durch seinen unbewußten Willen eine telekinetische Kraft auf die Zellen wirken, die ihnen »befiehlt«, ihre ursprüngliche Ordnung wieder einzunehmen.

Entsprechendes könnte nach Meinung der Ärztin bei den höheren Formen der geistigen Spontanheilung geschehen; wir vermuten, daß jedenfalls die von Günther Schwarz propagierte Heilweise in solchen Bahnen verläuft. Er selbst würde allerdings hinzufügen, daß die so im Patienten wachgerufene telekinetische Selbstheilungskraft nur als ein anziehender »Gegenpol« für die viel stärkere kosmische oder göttliche Kraft diene. Diese Kraft könne wahrhaftige Wunder wirken, wenn sie richtig angesprochen, das heißt, wenn sie in die Gegenwart gesetzt wird.

Um bei einem von Dr. Fitzherbert gewählten Vergleich zu bleiben – es ist wie die Entstehung eines Blitzes, bei dem eine relativ geringe Entladung in der Wolkenmasse den Pfad vorzeichnet, auf dem dann mit Donnerbegleitung eine viel größere Entladung von der Erde aus ihren Weg nimmt. So wirkt hochgradig spontane Geistheilung, doch natürlich ist der Verlauf längst nicht immer so dramatisch.

Es kommt aber nicht einmal so sehr auf die Deutungsversuche an, es geht vielmehr darum, daß diese Heilungen ganz offenkundig *geschehen*. Sie gehören zu den eindrucksvollen Erfahrungstatsachen, die das Hineinragen einer feinstofflichen, geistbezogenen Welt in unser Dasein deutlich werden lassen. Wir sollten fortan niemandem mehr erlauben, uns das Bild des Menschen erklären zu wollen und über diese Fakten hinwegzuschlittern.

Wir sprachen von geistigen Urbildern, die in die lebende Natur hineinprogrammiert sind. Könnte man nicht ebenso auch vermuten, daß die Geschehnisse im Zeitenablauf »irgendwo« auf ähnliche Weise ihre Spur hinterlassen – vielleicht als eine Art Matrize im Feinstoffäther?

Wir sind uns sehr wohl bewußt, daß diese Fragestellung an okkulte Bereiche rührt. »Es geht nichts verloren«, lautet ein esoterischer Glaubenssatz, und die »Akascha-Chronik« der altindischen Weisheitslehren spielt die Rolle des kosmischen Hauptbuches, in das das Geschehen auf Erden durch die Zeitenläufte eingetragen wird.

Es ist ein Bild, das uns bei oberflächlicher Betrachtung vorkommen mag wie die altväterliche Vorstellung vom würdevoll auf seinem Thron sitzenden weißbärtigen Gottvater, dessen Engel mit goldenen Federn Gutes und Böses ins große Buch eintragen.

Und doch gibt es einen empirischen Anhaltspunkt dafür, daß die Vergangenheit festgehalten wird. Wiederum ist es die Parapsychologie, die uns den Weg dazu weist – dieses Mal durch die sogenannte Psychometrie.

Psychometrie ist eine besondere Form des Hellsehens, bei der der Sensitive durch den Kontakt mit einem *Gegenstand* zu außersinnlicher Wahrnehmung von Bildern und Informationen geführt wird, die zu diesem Gegenstand in einer Beziehung standen oder stehen. Im Normalfall handelt es sich meist um ein Handschriftmuster oder ein Besitzstück, das der oder die Betreffende – sagen wir, eine vermißte Person – am Körper getragen hat. Die Möglichkeiten der Psychometrie gehen aber sehr viel weiter und schließen Informationen ein, die vor Jahrhunderten und Jahrtausenden »eingeprägt« worden sein müssen. Testbedingungen, bei denen weder der Sensitive noch der Experimentator selbst etwas über den zu psychometrierenden Gegenstand wissen – so daß Telepathie als Quelle der Informationen ausscheidet –, lassen sich verhältnismäßig leicht herstellen.

Einer der Pioniere der Psychometrieforschung war der englische Geologe und Paläontologe Prof. William Denton, der das Glück hatte, unter anderem in seiner eigenen Schwester Anne ein hoch begabtes Medium zur Hand zu haben. Bei den Experimenten mit ihr und anderen Sensitiven wurde stets streng darauf geachtet, daß das Medium nicht wußte, welchen Gegenstand es in die Hand nahm. Die Objekte – Gesteinsproben und Fossilien aus der Sammlung des Professors, zugleich aber auch kleine Gegenstände aus den Königsgräbern von Theben, vom Ölberg bei Jerusalem, Fundstücke aus dem alten Rom, Marmor vom Libanon, Knochenreste und vieles andere mehr – waren sorgfältig eingewickelt in einer Kiste verstaut und mußten »blind« herausgenommen werden. Trotzdem waren alle Beschreibungen zutreffend.

Wir zitieren aus einer Schrift von Generalmajor a. D. Josef Peter, die sich auf den Originalbericht von Prof. Denton stützt:

»Der Gelehrte verwendete Mineralien, Fossilien, archäologische Überreste und dergleichen und fand zu seiner großen Freude, daß sie alle von ihrer Geschichte sprachen. Wie in Panoramen zogen Bilder und Szenen vorüber, oft mit Blitzesschnelle, oftmals aber so langsam und klar, daß das Medium sie so deutlich sehen und beschreiben konnte, wie Bilder der Gegenwart. Daher spielten Zeit und Raum keine Rolle. Die Medien schauten Episoden aus jenen Zeiten, da der Mensch noch nicht auf der Erde erschienen war, sie sahen die Ungeheuer der vorsintflutlichen Perioden sich am Strande eines unermeßlichen Ozeans tummeln; sie sahen die Menschen in Gesellschaft des Höhlenbären, sie erblickten die Erbauer der Pyramiden und schauten in das Leben und Treiben längst vergangener Reiche; sie waren entsetzte Beobachter der furchtbaren Katastrophen von Herculanum und Pompeji; ja, mehr noch, sie sahen, wenn auch nur im Flug des Blitzes, die Formationen fremder Welten aus den Meteoriten.«

»Es ist begreiflich, daß mancher, der das liest, an Visionen einer ausschweifenden Phantasie glaubt ... Dennoch ist es Wahrheit ... die Versuche Dr. Dentons sind einwandfrei ... Selbstverständlich sind die Resultate bei den Medien nicht schon bei den ersten Versuchen erreicht worden. Auch die Kraft des Psychometers wächst durch Übung.«

Manchmal zogen die erschauten Bilder in rasender Eile vorüber, so daß die Medien nur einige Grundzüge des »Films« erfassen konnten. Anne Denton lernte aber im Laufe der Zeit, diesen Film durch Willenskraft zu verlangsamen oder anzuhalten. In anderen Fällen standen die Bilder von Anfang bis Ende still.

»Dann kommen Fälle«, ergänzt General Peter, »in welchen der Psychometer nicht mehr richtiger Beobachter ist. Die Schwerkraft hat ihre Macht über ihn verloren ... und er findet sich selbst als Bewohner des Raumes wieder, nicht mehr als Wanderer auf dieser Erde. In seiner Umgebung sind Welten, und losgelöst von Erde und Himmel bewegt er sich mit einer Geschwindigkeit, die des Sturmes spottet ...«

Es kann niemals ausgeschlossen werden, daß die Phantasie des Mediums bei der psychometrischen Schau ausschmückend mitwirkt. Denton war sich dieser Gefahr vollkommen bewußt, glaubte aber die Erfahrung gewonnen zu haben, daß ein wirklicher Seher Weizen und Spreu sehr wohl zu trennen imstande ist.

Nils-Olof Jacobson verzeichnet folgende aufschlußreiche Aussage eines Psychometrie-Mediums: »... manchmal ist es, wie wenn man eine Grammophonplatte spielt ... Man hört mit einem Bewußtsein zu, außerhalb des gewöhnlichen Bewußtseins, und die Hand, die den Gegenstand hält, wirkt wie ein Tonabnehmer. In dem Gegenstand ist etwas aufgezeichnet ... eine Kakophonie kann einem entgegentönen. Doch in der Kakophonie kann plötzlich ein stärkeres Motiv sich den Weg zum Gehirn bahnen ...«

Der Vergleich mit einer Schallplatte ist sehr anschaulich, er braucht aber nicht notwendigerweise so verstanden zu werden, daß die Information in den Gegenstand »eingeritzt« wird. Bei eigenen, teilweise sehr erfolgreichen psychometrischen Experimenten hatten wir niemals den Eindruck, daß der vom Medium in der Hand gehaltene Gegenstand als solcher alle geschilderten Einzelheiten gespeichert hatte – es hätten dann ja ganze »Filme« in das Urgestein geprägt werden müssen. Vielmehr scheint es, daß das psychometrische Objekt nur den Konnex zu einer dem Unbewußten des Mediums zugänglichen Sphäre herstellt. Woraus diese Sphäre besteht, ist unbekannt; doch da sie nicht materiell ist, kann sie nur feinstofflich sein.

Es fällt auch auf, daß manche der gesehenen Bilder dreidimensional »miterlebt« werden, in ganz ähnlicher Weise also wie jene Szenen aus der persönlichen Vergangenheit, die ein Mensch bei Elektro-Stimulation bestimmter Gehirnteile oder unter Rauschdrogeneinfluß nochmals »durchlebt«. Wir hatten bereits bei *jenen* »Filmen« angenommen, daß sie aus dem feinstofflichen Gehirn stammen.

Natürlich hat die moderne Parapsychologie die statistisch-quantitative Auswertungsmethode auch auf dieses Gebiet angewandt. Dr. John Hettinger (London) veröffentlichte 1940 als erster einen ausführlichen Bericht über Psychometrie-Serienexperimente, bei denen er mehr als 6600 mediale Aussagen analysierte. Wann immer das »Fühlobjekt« einer lebenden Person gehört, muß (durch das Objekt vermittelte) Telepathie als einfachste Erklärung angenommen werden. Werden dagegen geschichtliche Szenen erfühlt, dann ist die Feinstoffhypothese sehr viel befriedigender.

Werfen wir rasch einen Blick auf die phantastischen Möglichkeiten, die eine Nutzbarmachung psychometrischer Kräfte eröffnen würde. Wenn wir davon ausgehen, daß alles vergangene Geschehen im Feinstofflichen erhalten bleibt, dürfte es grundsätzlich nicht unmöglich sein, diese Bilder oder Filme festzuhalten und sichtbar zu machen. Außerdem kann man durch Analogieschluß wahrscheinlich davon ausgehen, daß mit starken Emotionen verknüpfte Epochen oder Geschehnisse sich sehr viel stärker eingeprägt haben als Gleichgültiges. Eine darauf gründende Forschung würde versuchen, emotionsgeladene Situationen der Vergangenheit von verschiedenen Seiten psychometrisch auszuloten. Im Idealfall müßte ein Medium gefunden werden, das das Gesehene dann durch »Gedankenfotografie« à la Ted Serios festhalten kann.

Solche Vorstellungen klingen nach Science-fiction. Aber tatsächlich befassen sich einige Wissenschaftler in Italien und den USA heute mit einem Projekt, das das gleiche Ziel anstrebt, wenn auch mit anderen Mitteln. Es wäre die Verwirklichung jenes utopischen Apparats der »Zeitmaschine«, die man auf jede Epoche der Vergangenheit einstellen kann, um sie wieder hervorzuzaubern ...

Die in Italien von einem Benediktinerpater und Musikwissenschaftler geleiteten Studien fußen nicht auf der Psychometrie, sie gehen vielmehr davon aus, daß die Licht- und Tonelemente des vergangenen Geschehens nach dem Gesetz der Energieerhaltung nicht verloren sein können, das heißt allenfalls umgewandelt sind. Sie müßten in dieser umgewandelten Form der anorganischen Materie eingeprägt sein, die – wann auch immer – Zeuge des jeweiligen Geschehens gewesen ist.

Das Wiederhervorholen solcher Bild- und Tonelemente wäre im Prinzip von der Psychometrie kaum verschieden. Bei der Psychometrie stellt das Objekt aber offenbar die Verbindung zu einer »Zielperson« oder zum Feinstofflichen her[27], während die mit der Chronovision – so lautet der für das gesuchte Verfahren bereits gefundene Fachausdruck – befaßten Wissenschaftler und Techniker an einen elektronischen Abtastprozeß denken, der unter anderem auch die erwiesene Tatsache berücksichtigt, daß sich Ton in Licht verwandeln kann und umgekehrt. Ob ein derart himmelstürmendes Unterfangen ohne Zuhilfenahme feinstofflicher Prozesse jemals gelingen kann, wird sich erst noch erweisen müssen.

Der Benediktinerpater und Musikprofessor hat angeblich bereits Tonschwingungen aus der Vergangenheit rekonstruieren können. Seit eine italienische Zeitung 1972 einen reißerisch aufgemachten Bericht über seine Forschungen veröffentlichte, dem auch noch ein angebliches Chronovisions-Bild des gekreuzigten Christus beigefügt war, haben sich die Beteiligten leider – aber verständlicherweise – hinter einer Mauer des Schweigens verschanzt.

»Die physikalischen Grundlagen und die Tatsachen existieren«, schreibt Professor Don Luigi Borello in der angesehenen Zeitschrift »Metapsichica«, »die Anwendungstechnik ist fortgeschritten, aber die Vereinigung der gewonnenen Daten ... und die mögliche Schlußphase fehlen noch.«

Vielleicht ist das ganz gut so, denn der Pater fürchtet, daß man mit seinem Gerät auch die »Denkspuren« der Gegenwart wird einfangen können. In der Hand skrupelloser Personen oder Regierungen könnte eine »Zeitmaschine«, würde sie wirklich gebaut, zu einem Mittel der Spionage und Erpressung werden. Vorerst ist sie besser und sicherer in den utopischen Romanen aufgehoben.

12. Kapitel: Gedanken sind Zaubermeister

Gedanken als Farbe und Form – Professor Fukurai experimentiert mit Gedankenfotos – Hat das Denken energetische Form? – Die Meinung Niels Bohrs und Einsteins – PSI-Resonanz, schneller als das Licht? – Einen Fuß in »okkultes« Terrain – Sympathisierende Gedanken ziehen sich an – Denken und Handeln sind eines – Christus und Naturgesetz – Über »lebende« Gedankenformen

Wenige Jahre nach dem Tode der berühmten Madame Blavatski (1831–1891), Gründerin der Theosophischen Gesellschaft, veröffentlichten zwei ihrer Jünger ein Buch, das einem sehr viel breiteren Kreis zugänglich werden sollte als die Geheimlehre der alten Dame. C. W. Leadbeater und Annie Besant hatten von den Experimenten des Franzosen Hippolyte Baraduc gehört, der als erster mit der Übertragung von Gedanken auf fotografische Platten (»Ikonografie«) experimentierte. Beide selbst hellsichtig begabt, hatten sie mit eigenen Studien begonnen. So entstand ihr gemeinsames Buch: *Gedankenformen.*

Was Leadbeater und seine Mitarbeiterin sahen, waren im Gegensatz zu den objektiven Experimentalbildern Baraducs natürlich subjektive, mediale Impressionen. Die von anderen Menschen ausgehenden Gedanken oder Gefühle stellten sich ihnen in ganz bestimmten Formen und Farben dar. Besonders fiel ihnen auf, daß der moralische Gehalt dieser Gedanken – Liebe oder Haß, Furcht oder Seligkeit, Aggression oder Mitleid – für den hellsichtigen Farben- und Formeneindruck entscheidend war.

Die beiden Blavatski-Schüler sahen ihre Arbeiten nicht als etwas »Okkultes«. Reichenbachs Experimente, die ersten Erfolge der wissenschaftlichen Hypnose, die Entdeckung der Röntgenstrahlen, die in England und den USA von namhaften Gelehrten betriebenen parapsychischen Studien – das alles hatte sie in der Überzeugung bestärkt, daß die klassische Physik, Chemie und Biologie an der Jahrhundertschwelle an einer Grenze angelangt war, hinter der man das »Ätherische« und »Astrale« werde entdecken und anerkennen müssen. Ihre Studien, so hofften sie, sollten beim Finden des Weges vom bisher Subjektiven zum Objektiven helfen.

Sie täuschten sich, obwohl einige Wissenschaftler in den darauffolgenden drei Jahrzehnten mit konkreten, sorgfältig kontrollierten Experimenten beachtliche Erfolge hatten. Genannt werden müssen vor allem der Japaner Dr. T. Fukurai, der Franzose Darget und der deutsche Dr. A. Freiherr von Schrenck-Notzing, dessen Forschung allerdings mehr der gedanklichen Beeinflussung von Ektoplasma galt. Die Wissenschaft in ihrer Gesamtheit nahm von allen diesen Arbeiten jedoch entweder keine Notiz oder befehdete sie.

Fukurai begann um 1910 mit Experimenten, bei denen Medien aufgefordert wurden, ihnen vorgelegte japanische Schriftzeichen oder Symbole auf eine von mehreren frischen fotografischen Platten gedanklich zu übertragen. Das Verfahren war also sehr viel objektiver, als es die Impressionen von Leadbeater und Annie Besant jemals hatten sein können; es zeigt bereits Ähnlichkeit mit der viel späteren Ted-Serios-Methode. Der Hauptunterschied bestand darin, daß Fukurais Medien (vorwiegend Frauen, die vorher bereits hellseherische und andere paranormale Fähigkeiten gezeigt hatten) *keine* Kamera benutzten, sondern ihre Gedankenbilder direkt auf die Platten richteten.

In einem sehr sorgfältig dokumentierten Bericht »Clairvoyance and Thoughtography« schildert Fukurai eine für den »Umgang« mit PSI sehr charakteristische Erfahrung: Die Verpackung der Platten (in dunkles Papier und zusätzlich in einem Pappkarton) störte die gedankliche Übertragung nicht im geringsten, solange die Medien sich nicht darum kümmerten. Andererseits aber konnte »die psychologische Kraft auch ein dünnes Papier nicht durchdringen, wenn das Medium es als Hindernis auffaßte«.

Die Opposition der japanischen Wissenschaftler gegen die Experimente Fukurais war so stark, daß er, um weiter forschen zu können, schließlich seine Professur an der kaiserlichen Universität in Tokio niederlegen mußte.

Heute, sechzig Jahre später, haben uns die Fortschritte der westlichen und der sowjetischen PSI-Forschung wiederum in eine Grenzsituation gebracht, aber anders als damals ist die Ausgangsbasis des Vordringens in bisher okkulte Bereiche sehr viel fester und breiter.

Die »okkulte« Hypothese ist folgende: Wenn als erwiesen gelten kann, daß bei der Telepathie die Gedanken- oder Gefühlsinhalte eines Menschen auf einen anderen Menschen übertragen werden, und wenn die Psychokinese und Psychofotografie sogar das Eingreifen psychischer Kräfte in die Materie bewirkt, dann liegt es nahe, dem Denken eine energetische Form zuzuschreiben. Ein absolutes Nichts könnte nicht von einer anderen Psyche aufgenommen werden oder physikalische Effekte hervorbringen.

Neurobiologisch gesprochen ist ein Gedanke natürlich bereits ein »Etwas«, nämlich ein mikroelektrischer Impuls. Der angesehene englische Neurophysiologe Dr. W. Grey Walter demonstrierte das Wirken solcher Impulse auf besonders augenfällige Weise. Er ließ eine Versuchsperson mit Stirn-Elektroden an eine eigens konstruierte Apparatur setzen, an die ein Sichtschirm geschaltet war. Man erklärte dem jungen Mann, daß eine »interessante Szene« auf dem TV-Schirm aufleuchten würde, sobald er einen mit dem Gerät verbundenen Auslöseknopf betätige.

Eine Sekunde *vor* dem Drücken des Knopfes signalisierte das EEG einen 20-Mikrovolt-Stromstoß im Hirn, die sogenannte »Bereitschaftswelle«. Sie wurde von der (darauf bereits eingestellten) Apparatur aufgenommen und verstärkt; das genügte, um die Schaltung auszulösen und das TV-Bild erscheinen zu lassen, und zwar immer noch um Sekundenbruchteile *vor* dem Drücken des Knopfes. Intelligente Versuchspersonen, fand Dr. Walter heraus, lernen sehr schnell, daß der Gedanke genügt, und verzichten auf das Drücken des Knopfes. Es muß jedoch mehr sein als ein gleichgültiges mechanisches Denken; erlischt das Interesse, dann leuchtet auch das Bild nicht mehr auf.

Was hier demonstriert wird, hat natürlich nichts mit PSI-Kräften zu tun. Deren Besonderheit liegt ja gerade darin, daß sie *ohne* Ableitung des Hirnstroms durch Elektroden funktionieren, ja daß sie sogar von Bleiwänden nicht abgeschirmt werden können. Der Leningrader Gelehrte Prof. L. L. Wassiliew mußte nach seinen klassischen Experimenten mit telepathischer Suggestion mit in Bleikammern eingeschlossenen Versuchspersonen zugeben, daß PSI offenbar nicht elektro-magnetischer Natur ist – anderenfalls wären die PSI-Signale wirkungsvoll abgeschirmt worden.

Daraus können wir folgern, daß Gedanken durchaus nicht nur Elektronenströme oder -impulse sind. Sie äußern sich als solche natürlich im physischen Gehirn, aber die Parapsychologie zeigt, daß sie primär etwas anderes sind.

W. Grey Walters Experiment steht dem nicht entgegen. Dem britischen Neurologen ging es nur um den Nachweis, daß eine *Absicht* bereits eine Wirkung (nämlich die Bereitschaftswelle) auslöst, daß es nicht nötig ist, auf die Entscheidung zum Knopfdrücken zu warten.

Wenn Cleve Backster seiner Pflanze droht, »ich brenne dich«, dann kann die Pflanze nicht einen entsprechenden Mikrostrom in seinem Kopf wahrnehmen, da sie ja nicht (wie der Bildschirm in Grey Walters Experiment) durch Elektroden mit ihm verbunden ist. Sie kann auch kein materielles Feld wahrnehmen, denn Hirnströme sind schon wenige Millimeter außerhalb der Schädeldecke nicht mehr meßbar.

Es muß also ein feinstoffliches »Etwas« von Backster zur Pflanze und von Wassiliews »Sender« zum »Empfänger« gewandert sein, das *keine* Mikroelektrizität ist.

Die Frage nach der Natur der PSI-Signale ist *das* Rätsel der Parapsychologie schlechthin. Sie müssen logischerweise mehr als ein »Nichts« sein, aber zugleich weniger als die uns bekannte Energie und Materie. Es liegt deshalb nahe, an ein feinstoffliches Fluidum zu denken, das jenen gehirnlichen und anderen Feinstrukturen angepaßt ist, die bereits einen Teil des Modells vom paraphysischen Menschen bilden.

Was für Gedanken und ihre Übertragung gilt, muß entsprechend für durch Denkvorstellung erzeugte oder empfangene Bilder gelten (Hellsehen, Psychofotos). Oft wird ein als Gedanke ausgesendeter Impuls als *Bild* »eingefangen«; Wortdenken und Bilddenken sind also miteinander austauschbar und bestehen gewissermaßen aus derselben Essenz. Hellsehmedien erkennen oft in verblüffender Weise die persönlichen Probleme, die ihre Klienten bewegen. Da es keine materielle Energie gibt, mit der sie in das Gehirn anderer eindringen könnten, kommen wir auch hier zu dem zwingenden Schluß, daß es durchaus reale feinstoffliche Informationsstrukturen geben muß, die der Sensitive »abtasten« kann.

Befindet er sich in einer feinstofflichen Dimension, kann er die Strukturen wahrscheinlich sogar *sehen*. Eine der von H. Durville durch magnetische Striche in den Somnambulzustand versetzten Frauen schilderte den von ihr wahrgenommenen Gedankenstrom des Experimentators: »Ich höre seine Stimme nicht, sondern ich *sehe* aus seinem Gehirn die Gedanken wie leuchtende Ausstrahlungen austreten; sie entspringen seinem eigenen Seelenkörper ... Wir befreiten Seelen vernehmen mit unbeschreiblicher Leichtigkeit die Schwingungen, die das denkende Gehirn in Form von leuchtenden Fluiden entsendet, und verstehen alle Regungen der Seele mit tausendfach größerer Klarheit.«

Es wäre danach gar nicht so verwunderlich, wenn gesagt wird, daß höherentwickelte Seelen auch vom Jenseits aus unsere Gedanken zu lesen vermögen und oft schon auf sie reagieren, bevor sie ausgesprochen sind.

Ähnliche Vorgänge enthüllen sich uns überall in der Natur. Wie anders wäre Cleve Backsters Pflanzenfühlen oder selbst die bekannte »Übertragung« zwischen dem Psychoanalytiker und seinem Patienten zu erklären, wenn nicht durch einen feinstofflichen Austausch? Es genügt nicht, zu sagen, hier sei das Unbewußte tätig. Selbstverständlich handelt es sich um unbewußte Prozesse, doch erklärt das nicht das in diesem Fall Wesentliche: Der *Übergang* von einem Gemüt zum anderen muß sich auf eine Trägersubstanz gründen, von Nichts zu Nichts ist keine Beziehung möglich. Aus Angst, dem Okkulten zu nahe zu rücken, schließt man vor dieser unbequemen Tatsache gern die Augen.

Aus der Defensivhaltung der Parapsychologie, aus ihrem Bemühen, das Stigma der verbotenen Wissenschaft abzuwerfen, ist es denn auch zu erklären, daß sie die Frage, was Gedanken eigentlich sind, bisher wenigen Einzelgängern überlassen hat. Alle jene Dinge, die ohne die objektive Realität der sie in Gang setzenden

Gedanken gar nicht sein könnten – also Telepathie, Hellsehen, Psychokinese usw. –, sind aber heute so weit gesichert, daß wir den nächsten Schritt wagen können. Setzen wir deshalb ruhig einen Fuß in Terrain, das bisher als »okkult« liegengelassen wurde.

Nehmen wir einmal an, daß die Impressionen von Leadbeater und Besant keine reinen Illusionen waren, sondern als PSI-Phänomene zu werten sind. Die von ihnen wahrgenommenen Gedankenformen müßten dann eine feinstoffliche Existenz haben und sich auch fortbewegen können. Genau dies versichern die beiden Autoren: »Wenn Gedanken oder Gefühle direkt auf jemand anderen gerichtet sind, dann bewegt sich die resultierende Gedankenform auf diese Form zu ... Wenn eines Menschen Gedanken ihm selbst gelten oder auf ein Eigengefühl gegründet sind ... dann schweben sie um ihren Schöpfer und sind immer bereit, auf ihn zu wirken.« Eine »Versuchung« wäre danach also eine Reaktion auf die eigenen Gedankenformen (die aber natürlich durch Umwelteinflüsse angeeignet sein können).

Der Mensch, sagen die beiden Theosophen weiter, reise durchs Leben in einer ihn umgebenden selbstgeschaffenen Gedankenhülle. Lernt er Gedanken und Gefühle nicht beherrschen, so wird er seine Umgebung stets nur so aufnehmen, wie sein »Gedankenkäfig« dies zuläßt.

»Wenn die Gedankenform weder eindeutig persönlich noch spezifisch auf jemanden gerichtet ist, schwebt sie einfach losgelöst

Abb. 12: Subjektiv-mediale Impression einer Gedankenform. Das knospenähnliche, im Original zartblaue Gebilde drückt Selbstverleugnung, Hingabe und zarte Verinnerlichung aus.

in der Atmosphäre.« Wenn sie mit keinem anderen Mentalkörper Kontakt bekommt, flachen die vom Erzeuger des Gedankens ausgelösten Schwingungen allmählich ab und die »Form« fällt auseinander. Findet sie dagegen einen »sympathischen Ansatzpunkt«, dann wirkt ein Anziehungsgesetz – die Gedankenform wird von dem anderen, mit ihr sympathisierenden Mentalkörper angezogen.

Es wäre, möchten wir ergänzen, durchaus natürlich, wenn solche feinstofflichen Sympathieverhältnisse beinahe zwangsläufig entstehen, wenn zwei oder mehr Menschen sich über längere Zeit mit demselben Problem befaßt haben, um praktisch gleichzeitig und – wie sie meinen – unabhängig voneinander zu derselben Lösung zu kommen. *Bewußt* zusammen gedachte Gedanken (etwa beim gemeinsamen Gebet) können eine »gebündelte«, intensivierte Wirkung haben. Intensive Gedanken reichen weiter als schwache, so wie auch eine laute Stimme auf größere Distanz hörbar ist.

Ein liebender Gedanke, heißt es bei Leadbeater/Besant, geht direkt an seine Bestimmungsperson, bleibt als »schützendes Element« in seiner Aura, wo er »durch den ihm eingegebenen blinden Impuls« jede Gelegenheit wahrnehmen wird, zu dienen. Ein böser Gedanke verfängt dagegen nur, wenn er auf eine ähnliche Struktur trifft. Von einer ihm nicht zugänglichen Aura prallt er ab und auf seinen Urheber zurück. »Darum sagt man, daß ein reines Herz und Gemüt die besten Schutzmittel gegen feindselige Angriffe sind.«

»Reiner Okkultismus«, hören wir hier die Kritiker rufen. Tatsächlich befinden wir uns an der äußeren Grenze dessen, was bisher als untersuchbar galt. Das gleiche Eindringen in äußerste, fast esoterische Bereiche ist aber heute auch ein Kennzeichen der theoretischen Physik!

Physiker diskutieren heute darüber, ob das Universum nicht als eine quantenmechanische Einheit zu sehen sei. In dieses Konzept ließen sich möglicherweise auch feinstoffliche Vorgänge einfügen. Einige Wissenschaftler vermuten einen quantenmechanischen Vakuumzustand, der alle Erregungszustände in sich einschließt, als Reservoir feinstofflicher Informationsenergie.

Der sowjetische Physiker Valery Skurlatow glaubt, daß das Denken in der Form von »Wellenpaketen« aus Mikropartikeln in Sinuskurven zu einer materiellen Kraft werden könne. Alle PSI-Signale könnten nach quantenmechanischen Vorstellungen als solche Wellenpakete aufgefaßt werden, die sich im Resonanzverhältnis zusammenziehen und ausdehnen können, auch über sehr große Distanzen. Auch Injuschin sieht in der Telepathie einen Resonanzeffekt im Bioplasmakörper.

Die Quantenphysik besagt, daß mikrophysikalische Vorgänge nicht mehr raumzeitlich definiert werden können. Man kann daraus ableiten, daß PSI-Vorgänge, für die Raum und Zeit ja augenscheinlich keine Hindernisse sind, auf quantenmechanischer

Ebene ablaufen und als Resonanzeffekte aufzufassen sind. Auf diese Weise lassen sich relativ unauffällig Über-Lichtgeschwindigkeiten einführen, die sonst in der Physik gewöhnlich verpönt sind[28].

Aber uns fehlen vorläufig die experimentellen Beweise. Früher nahm man an, daß PSI gänzlich von Raum und Zeit unabhängig sei. Messungen mit verfeinerten Methoden lassen heute jedoch vermuten, daß bei ASW über große Distanzen sehr kleine Zeitverluste auftreten, obwohl die Stärke der Signale nicht mit dem Quadrat der Entfernung abfällt. (Wie es bei elektro-magnetischen Signalen zu erwarten wäre.) Vielleicht wird uns die Beobachtung der Reaktionen des Bioplasmakörpers die Antwort bringen.

Von dem berühmten dänischen Physiker Niels Bohr stammt der Ausspruch: »Wenn man die Quantenmechanik, ihre Experimente und Paradoxe richtig interpretieren will, dann muß man das Denken als eine physikalische Wesenheit betrachten.« In die gleiche Richtung weisen die Worte Einsteins: »Von der Vorstellung der Materie als einer elektronischen Geistererscheinung bis

Abb. 13: Medialimpression der Gedanken eines Menschen, der sich darauf konzentriert, auf seine Umgebung Liebe auszustrahlen. Die Farbe ist ein leuchtendes Blaßrot, die Strahlen sind klar und geradlinig.

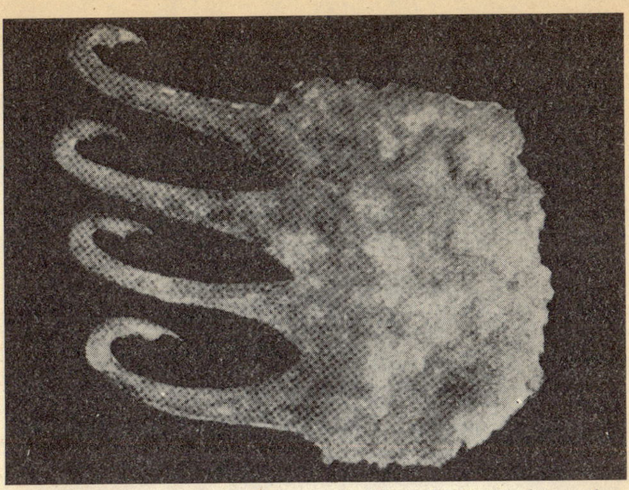

Abb. 14: Gier (in diesem Falle Gier nach Alkohol). Die Bioplasma-Aura des Alkoholikers erscheint dem Medium als schmutzig-rote Substanz, von der süchtig begehrende Krallen ausgehen.

Abb. 15: Selbstsüchtiger Ehrgeiz. Ein starkes rotes »Rad« mit raffenwollenden Haken und braungrauer Eintrübung.

Abb. 16: Auch hier ist Ehrgeiz vorherrschend. Das helle Orange der Färbung (im Original) läßt jedoch erkennen, daß der Ehrgeiz nicht auf selbstische, sondern auf ideale Ziele gerichtet ist.

zum Denken an ein objektiviertes Gedankenbild ist es kein großer Schritt.«

Die moderne Physik lehrt, daß ein Elektron sowohl als Teilchen wie auch als Welle in Erscheinung treten kann. Ein Gedanke, so ließe sich in Anlehnung daran sagen, könnte als materiell und nichtmateriell, als Stoff und Geist verstanden werden. Als mikroelektrischer Bildimpuls ist er materiell genug, um das physische Gehirn zu lenken, als psychischer Impuls gehorcht er den geistigmoralischen Gesetzen der Feinstoffwelt.

Die Gedankenbilder der beiden Blavatski-Schüler zeigen bestimmte wiederkehrende typische Formen. Selbstlose Hingabe erscheint als eine blaue Knospe, gelbe »Schlangen« als Wahrheitssuche und Wissensdurst, Ehrgeiz als ein tieforangener Feuerball mit hakenförmigen Armen, Zorn als Wolke und Habgier wie eine ausgestreckte Hand mit kralligen Fangarmen.

Sicherlich besitzen diese Formen keinen objektiven Bestand; es sind subjektive, wenn auch von mehreren Medien in gleicher oder ähnlicher Weise erhaltene bildliche Eindrücke. Einheitlich in der gesamten esoterischen Literatur sind jedoch die medial wahrgenommenen Farben. Leadbeater und Besant konnten eine Tabelle mit nicht weniger als 25 Farbarten aufstellen.

Geistigkeit und Hingabe an ein Ideal erscheinen in verschiedenen Tönungen von Blau, Intellekt als Gelb, Stolz als Rotorange, reine Liebe als Purpurrot, Furcht als Graulila, Geiz und Zorn als Rotbraun, Haß, Verneinung und Böswilligkeit als Schwarz. Zahlreiche Mischformen treten auf. Der Ehrgeiz ausdrückende orangene Feuerball ändert seine Umrisse und erhält graubraune Flecken, wenn der Ehrgeiz auf egozentrische Ziele gerichtet ist. Ganz ähnlich ziehen dunkle »Wolken« über den blauen oder purpurroten Grund, wenn Religiosität oder Liebe nicht selbstlos sind. Braun, Rotbraun oder gar Schwarz kennzeichnen niederste Gefühle.

Wir hätten Leadbeaters Lehre nicht soviel Aufmerksamkeit geschenkt, gäbe es nicht von wissenschaftlicher Seite Indizien dafür, daß sie auf wirklichen, meßbaren Vorgängen gründet. Seit mehreren Jahren experimentiert der Chemophysiker Dr. Marcel Vogel in seinem Labor in San José in Kalifornien mit der Entwicklung von spektographischen Methoden, mit denen ein konzentrierter Gedanke gemessen und graphisch aufgezeichnet werden kann. Im Juni 1973 gab er die erste gelungene Aufzeichnung bekannt.

Den zweiten Beweisweg wird vielleicht die Kirlianfotografie eröffnen. Die im Hochfrequenzfeld sichtbare Korona behält bei anorganischen Objekten (etwa einer Münze) stets die gleiche Form; bei organischen dagegen ist sie pulsierend und variabel. Wie Dr. V. G. Adamenko im Juli 1972 vor einem Parapsychologenkongreß in Moskau erklärte, reagiert das Bioplasma eines Menschen nicht nur auf Drogen, Coffein, Alkohol und Nikotin, sondern zeigt auch Ermüdung, Ärger und Zorn oder Glücksgefühle an.

Die sowjetischen Behauptungen bedürfen natürlich der Bestätigung. Im Grundsatz scheinen sie aber bereits durch die Ergebnisse von Dr. Thelma Moss und Ken Johnson in Los Angeles gestützt zu werden.

So änderte sich die Koronafärbung eines menschlichen Fingers von Weißviolett in ein leuchtendes Rot, als die Versuchsperson »emotionell erregt« wurde. Ein in Trance befindliches Medium brachte eine besonders strahlende blauweiße Finger-Korona hervor. Natürlich wäre es wissenschaftlich nicht zulässig, die Bioplasmafarben einfach mit den »okkulten« Aurafarben zu vergleichen. Es kann sein, daß sie rein physiologisch und nicht parapsychologisch erklärbar sind. Auf jeden Fall aber öffnet sich hier ein hochinteressantes Forschungsfeld.

Der Bioplasmakörper ist am Denkprozeß wahrscheinlich in zweierlei Weise beteiligt. Einmal qualitativ, indem er der inneren Natur des Gedankens Ausdruck gibt, zum anderen quantitativ als Ausgangsreservoir informationstragender Feinmaterie. Die Moskauer Schulpsychologin Alla Vinogradová, die nach längerem Trainung heute die meisten Fähigkeiten ihrer berühmten Landsmännin Kulagina selbst beherrscht, spricht von einem bewußten ›körperlichen Denken‹, das ihr helfe, die telekinetische Energie in Bewegung zu setzen.

Man kann sich der Vorstellung, daß Gedanken eine feinstoffliche Realität haben, auch noch von einer anderen Seite nähern. Mediale Aussagen, Schilderungen von »außerkörperlichen Erlebnissen« und religiöse Überlieferungen aller Zeiten und Völker weisen auf eine feinstoffliche Dimension hin, die von den Gedanken der Menschen plastisch gestaltet und von den so geschaffenen Formen beherrscht wird. Der amerikanische Seher Edgar Cayce war überzeugt, daß es eine ganze Welt von Gedankenformen gebe.

Dies ist der »Schauplatz II« des Robert A. Monroe. Ein Seinszustand – so nennt es Monroe –, »wo das, was wir als Denken bezeichnen, der Urquell des Daseins ist. Es ist die lebenswichtige schöpferische Kraft ...« Die Gegenstände, die uns in der materiellen Welt »nahestehen«, erscheinen auch auf Schauplatz II, »sie sind das Produkt des Denkens jener, die einmal in der physischen Welt gelebt haben und deren Bilder und Muster erhalten bleiben. Das wird ganz automatisch erreicht, ohne bewußte Absicht.«

Wir sind an die Vorstellung gewöhnt, daß die Tat auf das Denken folgt. Im Grunde genommen »handeln« wir aber bereits, wenn wir einen Gedanken produzieren und aussenden. Im Feinstoffbereich ist Denken gleich Tun, und beides ist ein und dasselbe.

»Denken ist Handeln, und keine verhüllenden Schichten der Konditionierung oder der Hemmung schirmen das innere Ich ab ...«, heißt es bei Monroe. »Meine ersten Besuche auf dem Schauplatz II brachten alle verdrängten emotionellen Strukturen zutage, von denen ich nie auch nur im entferntesten ahnte, daß ich sie besaß ... daß es sie überhaupt gab. Sie beherrschten meine Handlungen so sehr, daß ich völlig fassungslos und in peinlicher Verlegenheit über ihre Ungeheuerlichkeit und meine Unfähigkeit, sie zu beherrschen, zurückkehrte.«

Im bewußten physischen Leben, meint Monroe, würde man einen solchen Zustand als psychotisch bezeichnen. Wir möchten aber – in seinem Sinne – vor der Auffassung warnen, daß hier krankhafte Zustände beschrieben wurden. Dazu stimmt Monroes Schilderung zu sehr mit dem überein, was durch ganze Zeitalter übereinstimmend über jene erdnahe Dimension berichtet worden ist, die man – je nach Standort – als Astralwelt, Feinstoffwelt, Zwischenreich oder als erste Stufe des Jenseits bezeichnen mag. Auch hier muß gelten, was Erzbischof Richard Whately über paranormale Erfahrungen schlechthin sagte:

»Wenn viele Menschen in ihren Aussagen übereinstimmen und zwischen ihnen vorher kein Kontakt stattgefunden hat, dann hängt die von dieser Übereinstimmung resultierende Wahrscheinlichkeit nicht von der Frage der Wahrhaftigkeit eines jeden einzelnen ab, sondern von der Unwahrscheinlichkeit, daß ein solches Übereinstimmen Zufall sein kann ... Die Chance, daß sie alle dieselbe Falschheit bezeugen, wäre unendlich klein.«

Es sieht also ganz so aus, als ob Gedanken durchaus nicht so »vogelfrei« sind, wie wir gerne meinen. Sie sind doppelwertig, wenngleich wir normalerweise nur ihr bewußtes Wirken registrieren. Die zweite, feinstoffliche Komponente bleibt den meisten Menschen bis zum Tode verborgen.

Möglicherweise haben wir »astrale« Erlebnisse wie diejenigen Monroes, nehmen sie aber nicht mit ins Bewußtsein. Nur manchmal »weiß« ein Mensch beim Erwachen, daß eine soeben erlebte Traumszene in bezug auf die darin auftretenden Personen und das darin Gesagte mit Sicherheit nicht aus seinem eigenen Erfahrungskreis kommt. Die Szenen sind ihm fremd, vielleicht in angenehmer, vielleicht in bestürzender Weise. *Müssen* wir solche Erlebnisse ohne Ausnahme in die spanischen Stiefel psychologischer Traumdeutung zwingen und sie als Erzeugnisse eines von Sexualität oder Machtwillen getriebenen Unbewußten sehen? Zeigt nicht schon der telepathische Traum, daß eine fremde Psyche uns anrührt? Könnten nicht hier und dort auch ganz fremde Persönlichkeitsäußerungen in unsere Träume eindringen?

Weil wir dies für sehr wohl möglich halten, geben wir auch nicht dem tibetanischen Weisen recht, wenn er erklärt, daß jeder für seine Träume verantwortlich sei. Erst für fortgeschrittene Meditationsschüler mag diese Mahnung richtig sein.

Wäre unsere Psyche ein in sich selbst geschlossener Kreis, dann wäre nicht zu erwarten, daß dichterische, denkerische oder musikalische Inspiration von außen zu uns gelangt. Sie gehört – so fühlen es viele große Künstler – einer höheren Sphäre an. »Alle Gedanken brauchen Energien, um sich zu bilden und zu erhalten. Es gibt aber Erlebnisse, die selber Quellen von Energien sind und nicht der biologischen, sondern der transzendenten Sphäre angehören« (Gemassmer).

»Gedanken sind Kräfte«, sagt man. Mehr als das, sie wären demnach unsere eigenen inneren Zaubermeister, die unbemerkt vom Tagesbewußtsein das mitgestalten, was wir eines Tages nach dem Ablegen des physischen Körpers mitnehmen und gegebenenfalls zu überwinden haben werden. Die Forderung nach einer »Gedankenhygiene« erhält damit eine sehr reale Bedeutung. Es braucht keinen Engel, der unsere Worte und Taten in ein großes Buch einträgt. Wir selbst sind die Buchhalter.

»Was immer die Seele während ihres Erdenlebens in ihren Willen aufnimmt«, sagt Jacob Boehme im »Dreifaltigen Leben«, »und womit sie verstrickt wird, das wird sie nach dem Tode des Körpers mit sich nehmen ... Während des Erdenlebens aber kann sie noch zerstören, worin sie sich mit ihrem Willen verfangen hat.« Und: »Nach dem Tode hängt es nicht länger vom Willen der Seele ab, ob sie sich an die Vergangenheit erinnern will oder nicht.«

Dieses Buch ist an intelligente Leser gerichtet, die selbst zu denken und weiterzudenken verstehen. Wir haben nicht die Absicht, ihnen zu predigen. Doch möge es erlaubt sein, an gewisse Zusammenhänge zu erinnern, die allzu leicht in eine hübsch verpackte Denkschachtel mit der Aufschrift »Kirche« oder »Religion« gelegt und dann vergessen werden. Echte ethisch-moralische Gesetze haben eine ganz präzise feinstoffliche Wirklichkeit hinter sich. Niemand wird das Christuswort, der Mensch sei für jedes »unnütze Wort« verantwortlich (Matth. 12/36) als »okkult« bezeichnen. Wir haben es offenbar vielmehr mit einer Wahrheit zu tun, die religiös *und* zugleich ein Naturgesetz zu sein scheint.

Natürlich gibt es okkulte Fortsetzungen dieses Erkenntniskerns. Dazu gehört wohl auch Monroes Überzeugung, daß Gedanken zeitweilig als »subhumane Spezies« eine eigenständige feinstoffliche Existenz führen können. Dies deckt sich mit dem Glauben gewisser okkulter Schulen an Elementar-Essenzen, mit der sich länger oder intensiv gedachte Gedanken oder Bilder sozusagen einkleiden können. So entsteht eine »zeitweilige Bewegungsform aus vitalisiertem Stoff« (Leadbeater), ein sogenanntes Psychogon, das für die Dauer seiner Existenz eine Art Halbintelligenz besitzt.

Die Tibetforscherin Alexandra David-Neel behauptet, sie habe einen mönchischen Begleiter, den sie sich gedanklich geschaffen hatte (und der auch von anderen Mitreisenden gesehen wurde), wochenlang nicht mehr loswerden können. Eisenbud verkündet seine Überzeugung, daß eine sichtbare und hörbare »Präsenz« von ganz ausgeprägten Charaktereigenschaften, zu deren Bekämpfung er gerufen wurde, eindeutig das *Produkt* der unterbewußten Vorstellungskraft einer siebenköpfigen Familie war. Solche Fälle lassen sich natürlich weder verallgemeinern noch eigentlich objektivieren. Die Gedankenlebewesen und »Dämonen« primitiver Völker dürften etwas ganz Ähnliches sein.

Fassen wir zusammen:

1. Gedanken sind doppelwertige Energie-Wesenheiten im Sinne des Komplementärprinzips. Sie sind primär feinstofflich; als Mikrostromimpulse greifen sie zugleich in die kybernetischen Informationsprozesse des physischen Gehirns.
2. In ihrer feinstofflichen Form haben Gedanken gestaltende Kraft, können ihrem Erzeuger anhaften oder zu der »gemeinten« Person wandern. Über ihre Annahme oder ihr Abprallen entscheiden Sympathiegesetze.
3. Die der Gedankenbewegung zugrunde liegenden Gesetze müssen dieselben sein wie für die ebenfalls noch unerklärten PSI-Vorgänge. Sollte es gelingen, im Kirlianbild die gedankliche (telepathische) Beeinflussung des Bioplasmas schlüssig nachzuweisen, dann wäre auch die Realität des Gedankens physikalisch bewiesen.
4. Im Feinstofflichen sind Gedanken und Taten gleichbedeutend; ausschlaggebend ist der ethisch-moralische Wert der Gedanken. Der Mensch schafft sich mit ihnen seine eigene feinstoffliche Umgebung.

Jetzt wird auch besser verständlich, warum PSI-Effekte in so offenkundiger Weise von Gefühlswerten abhängen. Hellsehen und Präkognition stellen sich um so eher um so stärker ein, je stärker die durch das Ereignis ausgelöste (oder auszulösende!) seelische Erregung ist. Sie ist der Zündstoff. Laborexperimente bleiben erfolglos, wenn es nicht gelingt, die Teilnehmer besonders zu »motivieren«; affektive Situationen wirken sogar als Reizauslöser des sogenannten Spuks. Medien bringen nichts zustande, weil ein Anwesender eine negative Erwartungshaltung mitbringt. Psychometrie ist offenbar sehr viel leichter, wenn der Herkunftsort des Gegenstandes mit bestimmten Emotionen verknüpft ist.

Es kann wohl keinen vernünftigen Zweifel daran geben, daß das Gefühl, die moralische Motivierung, das Gewissen oder der Gedankeninhalt im Feinstofflichen die allein dominierenden Kräfte sind. Sie treten an die Stelle der physikalischen Kräfte unserer dreidimensionalen Tageswelt.

13. Kapitel: Wann wirkt die Seele, wann der Geist?

Der paradoxe Gordon-Davis-Fall – Diesseitige sind stärker als »Jenseitige« – Das Musikmedium Rosemary Brown und seine Kritiker – Ein zweifelhafter James Bond – Die Überlebensfrage steht unter Tabu – Ein klinisch Toter berichtet von »drüben«

Die verwirrende Unergründlichkeit menschlicher Seelenkräfte könnte kaum besser als durch eine Episode aufgezeigt werden, die als »Gordon-Davis-Fall« in die Geschichte der Parapsychologie eingegangen ist. Sie begann am 4. Januar 1922, als der international bekannte und angesehene englische Mathematiker und Psychologe Dr. S. G. Soal in einer Londoner Privatwohnung zu einer Experimentalsitzung mit dem Trancemedium Mrs. Blanche Cooper zusammentraf.

Im Gegensatz zum Hellsehen und Hellhören spricht man von Trance, wenn die normale Persönlichkeit eines Mediums durch eine fremde Persönlichkeit verdrängt wird[29]; meist nur teilweise, manchmal aber auch völlig. Wenn geistige Erkrankungen vorliegen, kann diese Zweitpersönlichkeit eine Abspaltung oder »Dissoziation« aus dem unbewußten seelischen Tiefengrund sein. Darf man diese psychiatrische Norm aber auch auf geistig völlig gesunde Medien anwenden? Zweifellos nur, wenn stichhaltige Gründe dafür vorliegen. Anderenfalls muß offengelassen werden, ob es sich nicht um eine von außen kommende, vom Medium ganz unabhängige geistige Persönlichkeit handeln könnte. Freilich ist diese »spiritistische Hypothese« wissenschaftlich nicht ganz so bequem.

Bei Blanche Cooper trat als zusätzliches Phänomen eine sich über den Köpfen der Anwesenden im Raum bildende sogenannte »direkte Stimme« auf. Um sie hörbar zu machen, hatte Soal eine kleine Sprechtrompete bereit, wie sie bei spiritistischen Sitzungen üblich waren. Stimmen solcher Art sind mangels geeigneter Medien sehr selten. Zu den ganz wenigen Medien dieser Art gehört heute der Engländer Leslie Flint, in dessen Gegenwart sich Stimmen augenscheinlich ohne jede Hilfsmittel bilden. Ganz ähnliche spontane Stimmphänomene werden aber auch von Ethnologen bezeugt, die Schamanen während einer Trance beobachten konnten. Die Vermutung, es handele sich um einen Bauchrednertrick, kann ausgeschlossen werden.

Durch diese kleine Trompete begann nun plötzlich eine Stimme zu sprechen, die Dr. Soal aus früheren Jahren gut im Gedächtnis war. »Erinnerst du dich«, fragte sie in einem Tonfall und mit einem Akzent, den Soal als sehr ausgeprägt und unverwechselbar bezeichnet, »ich bin Davis, Gordon.«

Soal war mit einem Gordon Davis um die Jahrhundertwende zur Schule gegangen. Die beiden hatten sich zuletzt im Jahre 1916 auf einer Bahnfahrt von Shenfield (Essex) nach London getroffen, dann aber den Kontakt miteinander verloren. Davis' Eltern lebten, wie Soal wußte, in der Stadt Rochford. Im Herbst 1920 hatte Soal von jemandem gehört, daß Davis gegen Ende des Weltkrieges gefallen sei. Die Nachricht hatte ihn betroffen, aber nur für kurze Zeit.

»Die Toten sprechen zu den Lebenden. Seltsame Welt, was?« fuhr die Trompetenstimme fort. »Ich sorge mich um meine arme Frau und um den Jungen.«

Soal: »Ich hörte, daß du gefallen seiest. Welche Beweise kannst du mir geben, daß du Davis bist?«

Davis: »Erinnerst du dich an unsere alte Schule? Wie ich immer alles besser wußte?«

Soal: »Versuche mir zu sagen, wo du zu Hause warst.«

Davis: »In Roch ... in der Nähe des Malzhauses. Erinnerst du dich an unser letztes Gespräch?«

Soal: »Ja. Wo war es?«

Davis: »Auf der Bahnfahrt. Wir beide führten ein kleines Kolloquium über den Wachdienst ...«

Dies war verblüffend. Ein fabulierendes Medium hätte an dieser Stelle angenommen, die beiden hätten bei ihrem Treffen 1916 Schulerinnerungen ausgetauscht oder sich über ihre Familien unterhalten. Tatsächlich nahmen beide zu dieser Zeit an Offiziersanwärter-Lehrgängen teil. Soal bei der Artillerie, Davis bei der Infanterie, und Davis hatte gerade den Auftrag erhalten, einen Vortrag über die Pflichten der Wachposten zu halten. Das gab den Gesprächsstoff.

Soal war fasziniert. Fünf Tage später, am 9. Januar, bat er um eine neue Sitzung. Diesmal erklärte »Nada«, der Kontrollgeist von Blanche Cooper, daß die Odkraft für eine »direkte Stimme« nicht ausreiche, sie wolle aber die von Gordon Davis gesprochenen Sätze selber mitteilen (es ist an dieser Stelle unerheblich, ob wir an einen betreuenden »Kontrollgeist« des Mediums glauben oder nicht, da es uns allein auf die Aussage ankommt).

Durch »Nada« schilderte Davis nun seine angeblich letzte Wohnung in England (»nicht in Rochford«, wie er sagte) in einer mit dem Buchstaben »E« beginnenden Straße. Dabei gab er eine ziemlich genaue Beschreibung des Hauses und der Wohnungseinrichtung, einschließlich der Bilder an den Wänden.

Soal hatte, wie stets, ein sorgfältiges Protokoll über die beiden

Sitzungen geführt. Alles schien darauf hinzudeuten, daß er interessante Experimentalbeweise für ein Weiterleben der menschlichen Persönlichkeit nach dem Tode gesammelt hatte.

Drei Jahre später, im Februar 1925, erfuhr Soal zu seinem großen Erstaunen, daß sein Schulfreund Gordon Davis durchaus nicht tot war, sondern als Grundstücksmakler in Southend-on-Sea lebte. Sein Haus dort, Nr. 54 Eastern Parade, entsprach genau der Beschreibung, die er als »Verstorbener« drei Jahre zuvor Blanche Cooper gegeben hatte. Als Soal ihm das Protokoll der Sitzung zu lesen gab, rief er: »Genau die Worte, die ich gebraucht haben würde«[30].

Aber das war noch nicht alles. Eine minuziöse Prüfung der privaten Notizen und geschäftlichen Korrespondenz des Schulfreundes ergab, daß Davis am 4. Januar 1922 – damals noch in London lebend – das Haus in Southend noch niemals betreten, wohl aber von einem zum Verkauf angebotenen Grundstück mit dieser Adresse erfahren hatte. Am 6. 1. 1922 besichtigte er es zum erstenmal. Erst elf Monate später, nachdem er das Haus gekauft hatte, zog er in Southend ein.

Das in der zweiten Sitzung mit Blanche Cooper geschilderte Gebäude mußte Nr. 54 Eastern Parade in Southend gewesen sein. Aber die gleichzeitig von »Nada« beschriebene Wohnungs*einrichtung* war nicht die damals gegenwärtige, sondern jene, die der lebende Gordon Davis nach dem späteren Erwerb des Hauses dort haben *würde*. Auch die Bilder an den Wänden und die Vasen hatte »Nada« richtig beschrieben, obwohl Davis ein Bild – ein Seestück – erst später erwarb und zwei andere Bilder zu diesem Zeitpunkt noch nicht einmal gemalt waren!

Der Fall Gordon Davis wirft ein interessantes Schlaglicht auf die alte Kontroverse zwischen Animisten und Spiritualisten.

Spiritualisten glauben an eine nach dem Tode fortlebende Seele und an eine Jenseitswelt schlechthin. Sie vermuten die Ursachen zumindest eines Teiles der außersinnlichen Phänomene in diesem jenseitigen Bereich. Man kann in diesem Sinne Spiritualist sein, ohne jemals etwas vom »praktizierenden« Spiritismus gehört zu haben, dessen Wert von Fall zu Fall sich stets an einem sehr einfachen Grundsatz bemessen läßt: Gleiches zieht Gleiches an.

Wenn diese Abgrenzung vorausgesetzt ist, werden sich auch gläubige Kirchenchristen daran erinnern lassen, daß besonders die katholische Glaubenswelt mit ihren Heiligen und ihrem festen Glauben an die Wirkung des Fürbittegebets eine im echten Sinne des Wortes ganz und gar spiritualistische Welt ist. Aber auch viele Menschen, die ihrer Kirche vielleicht völlig entfremdet sind, haben eine spiritualistische Grundeinstellung. »Ahnend« spiritualistisch empfindet letzten Endes jeder, für den das Leben ohne die Vorstellung von einer geistigen Nach-Welt und Über-Welt seines Sinnes beraubt sein würde.

Anders die Animisten. Sie leugnen zwar paranormale Erscheinungen nicht als solche, erklären sie aber ausschließlich aus der Seele Lebender. Begriffe wie Jenseits und Transzendenz haben nach ihrer Auffassung im naturwissenschaftlichen Weltbild keinen Platz, so daß »natürlichen« Erklärungen (oder dem, was sie für natürlich halten) stets der Vorrang gegeben werden müsse. Natürlich sind animistische Deutungen oft durchaus am Platze. In der Praxis kommt es aber darauf hinaus, daß die Animisten die spiritualistische Alternative *grundsätzlich* verwerfen.

Auf den ersten Blick sollte man meinen, daß die Animisten mit dem Fall Gordon Davis einen Paradefall haben, mit dem sie die Spiritualisten aus dem Felde schlagen können. Ein vermeintlich Jenseitiger entpuppt sich als ein fröhlich Lebender! Sieht man aber genauer hin, dann spricht dieser Fall eher gegen das animistische Dogma.

Wer nämlich darauf verweist, daß die bei der Sitzung mit Blanche Cooper erhaltenen Informationen von einer *lebenden* Person (das heißt Gordon Davis) stammen, der gibt damit auch zu, daß sie von einer Persönlichkeit *außerhalb* des Mediums kamen und sich manifestierten. Bei dieser Persönlichkeit kann es sich logischerweise nicht um den wachbewußten Davis, sondern nur um eine feinstoffliche Projektion oder Abspaltung seiner Seele gehandelt haben, die sich aus irgendwelchen Gründen zu Soal hingezogen fühlte.

Lägen die Dinge anders, so könnte man vermuten, das Medium habe die Psyche Davis' telepathisch »angezapft« und die erhaltenen Informationen weitergegeben. Jedoch wäre die durch die Trompete hörbare unverwechselbare Stimme des Schulfreundes damit nicht erklärbar. Die klare Identifizierung Davis' durch Stimme und Sprechweise schließt wohl die ohnehin reichlich kühne These aus, Blanche Cooper habe mit schier unglaublicher Seherkraft retrospektive (auf 1900 und 1916 rückblickende) und präkognitive Fakten erfühlt und dazu noch die »richtige« Stimme produziert.

Nehmen wir aber an, daß der sich stimmlich mit Hilfe des Mediums manifestierende Davis eine feinstoffliche Abspaltung war (Doppel-Austritte erfolgen in seltenen Fällen auch bei unverminderter gleichzeitiger Körperaktivität des Betreffenden), dann werden die präkognitiven Eindrücke schon etwas eher verständlich; wir hörten bereits, daß Doppelerlebnisse mit Zukunftswahrnehmungen verknüpft sind.

Auch bei Leslie Flint haben sich in einigen wenigen Fällen lebende Personen als »Stimmen« manifestiert. Nachforschungen ergaben jedesmal, daß die Stimmen zu Menschen gehörten, die im Sterben lagen oder tief schliefen.

Der Fall Gordon Davis spricht daher stark *gegen* die animistische Pauschalthese, daß »alles aus dem Unbewußten erklärbar« sei. Er zeigt vielmehr, daß mediale Phänomene tatsächlich einen objektiven Wert haben können und nicht, wie die meisten Psychologen behaupten, ein subjektives Erzeugnis der eigenen Seele sind, der man allenfalls das Einholen von Informationen durch Telepathie und Hellsehen zubilligt.

Die interessanten Aspekte dieses kuriosen Falles sind aber auch damit noch nicht erschöpft, wir können noch mehr aus ihm lernen. Soal hielt seinen alten Schulkameraden für tot und dachte auch vor der Sitzung nicht etwa an ihn. Die in seinem Unbewußten verankerte Überzeugung, Davis sei im Kriege gefallen, muß auf ungeklärte Weise (vielleicht unbewußt »aktiviert« durch die Tatsache der Sitzung) auf die aufnahmebereite Psyche Davis' einen starken suggestiven Zwang ausgeübt haben, der praktisch einer Hypnose gleichkam. Ein Hypnotisierter zieht sich bekanntlich die Rolle an, die man ihm zuweist; er kann aus eigenem Willen nicht aus ihr heraus. Der für tot gehaltene Davis, oder vielmehr sein Feinstoffkörper, muß durch einen solchen hypnotischen Zwang veranlaßt worden sein, sich so kundzutun, wie es ein »wirklich« Verstorbener getan haben mochte[31].

Daraus ergibt sich eine weitere interessante Schlußfolgerung: Das Unbewußte ist aus sich selbst heraus offenbar nicht in der Lage, seine »Inhalte« nach Dingen zu unterscheiden, die ihren Ursprung in der materiellen Welt haben, und solchen, die es nicht haben. Es wird sie vielmehr allesamt ohne Rücksicht auf ihren Ursprung nach seinen eigenen Regeln ordnen. Die Regeln selbst kennen wir nicht; einigermaßen sicher ist nur, daß sie sich nach der Assoziierbarkeit der eingehenden Informationen richten. Voraussetzung ist wohlgemerkt, daß das Unbewußte sich selbst überlassen bleibt und nicht »manipuliert« wird.

Setzen wir einmal voraus, daß der Mensch beim Tode seinen physischen Körper ablegt und in einem Feinstoffkörper weiterlebt. Nehmen wir weiter an, er mache den Versuch, durch ein Medium mit den Erdenmenschen in Verbindung zu treten. Er müßte dann eigentlich den gleichen oder sehr ähnlichen Bedingungen unterliegen wie das »Doppel« des Gordon Davis. Er müßte den psychischen Ausstrahlungen, den Überzeugungen derer, mit denen er in Berührung kommt, sehr stark ausgesetzt sein, ja vielleicht hypnotisch von ihnen beherrscht werden.

Tatsächlich bestätigen zahlreiche von ernsthaften Forschern auf parapsychologischem Gebiet immer wieder gemachte Beobachtungen, daß die innere Einstellung derer, die einem Medium – genauer gesagt deren Trancepersönlichkeit – gegenübersitzen, von größter Bedeutung für den Verlauf der Sitzung sein kann. Ein interessantes Beispiel dafür schildert das englische Trancemedium Mrs. Gladys Osborne Leonard. Ihr »Kontrollgeist«, ein Mädchen namens Feda, war zur Rede gestellt worden, weil sie manchmal eine falsche »Botschaft« gab. Feda verteidigte sich: »Die Sitzungsteilnehmer machen es mich sagen! Sie zwingen mich einfach, sie wollen es hören, sie sind zu stark. Ich *muß* es sagen!«

Wenn sie sich »außerhalb« von Mrs. Osborne Leonard befände[32], erklärte Feda, wisse sie genau, was richtig sei und was nicht. Wenn sie »im Medium« sei, verliere sie manchmal das Gedächtnis daran. Etwas Falsches komme aber nur dann heraus, wenn der betreffende Sitzungsteilnehmer einen starken Wunsch ausstrahle, nur das zu hören, was er gern hören wolle.

Vielleicht wissen wir jetzt, warum so viele Menschen, die ein Medium aufsuchen, zufrieden zurückkommen. Sie haben ihre eigenen Wünsche, verkleidet als Aussagen oder Voraussagen, zu hören bekommen.

Es ist also durchaus nicht nötig, daß das Medium unredlich verfährt, obwohl es natürlich vorkommt, daß Medien, deren Fähigkeiten nachlassen, von sich aus dazumogeln – leider besonders dann, wenn sie vorher von allzu vielen Bewunderern umworben und in der Öffentlichkeit herumgereicht worden sind.

Wenn das Unbewußte aus sich selbst heraus nicht nach materiellen und immateriellen Dingen unterscheidet, kann es wahrscheinlich auch nicht nach »Diesseitigem« und »Jenseitigem« unterscheiden. Es ist also gleichermaßen an beiden »Standorten« zu Hause, um mit Robert A. Monroe zu sprechen. Statt die geographischen Begriffe »Diesseits« und »Jenseits« zu verwenden, ist es wahrscheinlich besser, von einer »sichtbaren und unsichtbaren Wirklichkeit« zu sprechen, wie es auch einige moderne Theologen tun.

Wie können wir dann aber überhaupt jemals wissen, ob eine mediale Aussage transzendenten Ursprung hat oder ein Produkt der Phantasie des Unbewußten ist? Nun, wir können es nur, wenn nachprüfbare Informationen gegeben werden, die keinem Lebenden bekannt waren, oder wenn uns über einen längeren Zeitraum überzeugende Persönlichkeitsmerkmale gegeben werden. Bei der Suche danach, also bei der Arbeit mit Medien, benötigt der Forscher eine offene, vorurteilsfreie Haltung. Er darf nicht selber »motiviert« sein; vor allem aber muß er seine Gedanken unter Kontrolle halten!

Seit der Mitte der sechziger Jahre sind wir Zeuge eines paranormalen Phänomens, das sich ständig wiederholt und erweitert, das sich statt im Séanceraum im Konzertsaal vor aller Öffentlichkeit produziert und das wir sogar auf Schallplatten nachhören können. Wir meinen die Musik der Rosemary Brown aus dem Londoner Vorort Balham.

Rosemary Brown hört in ihrem »inneren Ohr« musikalische Kompositionen, als deren Urheber sie mit absoluter Überzeugung Liszt, Brahms, Beethoven, Schubert, Debussy, Rachmaninow und andere verstorbene Komponisten bezeichnet. Sie versucht, das Gehörte auf dem Klavier nachzuspielen, oder zeichnet es unmittelbar auf Notenpapier auf, wobei sich ihre Hand mit großer Geschwindigkeit bewegt. Sie empfing so inzwischen mehr als 500 Kompositionen.

Kritiker haben bemängelt, daß die aufgezeichneten Kompositionen es an musikalischem Genie fehlen lassen oder jedenfalls weit hinter dem Besten zurückbleiben, das diese Meister geschaffen haben. Auch sie unterstellen jedoch nicht, daß Mrs. Brown irgendwie betrüge oder geisteskrank sei. Jeder, der sie kennenlernt, bezeichnet sie als eine völlig natürliche, vernünftige, ruhige und bescheidene Person. Die Möglichkeiten, sich vor den Fachleuten zu blamieren, wären auch viel zu groß und zu zahlreich, als daß ein Betrüger oder Psychopath auf diesem Gebiet eine Chance haben könnte.

Rosemary Brown hat auch visuelle Eindrücke, sie »sieht« ihre geistigen Besucher. Liszt war der erste und wurde ihr eigentlicher »Mentor«. Nachdem Rosemary sich an seine Erscheinung gewöhnt hatte (die sie hellsichtig wahrnahm), begann er damit, ihre Hände über die Tasten zu führen. Im Laufe der Zeit, berichtet Rosemary, habe Liszt diese Methode durch Übung so vervollkommnet, daß sie, am Klavier sitzend, keine eigenen Anstrengungen mehr zu machen braucht. Dennoch ist sie stets bei vollem Bewußtsein.

In ihrem Buch »Unfinished Symphonies« schildert Rosemary Brown, wie sie im Alter von 7 Jahren eine Vision der Figur Franz Liszts hatte, der ihr bedeutete, er werde eines Tages zurückkommen und ihr »Musik bringen«. Liszt habe Wort gehalten, und er sei es gewesen, der ihr später nach und nach auch die anderen Komponisten zugeführt habe.

Abb. 17: Die ersten Takte der Liszt-Komposition »Grübelei«, medial aufgezeichnet von Rosemary Brown.

Jeder offenbart sich in einer für ihn typischen Eigenart. Während »Liszt« launisch sein und gelegentlich auch etwas Ungeduld zeigen kann, ist »Schubert« stets freundlich, bescheiden und fröhlich. »Bach« wiederum scheint streng und ohne Humor. Auch »Rachmaninows« Antlitz zeigt nur selten die Spur eines Lächelns. »Debussy«

dagegen ist amüsant und redselig. »Brahms« kommt oft, spricht gutes Englisch und zeigt bei der Arbeit mit seiner irdischen Gehilfin große Geduld. In jüngster Zeit ist auch der 1971 verstorbene Strawinsky hinzugekommen.

»Beethoven« hat Mrs. Brown zwei neue Symphonien und ein Choralwerk »hören lassen«, das gleiche geschah mit Schuberts nunmehr vollendeter *»Unvollendeten«*. Rosemary Brown hofft, all das im Laufe der Zeit in Noten setzen zu können.

Es ist sehr leicht, über diese Ansprüche geringschätzig zu lächeln. Trotzdem hat das Londoner Musikmedium internationales Aufsehen erregt, ja einige Berühmtheit errungen. Was haben wir von diesem Phänomen zu halten?

Die Normalpsychologie würde als Ursprung der Komposition entweder Geltungsbedürfnis oder einen verdrängten Wunsch zur Musikausübung vermuten, der sich in einer Art von multipler Autohypnose äußert. Geltungsdrang scheidet bei der sehr bescheiden und unaufdringlich wirkenden Londonerin sicherlich aus. Dagegen ist das späte Aufkeimen eines verdrängten Jugendwunsches (mit dem zusätzlichen »Erfüllungszwang« aus der Vision des Franz Liszt) nicht auszuschließen. Rosemary lernte im nordenglischen Elternhaus das Klavierspiel und liebte die Musik. Widrige Lebensumstände machten es der früh verwitweten Frau, die sich und ihre Kinder allein durchzubringen hatte, unmöglich, an musische Betätigung zu denken. Das erscheint als ein beinahe idealer Boden für eine im Unbewußten wirkende Verdrängung.

Man wird hier an die Hypnoseversuche des Dr. med. Wladimir L. Raikow und anderer sowjetischer Wissenschaftler erinnert. Hypnotisierte Studenten, denen suggeriert wurde, sie seien berühmte Musiker, entwickelten erstaunliche Fähigkeiten in der Beherrschung eines Instruments, die weit über die normale Lernfähigkeit hinausgingen. Ein junger Mann »verwandelte« sich nach erhaltenem hypnotischen Befehl in einen berühmten Maler (Matisse) und brachte, als man ihm Farbe und Leinwand gab, tatsächlich ein sehr gutes Bild zustande, obwohl er im Wachzustand weder malen konnte, noch überhaupt Interesse dafür hatte. Die Persönlichkeitsveränderung dauert an, bis der Hypnotisierte wieder in sein normales Bewußtsein zurückgeholt wird.

Vergessen wir aber nicht, daß wir es bei der Hypnose mit einem manipulierten Unbewußten zu tun haben, dessen Leistungen sich nicht oder nur in stark verringertem Umfang auf den Normalzustand übertragen lassen. Eine totale Amnesie löscht später meistens jede Erinnerung an das Geschehene aus. Im Falle von Rosemary Brown könnte allenfalls eine Autohypnose vorliegen. Wenn der berühmte Edgar Cayce[33] in seinen selbstinduzierten Trancen medialen Zugang zu einem scheinbar universalen medizinischen Wissen hatte, ist dann nicht etwas Ähnliches auch auf musikalischer Ebene denkbar?

Grundsätzlich kann das nicht ausgeschlossen werden, aber die beiden Fälle sind gewiß nicht miteinander vergleichbar. Rosemary Brown geht *nicht* in Trance und erinnert sich an alles; sie erhält ihre Musik im normalen Wachzustand seit mehr als 10 Jahren. Ihre Persönlichkeit wird auch nicht von einer »Abspaltung« verdrängt – es müßte ja auch nicht eine, sondern gleich ein rundes Dutzend sein! Die einzelnen Komponisten unterscheiden sich in ihren Handschriften. Und schließlich ist Rosemary Brown auch sonst und in mehr alltäglichen Dingen als der Musik ein ausgesprochen medial veranlagter Mensch.

All das spricht gegen die Annahme einer aus dem Unbewußten aufgestiegenen »Verdrängung« aus der Kindheit oder Jugend.

Lassen wir aber einmal alle psychologischen und parapsychologischen Überlegungen beiseite. Ignorieren wir auch, weil sie nicht unter wissenschaftlichen Testbedingungen zustande kam, eine Manifestation in Gegenwart des Londoner »Stimmenmediums« Leslie Flint, bei der die vermeintlichen Stimmen mehrerer Komponisten hörbar wurden (darunter Chopin mit einem slawisch-französischen Akzent) und in beredten Worten darum baten, ihr Wirken durch Rosemary Brown als einen Beweis des menschlichen Fortlebens zu betrachten. Als letztes und entscheidendes Urteilsmerkmal bleibt uns dann nur noch die Musik selbst.

Spielen und improvisieren auf dem Klavier ist eine Sache; komponieren eine ganz andere. Rosemary Brown war schon im Notenschreiben ungeübt, vom Orchestrieren wußte sie überhaupt nichts. Eine sehr stattliche Zahl von englischen und amerikanischen Musiksachverständigen hat die medialen Kompositionen kritischen Analysen unterworfen. Durchaus nicht alles war gut, aber das meiste war gut genug, um nicht von ihr selbst stammen zu können. Man bestätigte Rosemary Brown, daß ihre Stücke in der Tat charakteristisch für die jeweiligen Komponisten sind und ihr eigenes, sehr bescheidenes musikalisches Können bei weitem übertreffen. Besonders erstaunt waren die Fachleute darüber, wie ein musikalischer Laie wie Rosemary Brown so viele verschiedene Stile beherrschen kann.

»Wenn Rosemary unecht ist, dann ist sie das auf eine brillante Weise«, meint der englische Komponist Rodney Bennet. »Sie müßte eine jahrelange Ausbildung gehabt haben. Einiges von ihrer Musik ist miserabel, aber anderes ist wunderbar. Ich selbst hätte die Beethoven-Kompositionen nicht fälschen können. Es ist bislang eine relativ leichte Musik, typisch für die frühen Perioden der Komponisten und ohne umwerfende intellektuelle Konstruktionen – aber es scheint die richtige, undefinierbare Qualität zu haben, an der man jeden Komponisten erkennt.«

Ein anderer Musiksachverständiger, Roy Douglas, war besonders von der Brahmsschen Musik Rosemarys beeindruckt. »Es scheint mir extrem unwahrscheinlich, daß sie mit der Kammermusik Brahms' so vertraut ist, daß sie etwas fälschen könnte, was seiner Musik für Streichinstrumente so ähneln könnte. Sie hat auch jenes gewisse Etwas von zarter Wehmut, das für die Brahmsschen Quartette so typisch ist und das nach meiner Meinung keinesfalls von einer Frau von so begrenzten Fähigkeiten nachgeahmt werden könnte.«

Man ist im ersten Augenblick vielleicht etwas konsterniert, wenn man von Mrs. Brown erfährt, daß »Liszt« ihr gelegentlich auch beim Nachrechnen ihrer Einkaufsrechnungen helfe. Das paßt nicht so recht in unsere Vorstellung vom »Geist« eines berühmten Komponisten, der sich, wenn er sich denn schon gar nicht tot fühlt, doch mindestens mit angemessener Würde zu benehmen hat ... Solche »menschlichen« Begleiterscheinungen treten bei Medialfällen recht häufig auf und werden unfehlbar von Kritikern und Spöttern zum Anlaß genommen, sich über das Ganze lustig zu machen. Es muß jedoch dagegengehalten werden, daß ein berechnender Schwindler diese Gefahr sofort erkennen und sich schwerlich mit erfundenen Trivialitäten eine unnötige Blöße geben würde.

Nehmen wir zuletzt ein Gegenbeispiel, einen Fall, der sich parallel zu dem der Rosemary Brown entwickelte. Im Oktober 1970 erhielt Peter Fleming, der Bruder des 1964 verstorbenen »James-Bond«-Autors Ian Fleming, den Besuch eines alten Herrn, der ihm ein dickes maschinegeschriebenes Manuskript vorlegte. Es hatte den Titel »Take Over: A James Bond Thriller«. Seine Tochter Vera hatte seit einiger Zeit durch »automatische Schrift« Texte niedergeschrieben, die ihr angeblich von verstorbenen Schriftstellern diktiert worden waren. Die angeblichen Autoren waren: Sir Arthur Conan Doyle, H. G. Wells, Edgar Wallace, Bernard Shaw, Ian Fleming und Somerset Maugham.

Die sogenannte automatische Schrift ist eine sehr viel häufiger als die Trance auftretende Medialform. Das Medium muß lediglich sein Ichbewußtsein zurücktreten lassen und völlig entspannt sein. Die mit Stift und Papier bereitliegende Hand beginnt oft zögernd und stockend, um schließlich mit verblüffender Geschwindigkeit – viel schneller als die »normale« Handschrift – Bogen über Bogen zu füllen. Die Psychologie bezeichnet die automatische Schrift als ein »Steigrohr des Unbewußten«. Das ist sie auch, nur besagt diese Definition nichts, weil wir nicht sicher wissen können, *woher* das Unbewußte sein Material bezogen hat! Da das Bewegen der Hand zum Schreiben durch die Gehirnzellen erfolgt, müssen übrigens auch diese an dem Prozeß beteiligt sein[34].

Der schriftstellerischen Phantasie des unbewußten Seelenbereichs sind ebensowenig Grenzen gesetzt wie der musikalischen. Auch hier mußte man also nach überzeugenden Qualitätsmerkmalen suchen, die nicht aus der Psyche des Automatisten erklärbar waren. Aber schon das erste Merkmal war verwirrend; die automatische

Schrift erschien stets in der Handschrift der verstorbenen Mutter. Der alte Herr, ein pensionierter Bankbeamter, erklärte, daß seine verstorbene Frau sich auch als erste durch Vera »gemeldet« habe.

Peter Fleming sah sich das angebliche Werk seines Bruders und einige der anderen Texte an. Die »Bond«-Charaktere – Mister »M«, Miß Moneypenny usw. – waren alle vertreten, die Grundidee der Handlung hätte durchaus von Ian Fleming sein können. Die Ausführung dagegen war eine teils fade, teils geschraubte Imitation des »echten« Bond. Es fiel Peter Fleming auch auf, daß, gänzlich un-Bond-gemäß, jegliche Erotik in der Handlung fehlte.

Ähnliches galt für die anderen fünf. Fleming fand keines der automatisch geschriebenen »Werke« überzeugend, weder im Stil noch in der literarischen Qualität. »Somerset Maugham«, der durch Vera einen Roman produzierte, offenbarte sich als ein Groschenliterat, weit unter dem Niveau der bekannten Werke des Verfassers. Merkwürdig war allerdings, daß der angebliche Übermittler die Unterschrift Ian Flemings (aber nicht die der anderen Autoren) überzeugend genau zu reproduzieren vermochte; sie konnte aber auch einer Biographie über Ian Fleming entnommen worden sein.

Peter Fleming schloß die Möglichkeit einer betrügerischen Fabrikation (die vielleicht durch die Publizität über Rosemary Brown angeregt worden sein konnte) mit äußerstem Nachdruck aus. Was Vera veranlaßt haben konnte, zwischen Mai 1970 und Februar 1971 neben ihrer Hausarbeit und ihrer Sorge um einen kranken Ehemann rund 100000 Worte »Literatur« niederzuschreiben, blieb ihm ein Rätsel – es sei denn die Erinnerung an die verstorbene Mutter und der Wunsch, ihr dabei zu helfen (so eine Äußerung des angeblichen Maugham), der Welt Beweise für das Fortleben der berühmten Schriftsteller zu liefern.

Es gibt übrigens viel mehr angeblich postmortale Werke berühmter Autoren als allgemein bekannt ist. Eine kleine Bibliothek ließe sich mit ihnen füllen: Charles Dickens, Oscar Wilde, T. E. Lawrence sind nur einige aus einer langen Liste. An der Spitze der medialen Literatur-Aufzeichner steht zweifellos Carlo Mirabelli, der in automatischer Schrift mit rasender Geschwindigkeit Aufsätze in nicht weniger als 28 Sprachen produzierte. Die angeblichen Autoren sind fast alle glänzende Sterne am Firmament der Weltgeschichte. Man mag diesen Anspruch füglich bezweifeln. Doch die Vermutung, daß Mirabelli 28 verschiedene »Persönlichkeitsabspaltungen« in sich trug, klingt ebensowenig überzeugend!

Über die musikalischen Eingebungen der Rosemary Brown war im Jahre 1970 in England bereits einiges bekannt. Es erscheint durchaus denkbar, daß jemand durch sie »inspiriert« wurde, das gleiche auf literarischem Gebiet zu versuchen. Die jenseitigen Schriftsteller waren es offensichtlich nicht. Es *können* unbewußte Persönlichkeitsabspaltungen der Automatistin Vera gewesen sein.

Die konsequent von Anfang bis Ende erscheinende Handschrift der Mutter läßt aber auch eine literarische Betätigung der verstorbenen Mutter nicht ausgeschlossen erscheinen!

Was können wir daraus lernen? In der Parapsychologie läßt sich vorerst nur wenig beweisen, aber beinahe alles denken. Es gibt keine feste Demarkationslinie, die uns verkündet: Hier beginnt das Transzendente! Wir sind auf uns selbst gestellt und müssen jeden Fall, nachdem wir ihn ernsthaft geprüft haben, nach seiner Wahrscheinlichkeit bewerten. Bei Gordon Davis waren allein »diesseitige« Faktoren am Werk, bei Rosemary Brown sehen wir die Wahrscheinlichkeit auf der Seite echter Inspiration, im James-Bond-Fall schließlich ist eine Mischform denkbar.

Eigene Beobachtungen bestärken uns in der Annahme, daß in medialen Äußerungen sehr häufig diesseitige mit transzendenten Faktoren zusammenwirken. Nur sehr begabte, erfahrene und gewissenhafte Medien können einigermaßen zuverlässig unterscheiden, von welcher Ebene eine ihnen zufließende Information kommt.

Mit dieser Feststellung betreten wir allerdings schon verbotenes Land, denn das psychologische Establishment unserer Zeit hat über spiritualistische Deutungen ein Tabu verhängt[35]. Man gibt es nicht offen zu, denn das würde einer offenen Verachtung religiöser Gefühle wohl doch zu nahe kommen, aber man praktiziert es deshalb nicht minder wirksam. Die Methode besteht darin, der menschlichen Seele ein Allvermögen von geradezu kosmischen Ausmaßen zuzuschreiben. Mit dieser »Super-ASW« läßt sich dann alles erklären.

»Es tut uns leid«, sagt das Establishment, »aber das Weiterbestehen der menschlichen Seele steht allen wissenschaftlichen Erfahrungen so entgegen, daß wir alle anderen Erklärungsmöglichkeiten ausschöpfen müssen, bevor wir eine solche Hypothese zulassen.«

Schon die Prämisse dieser Haltung ist falsch, weil sie auf den Auffassungen des 19. Jahrhunderts fußt und moderne Einsichten wie das Projektionserlebnis und die offenbare Körperunabhängigkeit des Bewußtseins völlig unberücksichtigt läßt. Dies wäre aber noch nicht so schlimm, wenn sich das Establishment beim Ausschöpfen der animistischen Erklärungsmöglichkeiten nicht Freiheiten erlaubte, die es in jeder anderen Situation als unwissenschaftlich verdammen würde.

Nehmen wir an, ein Medium vermittelt uns Informationen, die nur einer bestimmten verstorbenen Person bekannt waren, sich aber bei Nachprüfung als richtig erweisen. Man unterstellt dann, das Medium habe sich durch »Retro-Telepathie« in das Gedächtnis des Verstorbenen zurückversetzt, wie es vor Monaten oder Jahren zu dessen Lebzeiten bestand. Vom Laien wird erwartet, daß er das für wahrscheinlicher hält als die Vorstellung, daß der Übermittler aus einer körperlosen Existenz spricht. Man hält ein Faß ohne

Boden bereit, das sich nie füllen läßt, soviel Beweise auch zitiert werden mögen. Ist das noch wissenschaftlich?

Wir wissen von Parapsychologen, die ihre Stellung zu verlieren fürchten, wenn sie ihren nur-animistischen Standort aufgeben. Es liegt offenbar manches im argen mit der akademischen Forschungsfreiheit, wenn fähige Wissenschaftler zu solchen Tarnmanövern genötigt sind. Aber auch hier gibt es Anzeichen, daß die nächste Generation die Dinge sehr viel unbefangener sehen wird.

Beispielgebend mag die Haltung Wernher von Brauns sein, der in mehreren Interviews[36] seine feste Überzeugung zum Ausdruck gebracht hat, daß die Menschenseele (nach jenem fundamentalen Naturgesetz, das nur eine Umwandlung, aber keine Vernichtung der Energie zuläßt) ebensowenig spurlos verschwinden könne wie irgend etwas anderes in der Natur.

Außer dem erwähnten Tabu hat die Problematik, das persönliche Überleben des Todes *objektiv* zu beweisen, die meisten akademischen Parapsychologen in den letzten Jahrzehnten veranlaßt, sich anderen (freilich oft viel weniger wichtigen) Themen zuzuwenden. Es mag sein, daß dies anders wird, wenn die Beweissuche auf elektronische Mittel verlagert werden kann (vgl. Kap. 14). Wichtiger noch scheint jedoch das unverkennbar stetig wachsende Interesse an erweiterten Bewußtseinsformen zu werden. Wir wachsen in eine Zeit hinein, die bereit sein wird, die Dinge als Ganzheit zu sehen.

Es gibt nur wenige Menschen, die den Zustand unmittelbar jenseits des klinischen Todes *bewußt* erlebt haben, die dennoch ins diesseitige Leben zurückgekehrt sind und kraft ihrer Persönlichkeit als Zeugen qualifiziert sind. Die Aussagen dieser wenigen sind offenkundig von allergrößtem Wert. Einer von ihnen ist der Züricher Diplomarchitekt Stefan von Jankovich. Er wurde am 16. September 1964 bei einem schweren Autounfall bei Bellinzona aus dem Wagen geschleudert und blieb mit 18 Knochenbrüchen bewußtlos auf der Straße liegen.

Was dann geschah, hat v. J. in einem nüchternen, sachlichen und zugleich sehr bewegenden Bericht niedergeschrieben[37]. Er schildert sein Erleben als ein Schauspiel in drei Phasen oder Aufzügen, die wir hier nur summarisch wiedergeben können.

Die erste Phase beginnt nach einigen Minuten totaler Bewußtlosigkeit mit dem Erwachen »außerhalb des Körpers« und dem inneren Wissen: *Ich sterbe.*

v. J. empfindet dabei keine Angst. Nur eine »glückliche Neugier« bewegt ihn, was als Nächstes geschehen werde. Er fühlt, daß er schwebt und nimmt beseligende Klänge und dazugehörende Farben, Formen und Bewegungen wahr. »Irgendwie hatte ich das Gefühl, daß jemand mich trägt, ruft, tröstet, leitet, immer höher in die andere Welt, wo ich nun als Neuling eintreten durfte.«

Absoluter Friede hüllt ihn ein, während er höher zu schweben scheint.

Langsam erweitert sich dieses Bild zu immer größerer Harmonie, mit immer stärkeren Klängen, Formen, Bewegungen und unbeschreiblich schönen, kristallklar leuchtenden Farben. Es leitet über in die

Zweite Phase. v. J. weiß jetzt, daß er über der Unfallstelle schwebt. »Ich sah dort meinen leblosen, schwerverletzten Körper liegen, ganz genau in derselben Lage, wie ich es später von den Ärzten und Polizeirapporten erfuhr. Ich sah auch ganz deutlich unseren Wagen und die Leute, die rings um die Unfallstelle standen ... Ich konnte genau hören, was die Leute untereinander sprachen. Der Arzt kniete an meiner rechten Seite und gab mir eine Spritze ... Ich beobachtete ... wie er feststellte, daß meine Rippen gebrochen waren. Er bemerkte ›Ich kann keine Herzmassage machen‹. Nach einigen Minuten stand er auf und sagte ›Es geht nicht‹. Er sprach berndeutsch und ein etwas komisches Italienisch. Er sagte: Man kann nichts machen, er ist tot.«

v. J. war in diesem Augenblick sicherlich klinisch tot, aber er war – wie er es ausdrückt – noch nicht gestorben. Seltsamerweise konnte er das Geschehen aus etwa drei Meter Höhe über seinem Körper ohne Emotionen, in einem Zustand himmlischer Gelassenheit und Harmonie verfolgen. Zuletzt nahm er noch wahr, wie ein anderer Mann »in Badehosen, mit einer kleinen Tasche in der Hand« hinzukam und nach einem Wortwechsel mit dem Berner Arzt ebenfalls zu ihm niederkniete.

Dann bewegt sich sein Bewußtsein wieder fort, doch hat er das Gefühl, nicht allein zu sein. Die Töne und Farbenspiele werden nun immer stärker, überfluten ihn völlig. Die Sonne wird immer strahlender und pulsierender. So beginnt die

Dritte Phase. v. J. erlebt sie als »ein phantastisches vierdimensionales Theaterstück, das sich aus unzähligen Bildern zusammensetzte und Szenen aus meinem Leben wiedergab. Um irgendeine Größenordnung zu bekommen, habe ich damals die Zahl 2000 angegeben, aber es könnten vielleicht 500 oder 10000 gewesen sein. In den ersten Wochen nach dem Unfall konnte ich mich sicherlich an 150 bis 200 erinnern ...

Jede Szene war vollständig abgerundet. Der Regisseur hat seltsamerweise dieses ganze Theaterstück so zusammengestellt, daß ich die letzte Szene meines Lebens, das heißt meinen Tod ... zuerst sah, während die letzte Szene ... mein erstes Erlebnis war, nämlich meine Geburt. Jede Szene war abgerundet, das heißt mit einem Anfang und einem Ende. Aber die Reihenfolge war umgekehrt.«

Von Jankovichs Schilderung folgt *im Prinzip* jenem als *Ekphorie* bekannten Wiedererleben vergessener Szenen in Augenblicken drohender Todesgefahr oder bei bestimmten Krankheitszuständen. Der wesentliche Unterschied liegt darin, daß sein Erleben bereits einer höherdimensionalen Welt angehört. Das wird aus Folgendem deutlich:

»Alle Szenen sah ich so, daß ich *nicht nur Hauptdarsteller, sondern gleichzeitig auch Beobachter war*, ... als ob ich über dem ganzen Geschehen im vierdimensionalen Raum geschwebt hätte und von oben oder von unten oder von der Seite gleichzeitig das ganze Geschehen miterlebt hätte. Ich schwebte über mir selbst. Ich betrachtete mich von jeder Seite und hörte zu, was ich sagte. Ich registrierte mit allen meinen Sinnesorganen, was ich sah, hörte und spürte.«

»Meine Seele war ein ganz sensibles Gerät. Mein Gewissen wertete mein Handeln sofort aus und beurteilte mich selbst, das heißt, ob diese oder jene Tat gut oder schlecht gewesen war.«

Zeitbegriffe fehlten dem Berichterstatter. Nur Sekunden mögen gefehlt haben, bis die »Silberkordel« riß und den klinischen in einen endgültigen Tod verwandelt hätte. Ihm aber war es, als seien in der vierten Dimension aus den Sekunden Tage und Wochen geworden. Was er erlebt hatte, würde er nie mehr vergessen können.

Die Spritze ins Herz, die ihm der zweite Arzt gab, holte Stefan von Jankovich in die schmerzende Wirklichkeit seines Körpers zurück. Er überlebte als ein anderer, neuer Mensch mit völlig neuen Erkenntnissen – als ein geistig Auferstandener.

14. Kapitel: Das Himmelsmikrophon

Russen und Amerikaner suchen nach außerirdischen Intelligenzen – Das seltsame »Echo-Syndrom« – Elektromagnetische Strahlen sind bereits »transzendent« – Die Entdeckung des »Stimmenphänomens« – Über einhundert Amateurforscher in Europa – Stimmen in mehrsprachigen Konstruktionen – Wer spricht: Das eigene Unbewußte oder jenseitige Wesen? – An der Schwelle neuer Kommunikationsmethoden

Im September 1971 trafen sich führende sowjetische, amerikanische und andere Wissenschaftler am Astrophysikalischen Observatorium von Byurakon im sowjetischen Armenien zu einer gemeinsamen Konferenz. Ihr Thema wäre ein Dutzend Jahre vorher noch unbesonnen in das Reich der »Science Fiction« verwiesen worden: die Möglichkeit einer Funkverbindung zu außerirdischen Intelligenzen.

Unter den Teilnehmern waren so illustre Namen wie der des englischen Nobelpreisträgers Dr. Francis Crick, des Amerikaners Dr. Frank Drake vom National Radio Astronomic Observatory in Green Bank (Virginia) und des sowjetischen Astrophysikers Dr. Wsowolod Troitsky vom radiophysikalischen Institut Gorki. Drake und Troitsky hatten bereits eigene Erkundungsprojekte durchgeführt; die Arbeiten in Gorki waren seit drei Jahren im Gange und auf 50 dem Sonnensystem »nahe« (das heißt weniger als 100 Lichtjahre entfernte) Sternensysteme gerichtet.

Die Wissenschaftler gaben ihrer Tagung den Namen CETI[38]. Sie beschlossen, auf internationaler Ebene zusammenzuarbeiten und Erfahrungen auszutauschen. Schon wenige Monate später meldeten die Sowjets, daß ein Observatorium auf der Krim unerklärbare Signale auf der $3^1/_2$-cm-Welle aufgefangen habe. Nach Ansicht der amerikanischen Raumfahrtbehörde NASA ist dagegen der Mikrowellenbereich zwischen 1420 und 1662 Megahertz für eine interplanetarische Verbindung am erfolgversprechendsten.

In ihrem Studienprojekt »Cyclops« schlug eine Arbeitsgruppe der NASA den Bau eines computergesteuerten riesigen Systems von gestaffelten Parabolantennen von je 100 m Durchmesser vor, die nach dem sogenannten Interferometer-Muster rechtwinklig zueinander über eine Hochfläche von fast 40 km Ausdehnung errichtet und so zusammen eine gigantische Superantenne ergeben würden. Mit dieser werde man Signale vom Rande des Universums, etwa 13 bis 16 Milliarden Lichtjahre entfernt, auffangen können. Unter der Aufsicht der *National Science Foundation* sind die Vorbereitungen für eine Superanlage[39] von immerhin 27 Radioteleskopen im US-Bundesstaat New Mexico bereits im Gange.

Wir wissen inzwischen durch die Messungen amerikanischer und sowjetischer Raumsonden, daß menschliche Lebensformen auf Mars und Venus wegen der dort herrschenden extremen klimatischen Bedingungen biologisch unmöglich sind. Auch die übrigen Planeten des Sonnensystems bieten nicht sehr viel Hoffnung auf menschliches Leben, jedenfalls nicht nach irdischen Begriffen. Für andere Sternensysteme muß das jedoch nicht gelten. »Unter den Tausenden von Millionen Sternen unserer Galaxe«, meinte der Leiter des Byurakon-Observatoriums, V. Ambartsumyan, »muß es viele Planeten geben, einschließlich solcher mit günstigen Bedingungen für die Entwicklung von Leben, und in einigen Fällen mit fortgeschrittenen Zivilisationen.«

Nüchterne Logik zwingt uns zu dem Schluß: Wir sind nicht allein. Amerikanische Wissenschaftler schätzen die Zahl der möglicherweise »ansprechbaren« Planetensysteme allein in unserer Milchstraße auf etwa 40000. Die CETI-Teilnehmer Troitsky und Dr. Carl Sagan (USA), beide international anerkannte Fachwissenschaftler, halten es für vorstellbar, daß im gesamten Weltall zwischen 50000 und einer Million Zivilisationen existieren, die der unseren erheblich überlegen sind.

CETI empfahl denn auch, nur nach solchen Zivilisationen zu forschen, die uns technisch mindestens vergleichbar sind. Die Wahrscheinlichkeit spricht eher für starke Überlegenheit. Der *homo sapiens* unserer Erde ist nicht viel älter als etwa 50000 Jahre, eine an kosmischen Maßstäben gemessen winzige Zeitspanne. Unsere Vettern auf fremden Planeten können sehr wohl um Hunderttausende, vielleicht Millionen Jahre älter sein – und uns entsprechend überlegen.

Wenn sie bisher keinen Kontakt mit uns aufnehmen konnten, liegt es vielleicht daran, daß sich ihre Kommunikationsmethoden in einer ganz anderen Richtung entwickelt haben, daß die riesigen kosmischen Entfernungen sie zur Anwendung *para*physikalischer Techniken geführt haben, die wir noch nicht zu erkennen vermögen. Oder sie haben Methoden ersonnen, über die wir noch nicht kräftig genug gestolpert sind!

Seit dem Frühjahr 1973 beschäftigt sich die Britische Interplanetarische Gesellschaft mit einer These, die auf der Annahme fußt, daß außerirdische Intelligenzen vor 13000 Jahren unser Sonnensystem besuchten und es möglicherweise noch immer überwachen. Sie gründet sich auf einen eigenartigen Echo-Effekt bestimmter Funksignale, der zuerst in den zwanziger Jahren von norwegischen Meteorologen beobachtet wurde.

Radiowellen werden gewöhnlich entweder von der Ionosphäre auf die Erde zurückgeworfen (was auch über größte Erdentfernungen weniger als eine Sekunde dauert), oder sie durchstoßen die Ionosphäre und gehen verloren. Sie müßten es jedenfalls. Im Falle des Echo-Effekts kommen sie jedoch nach 3 bis 15 Sekunden wieder zu uns zurück! Schon 1960 postulierte der amerikanische Astronom Prof. Ronald Bracewell, daß dieser Effekt von einem »Artefakt«, einer fremden Raumstation erzeugt werden könne, die die betreffenden Funksignale auffängt und nach einem bestimmten Code wieder an uns zurückgibt.

Als der Schotte Duncan Lunan zehn Jahre später die Bracewellsche These prüfte und dabei die norwegischen Meßwerte auf ein Koordinatensystem übertrug, schien ihm plötzlich, daß die eingetragenen Punkte starke Ähnlichkeit mit der Himmelskarte der nördlichen Hemisphäre hatten und daß in ihrem Mittelpunkt der 105 Lichtjahre entfernte Doppelstern Epsilon Boötis lag. Wenn man einen bestimmten Codeschlüssel anwendete, konnte man sogar eine (englische) Wortbotschaft herauslesen: Unsere Heimat ist Epsilon Boötis, auf dem sechsten von sieben Planeten.

Natürlich ist Lunans Theorie lebhaft umstritten. Wer ihr folgen will, muß annehmen, daß Raumfahrer von einem Epsilon-Planeten etwa um 11 000 v. Chr. in Erdnähe waren, denn zu dieser Zeit paßt die aus Lunans Echomuster herauslesbare Konstellation. Die Besucher müßten einen Signalreflektor etwa in der Mondumlaufbahn zurückgelassen haben. Dennoch nehmen britische Elektroniker und Astronomen des Stanford-Observatoriums in Kalifornien die Möglichkeit ernst genug, um nun mit Funksonden nach einem solchen Reflektor zu forschen. Vielleicht werden die Raumlabors der nahen Zukunft das Echorätsel lösen.

Aber kehren wir zurück zur Paraphysik. Weltraumbummler der Science-fiction-Literatur bedienen sich der Telepathie und Teleportation, vielleicht auch der De- und Rematerialisation, um zur Erde zu gelangen. Für die meisten von uns gehören diese Dinge, oder wenigstens ihre praktische Anwendung, ins Reich der Phantasie. Aber erinnern wir uns daran, daß man vor hundert Jahren noch darüber diskutierte, ob ein großes Feuer auf dem Mars von der Erde aus sichtbar wäre und als Mittel zur Nachrichtenübertragung dienen könnte! Wir würden den gleichen naiven Fehler machen, wenn wir bei der Suche nach intelligenten Signalen oder gar nach Besuchern aus dem Weltall vom gegenwärtigen Stand der Technik ausgingen.

Paraphysik und -psychologie machen Techniken denkbar, die eine ausgereifte ältere Zivilisation durchaus beherrschen könnte. Um uns der Frage rational nähern zu können, müssen wir zunächst klären, ob es Wechselwirkungen zwischen dem Psychischen und der Technik gibt, die zur Kommunikation geeignet sein könnten.

Elektromagnetische Strahlung bewegt sich mit Lichtgeschwindigkeit und ist damit nach den Maßstäben der Einsteinschen Relativitätstheorie im Grunde für uns bereits transzendente Welt. »Innere« Distanzen und Zeiten in dieser Welt sind, wenn es sie gibt, für uns nicht erkennbar (Schneider). Da dies ebenso für die mentalen Paraphänomene wie Hellsehen und Telepathie zutrifft, ist eigentlich nicht einzusehen, warum es paranormale Erscheinungen nicht auch im elektromagnetischen Bereich geben sollte.

Und es gibt sie auch! Das Zeitalter der Elektronik hat uns zu einer Entdeckung verholfen, die eine uns bisher unbegreifliche Erfahrungswelt erstmals in den Bereich unserer Instrumente rückt. Wir meinen das sogenannte »Stimmenphänomen«. Die elektronischen Apparaturen fangen in diesem Fall allerdings nicht Funksignale aus dem All, sondern menschliche Kehlkopfstimmen auf. Woher? Das weiß man noch nicht genau.

Schon 1952 stellte der Amerikaner George Hunt Williamson beim Überspielen von Rundfunksendungen auf Tonband fest, daß sich »fremde Stimmen« eindrängten. Er erhielt zahlreiche Zuschriften von Leuten aus allen Teilen der USA, die ähnliches erlebt hatten. Schon damals fiel auf, daß die Urheber der Stimmen (Williamson glaubte an Wesen von einem anderen Weltenkörper) offensichtlich die Gedanken der Menschen lasen, zu denen sie sprachen. Jedoch, es fehlte an Untersuchungsmethoden, und die Sache geriet wieder in Vergessenheit. Der »Durchbruch« kam erst sieben Jahre später.

Im Sommer des Jahres 1959 entdeckte der nach Schweden eingewanderte Russo-Balte Friedrich Jürgenson, daß er beim Aufnehmen von Vogelstimmen im Garten seines Landhauses unerklärbare Geräusche und menschliche Stimmen aufs Tonband bekam.

Verblüfft und zugleich neugierig stellte Jürgenson weitere Versuche an, diesmal in seiner Stockholmer Stadtwohnung. Ähnlich wie bei Williamson, von dem er nichts wußte, stellten sich zwischenrufartige Fremdstimmen ein. Jürgenson zog Rundfunkfachleute hinzu, veranstaltete gemeinsame »Einspielungen« mit ihnen, ohne daß aber eine natürliche Erklärung gefunden werden konnte. Die Stimmen stellten sich schließlich als ein jenseitiges »Sendeteam« vor. Jürgenson war aufgeregt, aber auch erleichtert; auch er hatte zunächst an Planetarier geglaubt.

Der in Bad Krozingen ansässige, aus Lettland stammende Schriftsteller und Literaturwissenschaftler Dr. Konstantin Raudive las das von Jürgenson über diese Ergebnisse geschriebene Buch und war so beeindruckt, daß er mit eigenen Experimenten begann. Beim Erscheinen seines ausführlichen eigenen Buches »Unhörbares wird hörbar« (1968) hatte er 72000 Stimmen aufgenommen und analysiert.

Andere folgten. Inzwischen haben die »Transzendentalstimmen« weit über Nord- und Mitteleuropa hinaus Interesse ausgelöst.

Physiker, Elektroniker, Toningenieure, Parapsychologen, Ärzte und Geistliche aus vielen Ländern haben sich durch Besuche bei Jürgenson, Raudive und anderen Experimentatoren über das Phänomen informiert. Manche haben mit eigenen Versuchen begonnen, teilweise mit selbst konstruierten oder verbesserten Geräten. Zu ihnen gehören ein bei der Firma Telefunken tätiger Hochfrequenzingenieur, englische, deutsche und schwedische Radiofachleute, ein katholischer Pfarrer aus der Schweiz und ein New Yorker Journalist. Professor Alex Schneider von der Technischen Hochschule St. Gallen hat die Entwicklung mit zahlreichen praktischen und theoretischen Anregungen gefördert.

Wer ein Tonband mit »Einspielungen« zum erstenmal hört, vernimmt ein Gewirr von teilweise schwachen oder undeutlichen, teilweise aber auch nach Klang und Inhalt klar differenzierbaren Stimmen. »Man hat den Eindruck«, schreibt Professor Schneider, »einer großen Anzahl Sprechender gegenüber zu sein, die zwar einigermaßen diszipliniert, aber doch hastig durcheinanderreden ... Vielleicht liegen weitere, noch zahlreichere Stimmen unter der Hörbarkeitsschwelle ...«

Die Stimmen haben einige sehr typische Eigenschaften, die es im Regelfall überaus unwahrscheinlich machen, daß sie aus »Radiofloskeln« bestehen könnten, nämlich

a) sie werden in einem ungewöhnlichen Rhythmus und sehr schnell gesprochen. Oft hat man den Eindruck, daß sie überhaupt nicht gesprochen, sondern »gerufen« werden. Manchmal wechseln sie blitzartig. Der Energievorrat scheint begrenzt zu sein.

b) die Aussagen sind meist telegrammartig verkürzt und häufig aus mehreren Sprachen zusammengesetzt. Ohne Rücksicht auf die Grammatik werden neue Wortbildungen und -endungen geschaffen; vermutlich, um einen bestimmten Rhythmus einzuhalten.

c) Der Experimentator und andere Anwesende werden häufig beim Namen oder Kosenamen angeredet, oder die Stimmen nennen ihren eigenen Namen (oder vorgebliche Namen).

d) Die Stimmen reagieren auf Geschehnisse während des Experiments und zeigen ausgesprochen telepathische, teilweise auch präkognitive Begabung. Hier einige Beispiele:

»Bedenke, ich bin!«	»Seelisches Land«
»Wir suchen Kontakt«	»Koste, wir leben« (Koste = Kurzform für Konstantin)
»Mondrückseite gesperrt« (anläßlich eines Apollofluges)	»Mond ist zu schwach«
	»Hier ist die Brücke«

Zu große Feldstärken der Aufnahmegeräte oder Oszillatoren werden als störender »Blitz« empfunden.

»Blitz wie Beil im Hirn« und »Blitz abdreh« waren Aufforderungen der »Stimmen« an den Wiener Ingenieur Franz Seidl, die

Feldstärke seines Geräts herabzusetzen. Ein Essener Stimmenforscher erhielt den Bescheid

»Du machst einen Blitz, das genügt.«

Sehen wir uns aber noch einmal genau an, *wie* die Stimmen eingefangen werden. Das Arbeitszimmer eines »Stimmenforschers« ist vollgepackt mit elektronischer Apparatur. Neben mehreren handelsüblichen Tonbandgeräten und Radios steht wahrscheinlich ein Meßsender (Selbstsender), vielleicht auch ein Goniometer. Dazu Mikrophone, Dioden und zahlreiche fabrikneue Tonbänder. Durch Testvorläufe mit laufendem Band läßt sich einigermaßen sicherstellen, daß nicht etwa durch einen Gerätefehler Radiofrequenzen einbrechen.

Es wird entweder ein Mikrophon oder ein Radio an das Tonbandgerät angeschlossen. Man stellt den Empfänger möglichst auf das »weiße Rauschen« zwischen zwei Sendern ein, um den Stimmen eine Trägerfrequenz zu geben. Statt des Radios genügt auch eine etwa 10 cm lange Antenne mit einer Diode, die direkt mit der Radio- oder Mikrophonbuchse des Bandgeräts verbunden wird, sie schließt die Gefahr des Einbruchs durch alle weiter entfernt liegenden Sender aus. Das gleiche, und dazu einen gleichmäßigen Geräuschhintergrund, erwirkt ein Meßsender, der direkt an die Antennenbuchse geschlossen wird.

Fortentwicklungen sind das »Psychophon« von Ing. Franz Seidl und die von Ing. Rudolph (Unterbalzheim) erdachte Goniometermethode. Das Psychophon ist eine Kombination von Breitbandempfang, Mikrophon und Selbstsender mit hoher Verstärkung, wobei der Selbstsender den »Stimmen« eine modulierbare Trägerfrequenz bietet. Das Ganze ist zur Abschirmung in ein Metallgehäuse eingeschlossen. Völlig anders das Goniometer, ein Peilantennensystem mit senkrecht zueinander stehenden Spulen relativ hoher Induktivität mit magnetischer Richtwirkung.

Die besten und lautesten Stimmen, die wir hörten, waren mit dem Goniometer aufgenommen worden.

Die Stimmenforschung hat also eine technische Komponente, die sich je nach Fachwissen und Begabung entwickeln läßt. Dies ist sicher geeignet, psychologisch ungeeignete Personen von der Beschäftigung mit dem Phänomen fernzuhalten. Das Erkennen der Stimmen erfordert ein gutes Gehör, und oft ist wochenlange Übung erforderlich, bevor man den eigenartigen Rhythmus aus dem Geräuschhintergrund heraushört. Falsch hören kann schlimmer sein als gar nicht hören. Wer ein unmusikalisches Ohr hat und dazu vielleicht noch psychisch labil ist, sollte niemals zu »Einspielungen« ermutigt werden. Das Phänomen ist selbst für ernsthafte, zu klaren Urteilen fähige Forscher noch verblüffend genug.

Echt jedoch ist es, obwohl die »Stimmen« von Wissenschaftlern und Technikern zunächst mit mindestens ebensoviel Skepsis aufgenommen wurden wie die Psychofotos des Ted Serios oder die Kirlianbilder. Betrug war freilich wohl ausgeschlossen. Man kann kaum annehmen, daß jeder der über 100 Experimentatoren in den Büschen seines Hintergartens ein Sendeteam versteckt hält, das mit entsprechendem Sendegerät, Sprachkenntnissen und persönlichen Informationen ausgerüstet ist, um je nach Bedarf mit Baß-, Alt-, Bariton- und Sopranstimmen auf alle nur denkbaren Fragen zu antworten.

Die »Stimmen« benutzen gern vorhandene Trägerwellen, modulieren sie um oder »hängen« sich beim Experiment an gesprochene Worte an. So kann es geschehen, daß sie Gesang oder Sprache einer Rundfunksendung so modulieren, daß plötzlich nicht mehr der Gesangstext, sondern eine »Stimmenbotschaft« gesungen wird! Die Stimme eines Sprechers kann mitten im Satz zur »Parastimme« werden, selbst in einer anderen Sprache. Nach übermittelter Botschaft fällt sie in den normalen Text zurück, als sei nichts geschehen. Ganz offensichtlich wissen die »Stimmen«, auf welcher Frequenz der Experimentator gerade nach ihnen sucht.

Aber sie melden sich auch, um Hinweise zu geben:

»Konstantin, wechsle Ton!«

»Turat vilni, brali. Herrlich!« (lettisch, deutsch)

(Halte diese Wellenlänge, Bruder. Herrlich!)

»Versuch geglückt!«

Manchmal nimmt der Sprechgesang Formen an, die an ein humoriges Operettenrezitativ erinnern. Als Seidl die Frage stellte, ob den Sprechpartnern der philippinische Wunderheiler Agpaoa bekannt sei, sang eine spottlustige Stimme:

»Wir kennen diesen Wunderheiler ... von diesen vielen Bienen.«

Die Skeptiker nannten noch zwei andere Möglichkeiten, die nicht Betrug sein müssen, jedoch unbeabsichtigte Täuschung sein können. So ist es denkbar, daß der oder die Teilnehmer des Experiments durch (unbewußtes) Flüstern die Phänomene selbst erzeugen. Diesem Einwand läßt sich jedoch leicht begegnen, indem man die Anwesenden mit Mundmikrophonen ausstattet; diese Kontrolle wurde unter anderem von Professor Bender (Freiburg) mehrfach vorgenommen.

Der zweite Einwand ist dieser: Kann es nicht sein, daß wir aus dem Hintergrundgeräusch Stimmen herauszuhören glauben, die objektiv gar nicht da sind, daß wir sie sozusagen selbst »hineinprojizieren«? Dies läßt sich dadurch vermeiden, daß das bespielte Tonband[40] von mehreren Personen unabhängig abgehört und das Gehörte dann miteinander verglichen wird. Professor Bender ging jedoch noch weiter und bat die Akustik-Forschungsgruppe des fernmeldetechnischen Zentralamts der Bundespost in Berlin um eine Analyse von Tonbändern mit dem sogenannten Audiospektographen (*voice printer*). Die Diagramme lassen keinen Zweifel an der Echtheit der Stimmen.

Als letztes bleibt die Gefahr, daß trotz aller Sicherheitsvorkehrungen dennoch Fetzen einzelner Radiosendungen auf ein Tonband gelangen können. Mit absoluter Sicherheit läßt sich dies nur ausschließen, wenn die »Einspielung« in einem Faraday-Käfig gemacht wird, der ausnahmslos alle elektromagnetischen Wellen fernhält. Mehrere Versuche dieser Art verliefen beweiskräftig: es kamen *dennoch* Stimmen durch. Leider lassen sich solche Testbedingungen in der Mehrzahl der Fälle nicht herstellen.

Der letzte und schlüssige Beweis für die Paranormalität der Stimmen liegt in ihrem Aussagegehalt. Die Art und Weise, wie die Stimmenwesenheiten auf Fragen antworten, oft nur mit einem, zwei oder drei symbolkräftigen Worten, oder im Sprechgesang oder mit einer Stimme, die der eines Verstorbenen sehr ähnlich ist – all dies sind Merkmale, die schwerlich aus einer zufällig einbrechenden Radiosendung stammen können. Vollends unhaltbar aber dürfte die Radiohypothese überall dort sein, wo Satzteile, Worte oder Wortendungen plötzlich in einer anderen Sprache eingestreut werden. Es ist, als wollten die Sprecher mit solchen Sprachmixturen demonstrieren, daß ihre Rede unmöglich von einem Rundfunksprecher stammen kann …

Ein Beispiel: »Guten Abend med dej. I wishy your bebi wine« (dt., schwed., engl., span., engl.), sagt eine Stimme, die offenbar beobachtet hat, wie Raudive ein Glas gespritzten Weißweins neben sich hat und nicht abgeneigt wäre, selbst zu probieren (beber = trinken). Die Endungen wish*y* und beb*i* geben dem Satz seinen besonderen Rhythmus.

Ein mindestens ebenso guter Beweis für die Paranormalität der Stimmen ist ihr Vermögen, die Gedanken der Anwesenden zu lesen oder in die Zukunft vorauszusehen. Jürgenson erklärt, er habe nicht selten Aussagen erhalten, deren Bedeutung für ihn oder andere erst Monate und Jahre später offenbar wurde. Bender schildert, wie er zusammen mit anderen im Wagen nach Mölnbo (Schweden) zu Jürgenson unterwegs war und einer der Wageninsassen unter heftigen Zahnschmerzen litt. Jürgenson vertrieb sich unterdessen die Wartezeit mit einer »Einspielung«. Deutlich ist auf dem Band eine »Stimme« zu hören: »Sie kommen bald … Zahnarzt … Zahnarzt.«

Auf einem anderen Jürgenson-Band fand man den Ausdruck »Grecola«, ohne aber recht etwas damit anfangen zu können. Erst drei Jahre später erfuhr Jürgenson von einem Altsprachler, daß »Grecola« (»kleiner Grieche«) in der lateinischen Umgangssprache soviel wie »Angsthase« bedeutete. Das Wort war in einem Augenblick gesagt worden, als eine Sitzungsteilnehmerin gerade dachte: Wenn ich nicht Angst hätte, würde ich jetzt einmal schnell in die Küche gehen (um nach ihrem dort zum Schlafen gebetteten Kind zu sehen).

Die Kürze, Prägnanz und Symbolik der Aussagen ist oft aufs

höchste verblüffend. So erhält Raudive auf seine Frage, ob in der Welt der »Stimmen« andere Gesetze gelten als auf der Erde, die lapidare Antwort:

»Zwei mal zwei = nichts.«

Sie soll vermutlich ausdrücken: Eure Regeln gelten hier nicht!

Die kurzschriftartige Symbolik vieler Antworten kann auch darauf zurückzuführen sein, daß der Energievorrat auf der anderen Seite knapp ist und die Sprecher deshalb mit ihren Worten sparsam umgehen müssen. Von einem Gegensprechverkehr kann keine Rede sein, solange diese Hürde nicht überwunden ist.

Die Aufmerksamkeit der anderen Seite leidet darunter aber offenbar nicht. Bei einem Experiment in Mölnbo hielten Professor Bender und andere Teilnehmer eine Schweigeminute ein, während das Tonband weiterlief. Plötzlich, 22 Sekunden vor dem Ende der Pause, schlug ein Oszillograph des Gerätes aus. Beim Abhören des Bandes sagte genau an dieser Stelle eine Stimme: *Stop as you like* / Haltet ruhig ein. Gemeint war vermutlich: Legt ruhig eine Sprechpause ein, wir bleiben hier ...

Wer sind die Stimmen, wo kommen sie her? Daß der größte Teil des von erfahrenen Experimentatoren eingespielten Materials paranormalen Ursprungs ist, scheint außer Frage zu stehen. Die Frage bleibt: Ist es animistisch oder spiritistisch zu erklären? Hier muß endlich auch die akademische Parapsychologie Farbe bekennen. Es genügt nicht, zu sagen, man könne die Existenz von selbständigen geistigen Intelligenzen mit den Stimmen »nicht beweisen«. Die Frage ist zunächst: Welche Deutung ist die *wahrscheinlichere*?

Das Phänomen bringt den Animisten in arge Verlegenheit. Da er alles aus der menschlichen Psyche erklärt, muß er dem vielstrapazierten Unbewußten jetzt unterstellen, daß es vielsprachige Automatismen bildet und sie mittels telekinetischer Energie an die elektronische Tonbandaufnahmeapparatur weitergibt. Er müßte weiter unterstellen, daß das unbewußte Gedächtnis des Experimentators und anderer Teilnehmer die persönlichen Namen, Kosenamen und Lebensdaten liefert, mit denen die »Stimmen« sich oft zu erkennen geben.

Ferner müßte man annehmen, daß das Unbewußte die Gedanken des zu ihm gehörenden Gehirns »mitliest« und sich einen Spaß daraus macht, sich sozusagen selbst die Zukunft vorauszusagen – eine paradoxe Vorstellung, die komisch anmutet und grenzenlose Verwicklungen eröffnet. Es müßte auch Vergnügen daran finden, den zu ihm gehörenden Forscherverstand mit den Worten »Hier Sendegruppe ...« zu necken, alle möglichen Stimmen und Gesang zu imitieren und sich schließlich mit »Versuch geglückt« abzumelden.

Nun wissen wir wohl, daß das Unbewußte in die Rolle eines Charakterdarstellers schlüpfen kann, vornehmlich unter Hypnose, in Trance oder bei krankhafter Dissoziation. Zwischen solchen künstlichen Personifizierungen und einem intelligent reagierenden Gegenüber auf dem Tonband bestehen jedoch entscheidende Unterschiede. Auch Vergleiche mit den »Gedankenbildern« des Ted Serios oder den telekinetischen Kunststücken einer Kulagina helfen uns kaum weiter. Einmal treten bei diesen keine Sprachelemente auf, zum anderen benötigen die Medien für diese Formen von Telekinese beträchtliche Energien bis zur totalen körperlichen Erschöpfung. Das Stimmenphänomen liegt augenscheinlich auf einer ganz anderen Ebene.

Die wissenschaftliche Forderung nach der »Ökonomie der Hypothesen« verlangt, daß man auf zusätzliche Deutungen verzichtet, wenn bereits eine plausible Hypothese vorhanden ist. In der Mehrzahl der Fälle scheint uns der transzendente Ursprung der Stimmen die plausiblere Erklärung zu sein. Auch dann kann das Unbewußte des Experimentators eine der Quellen sein, aus denen die sprechenden Intelligenzen sich ihr Wortmaterial holen – etwa so, wie man Bleilettern aus einem Setzkasten holt.

Sind die Stimmen überhaupt vom Experimentator abhängig, ist er der Energiespender? Jürgenson, Raudive und die meisten anderen empfinden sich keinesfalls als Medien. Andererseits haben sich die Stimmen »beschwert«, wenn Raudive das Zimmer verließ; es ist also doch wohl eine gewisse Eignung erforderlich, die freilich zum Teil auch psychologischer Art sein mag. Auf jeden Fall sind die Experimentatoren weder spiritistische »Direktstimmen-Medien« wie Leslie Flint noch Telekinesemedien wie Ted Serios oder die Kulagina; sonst wäre das Phänomen sehr viel seltener.

Vieles spricht für eine Hypothese von Günter Henn und Hanna Buschbeck vom Deutschen Arbeitskreis für das Tonbandstimmenphänomen. Sie geht davon aus, daß sich zunächst ähnlich wie bei Direktstimmen-Medien offenbar außerhalb des Körpers eine Bioplasmamasse sammelt, in die sich das körperlose Stimmorgan gewissermaßen einkleidet. Dann bestünden zwei Möglichkeiten:

1. Der unsichtbare Sprecher spricht mit Hilfe dieses Bioplasmas unhörbar und verursacht statt Schallwellen Vibrationen in seiner eigenen Masse, die das Tonbandgerät und sein Zubehör ganz oder teilweise umgibt. Kraft der vermuteten elektromagnetoiden Natur des Fluidals werden die Zuleitungen zum Tonbandgerät induktiv beeinflußt, so daß schwache Impulse aufs Band gelangen.
2. Der Denkvorgang im Feinstofflichen ist einem »innerlichen Sprechen« gleichzusetzen und kann so direkt für die Impulsschwingungen verantwortlich sein.

Kurz bevor wir von dieser Hypothese hörten, hatte Ing. Franz Seidl uns mitgeteilt, daß ihm in seinem Wiener Arbeitskreis tatsächlich auch Bandaufzeichnungen von *gedachten* Sätzen gelungen seien. Sie waren jedoch noch leise und überschritten nur wenig den Rauschpegel; auch lag eine Zusammenziehung der Silben vor. Noch erstaunlicher klingt der Bericht des schwedischen Arztes N. O. Jacobson, er habe bei Bandaufnahmen seine eigene Stimme gehört, »die Worte sprach und Gedanken äußerte, an die ich mich nicht erinnern konnte, sie (beim Bespielen des Bandes) gesagt oder gedacht zu haben«.

Wenn sich bestätigt, daß Gedanken elektronisch aufgezeichnet werden können, wäre dies für die Parapsychologie kaum weniger bedeutend als eine sich anbahnende technische Verbindung zum Trenszendenten. Wie Jacobsons völlig unbewußte Gedankenaufzeichnung zu erklären wäre, muß vorerst offenbleiben. Bei Seidl hingegen dürften wir annehmen, daß *intensiv* gedachte Sätze mit Hilfe noch unbekannter feinstofflicher Feldzustände eine objektive Klangqualität annehmen – etwa so, wie wir gelegentlich auch die Stimme einer im Traum zu uns sprechenden Person sehr deutlich und klar »im Kopf« hören. Anders ausgedrückt: Anstelle der Leadbeaterschen Gedanken-Bildformen hätten wir nun auch Gedanken-Sprachformen!

Wir sind mit Seidl, Henn und Buschbeck der Meinung, daß es sich bei den »Stimmen« um ein Mischphänomen handelt, das animistischer und spiritistischer Natur sein kann. Es wäre eigentlich auch verwunderlich, wenn sich hier nicht wie bei anderen Medialformen auch (etwa beim automatischen Schreiben) diesseitige und jenseitige Faktoren des gleichen Ausdrucksmittels bedienen könnten. Es wird aber wohl noch etwas dauern, bis diese sehr naheliegende Vermutung »hoffähig« geworden ist.

Wenn jedoch die Stimmen transzendent sind, wo kommen sie dann her? Es deutet vieles darauf hin, daß das Himmelsmikrophon in eine sehr erdnahe Sphäre hineinreicht. Die Bewohner dieser Sphäre können von vielerlei Art sein. Es wäre leichtgläubig, ungeprüft anzunehmen, daß es in allen Fällen die echten Geistpersönlichkeiten Verstorbener sind. Wir teilen nicht die Neigung einiger, die von den Stimmen genannten Namen für bare Münze zu nehmen. Je bekannter ein Name ist (bei Jürgenson und Raudive kommen vor: Dostojewski, Tolstoi, James Jeans, Ortega y Gasset, Hitler, Stalin, Churchill, Eisenhower), desto eher nehmen wir an, daß es sich um Schablonen handelt, die wie ein Echo an den Experimentator zurückgeworfen werden.

Von manchen bruchstückhaften Aussagen möchte man glauben, sie seien Treibgut aus dem Astralen – Sprach- und Gedankenfetzen, die eigentlich bereits der Vergangenheit angehören, aber noch eine Restintelligenz besitzen. Ein wenig wie Funksignale einer schon längst erloschenen Zivilisation, die noch immer den Raum durcheilen. Okkulte Schulen würden vermutlich von »Astralhüllen« sprechen.

In der spiritualistischen Literatur wird immer wieder auch vor sogenannten Foppgeistern gewarnt – vermuteten Wesen aus dem »Standort II« des Astralbereichs, die nicht unbedingt böse sein müssen, aber sich einen Jux daraus machen, die Menschen an der Nase herumzuführen. Sie lieben es, sich in mediale Kommunikationen hineinzudrängen und entwickeln dabei manchmal beträchtlichen Witz. Der moderne Mensch ist geneigt, solche Auffassungen geringschätzig als Aberglauben abzutun. Das Auftreten dieser Unfugbolde ist jedoch eine augenfällige Tatsache. Wir mögen sie als Geistwesen ansehen oder als Produkte des Unbewußten; es ändert nichts daran, daß sie da sind und mit unserem derzeitigen objektiven Wissen nicht erklärt werden können.

Foppgeister wären uns jedenfalls sympathischer als eine elektronische Gedankenspionage. Ein norddeutscher Experimentator glaubt Beweise dafür zu haben, daß unter bestimmten Bedingungen eine Gedankenübertragung von Mensch zu Gerät (von diesem als »Stimme« aufgenommen) über größte Entfernungen und auch dann möglich ist, wenn die gegenseitigen Aufenthaltsorte nicht bekannt sind. Er spricht deswegen von »Tonbandtelepathie«, mit der man, wie er meint, auch das *Unbewußte* des Partners direkt werde ansprechen können.

Wir betonen, daß dieser Experimentator ein Einzelfall ist; etwas entfernt Ähnliches ist nur bei Jacobson zu finden. Es wäre uns auch wohler zumute, wenn es bei diesen Ausnahmeberichten bliebe, denn sie kommen der scheinbaren Utopie einer elektronischen Gedankenspionage wieder bedenklich nahe!

Wir begannen dieses Kapitel mit einem Blick auf die Bemühungen, Lebenszeichen von außerirdischen Zivilisationen einzufangen. Noch vor 25 Jahren hätte es kein Leiter eines Observatoriums wagen dürfen, öffentlich solche Projekte zu fordern, ohne daß er von der wissenschaftlichen Welt belächelt worden wäre und der Staat ihm vermutlich die Kasse gesperrt hätte. Die Stimmenforschung hat, wenn sie sachkundig betrieben wird, Anspruch auf mindestens die gleiche Toleranz und Aufmerksamkeit. Vielleicht wird sie ausschließlich auf das Transzendente gerichtet bleiben. Aber solange wir nicht wissen, wie fremde Planetarier sich uns nähern, sollten wir den Astralbereich auch nach ihnen abhorchen. Es ist jedenfalls sehr viel weniger kostspielig als das Abhorchen des Sternenraums.

Einige Tonbandbesitzer glauben bereits jetzt, einige seltsame akustische »Fische« ins Netz bekommen zu haben, die im Astralen wohl schwimmen, aber nicht dorthin gehören. Vielleicht ist auch etwas an jenen Gerüchten, das amerikanische Raumfahrtprogramm habe gewisse Ergebnisse gebracht, über die man nicht offen redet.

Die Entwicklung der Aufnahmetechnik wird in mehreren Ländern mit ausschließlich privaten Mitteln betrieben. Es wären jedoch auch Laborforschungen nötig, bei denen beispielsweise geprüft werden könnte, ob nicht Tiere oder Pflanzen als Kraftfeldgeber dienen können. Solche Versuche sollten möglichst in einem abgeschirmten Raum stattfinden, mit einem Oszillator als Trägerfrequenz-Quelle. Versuchsanordnungen inner- und außerhalb des Käfigs könnten wertvolle Aufschlüsse geben.

Zum erstenmal hat die Parapsychologie mit den Tonbandstimmen ein technisches, jederzeit reproduzierbares Phänomen. Apparaturen erobern ein Gebiet, das bisher vom unwägbar Subjektiven menschlicher Medien abhängig war. Was daraus wird, wissen wir in diesem Augenblick noch nicht. Vielleicht stehen wir an der Schwelle eines neuen Zeitalters der Kommunikation mit uns bisher verschlossenen Ebenen des Kosmos. Wir würden uns nicht wundern, wenn die Geräte für diese »Psychotronik« in zwei oder drei Jahrzehnten so veraltet sind wie für uns heute die Trichter-Ungetüme aus der Frühzeit des Grammophons.

15. Kapitel: Bordlektüre: Sherlock Holmes

Eine beinahe wahre Ufo-Satire

»Wenn die langerwartete Lösung des Ufo-Problems kommt, dann, glaube ich, wird sie sich nicht nur als der nächste kleine Schritt auf dem Vormarsch der Wissenschaft erweisen, sondern als ein mächtiger und völlig unerwarteter Quantensprung.«
Prof. J. Allen Hyneck in *The Ufo Experience* (1972)

»Erschrecken Sie nicht«, sagte der Fremde. Er stand in der Tür, obwohl ich ihn nicht hatte kommen hören.

Irgend etwas hatte mich geweckt. Ich war aufgestanden und hatte draußen in der mondblassen Nacht einen hellvioletten Schein bemerkt. Ans Fenster tretend, nahm ich ein metallenes, glockenförmiges Gebilde wahr. Der Schreck fuhr mir durch die Glieder.

»Ich weiß, was Sie denken«, sagte die Stimme. »Gestern sagten Sie in Ihrem Vortrag im Naturkundeverein, es gäbe uns nicht. Völlig korrekt fügten Sie hinzu, daß 95 Prozent aller sogenannten Ufo-Erscheinungen durch normale Ursachen erklärt werden können.«

»Das stimmt auch«, würgte ich heraus.

»Natürlich stimmt es. Und deshalb wird sich kein vernünftiger Mensch noch mit den 95 Prozent aufhalten, das wäre genauso, als wenn ein Goldwäscher sich nur mit den ausgewaschenen Steinen und Sand befassen würde und die Goldkörner achtlos beiseite ließe. Wir gehören jedenfalls, ob Gold oder nicht, zu den anderen fünf Prozent.«

»Das müssen Sie mir beweisen«, sagte ich trotzig.

»Dazu sind wir gekommen. Ich schlage vor, Sie sehen sich das Fahrzeug einmal an.«

Wir gingen hinaus, den Gartenpfad hinunter. Der Fremde bückte sich, pflückte eine weiße Nelke und steckte sie sich an den Raumanzug. »Nennen Sie mich Mister Five-Percent«, sagte er lächelnd.

Plötzlich erinnerte ich mich daran, daß der wirkliche Träger dieses Beinamens, Ölmagnat Nubar Gulbenkian, zeitlebens nie ohne eine Nelke im Knopfloch gesehen wurde. Bei festlichen Anlässen mag es auch eine Orchidee gewesen sein. Diese Burschen wußten scheinbar alles!

Wir standen vor der Maschine, und irgendwie hatte ich meine Angst überwunden, war ruhig geworden. Von dem Fahrzeug ging ein feines, leichtes Summen aus, eine eigenartige Vibration, aber nicht eigentlich unangenehm. Mit einer Handbewegung forderte mein Begleiter mich zum Einsteigen auf. Ich stand vor der übrigen Besatzung – einem Mann und zwei Mädchen.

»Ich heiße Nadia«, sagte die Kleinere mit einem ironisch angedeuteten Knicks. »Dies hier ist Kirsten und das Herbert, unser Bio-Mechaniker. Der Käpt'n meinte, Sie würden einen ziemlichen Schreck bekommen und Angst haben, da sind wir mitgekommen.«

Der unvermutete Anblick von Weiblichkeit mag wohl schuld gewesen sein, daß ich das leichte, metallische Geräusch der sich schließenden Türen überhörte. Als ich zum Kabinenfenster blickte, war es bereits zu spät. Draußen huschten violett angestrahlte Nachtwolken vorbei.

»Wir fliegen!« rief ich. »Was haben Sie mit mir vor?«

»Nur ein kleiner Demonstrationsflug«, sagte der Kapitän. »Wie wollen Sie unsere Technik sonst kennenlernen?« Und zu den Mädchen gewandt: »Was schaut ihr mich denn so an? Ach so, die Blume. Hier ist sie, aber konservieren, bitte.«

»Aber wenn es stimmt . . .« Ich stockte. Wenn es stimmte, daß Ufos sich mit rasender Geschwindigkeit bewegen und ihren Kurs ändern konnten, würde ich die Beschleunigung niemals aushalten. In meinem Vortrag hatte ich das als einen der Beweise dafür genannt, daß es sich bei den Sichtungen nur um Spiegelungen, Scheinwerfer, Ballons und andere natürliche Ursachen handeln könne.

»So ganz unrecht haben Sie nicht.« Dem Kapitän schien keiner meiner Gedanken zu entgehen. »In Ihrem physischen Körper könnten Sie diese Fahrt nicht machen. Unser Fluggerät besteht aus Feinmaterie, und Sie befinden sich genau wie wir mit Ihrem feinstofflichen Selbst darin. Ihr grobstofflicher Körper ruht auf dem Bett, der unsrige auf einem anderen Stern. In einem materiellen Fahrzeug würden wir bei dieser Fahrt in Sekundenschnelle verglüht sein.«

»Und machen Sie sich keine Gedanken um Ihren Körper«, setzte Nadia hinzu. »Er liegt im schönsten Schlummer. Was für eine hübsche Silberkordel Sie haben!«

Ich muß sehr verwirrt auf meine Bekleidung gestarrt haben (es war übrigens der Schlafanzug, nur die Farbe war einem hellen Grau gewichen), denn die beiden Mädchen lachten. »In den Spiegel müssen Sie gucken. Die Kordel kommt doch aus dem Kopf!«

»Lassen Sie sich nicht zu sehr ablenken von unseren beiden Damen«, meinte der Skipper. »Sicher haben Sie noch viele Fragen.«

»Unbedingt. Aber zuerst möchte ich wissen, woher Sie kommen?«

»Das sagen wir nicht. Unsere Zivilisation ist um eine halbe Million Jahre älter als eure. Wir hatten in grauer Vorzeit eine industrielle Revolution, dann eine atomare und elektronische, schließlich eine psychomechanische. Teleportation und Telepathie sind Alltägliches für uns. Wer wie wir andere Himmelskörper anfliegt, muß außerdem das Ein- und Aussteigen aus dem grobstofflichen Körper restlos beherrschen.«

»Und wie bewegt sich das Raumschiff?«

»Das kann ich Ihnen kaum verständlich machen. Sie müßten zunächst begreifen lernen, daß außerhalb eures Sonnensystems auch die Dreidimensionalität gegenstandslos wird. Der eigentliche Weltenraum ist vieldimensional – genau gesagt zwölfdimensional.«

»Aber dann ändert sich ja alles!« rief ich.

»Natürlich. Eine absolute Geschwindigkeit im Sinne der Lichtgeschwindigkeit des dreidimensionalen Raumes gibt es draußen nicht mehr, und eure ganzen Spekulationen über die Zeitdilatation werden dort gegenstandslos. Wir reisen mit einem nichtmateriellen Fahrzeug durch einen nichtmateriellen Kosmos, und erst am Ziel verdichten wir uns wieder.«

»Aber ihr habt eine Antriebskraft?«

»Doch, die haben wir. Aber sie besitzt keine Masse. Wenn Sie begreifen könnten, was Ätherizität ist – eine Biokraft, so etwas wie ein polarer Gegenpart von Elektrizität und Magnetismus, nur eben nichtmateriell –, kämen Sie der Sache schon näher.«

»Aber wenn Sie in Erdnähe kommen?«

»Dann müssen wir natürlich Anti-Gravitationskräfte wirken lassen. Aber wir können uns auch dann noch sozusagen seitlich der Newtonschen Zeitachse bewegen. Etwas Ähnliches wird wohl auch euer Einstein gemeint haben; ein großer Geist, nur daß er der Natur schließlich doch zu viele Vorschriften machte, wenn ich es so sagen darf!«

Draußen, im mattweißen Licht des fast vollen Mondes, leuchtete ein schneebedeckter Gipfel auf. Ich dachte an den Teide, mußte aber sofort darüber lächeln, denn schließlich waren wir weniger als fünf Minuten unterwegs. Doch Herbert nahm meine Frage vorweg. »Sie haben völlig recht, wir *sind* über Teneriffa. Soll ich jetzt zwischen den Bananen landen?«

»Hat keinen Zweck«, lachte der Kapitän. »Von wem sollten wir wohl das Bioplasma abziehen und uns soweit materialisieren, daß wir eine Banane pflücken könnten, die unser Freund als Beweis mit nach Hause nehmen kann? Die Touristen spazieren um diese Nachtzeit nicht durch die Plantagen.«

Es mochten über diesen Satz Sekunden vergangen sein, aber wir schwebten bereits auf der anderen Seite des Kraters. »Aber das ist doch unmöglich«, rief ich. »Auch mit Ätherizität, oder wie Sie es nennen, kann man in Erdnähe doch nicht mit dieser Geschwindigkeit manövrieren.«

»Man kann eben doch«, berichtigte mich Herbert. »Aber wenn ich Ihnen sage, *womit* wir manövrieren, werden Sie es doch nicht glauben. Das Ufo gehorcht ganz einfach meinen Gedanken. Ätherizität spricht sofort auf den Willen an und ebenso auf gedankliche Formgebungen. Mit dieser willensgesteuerten Kraft bringen wir die feinstoffliche Materie in Bewegung und verursachen so die zum Manövrieren notwendige Rotation.«

»Schön«, wandte ich ein. »Zumindest ist das noch irgendeine Form der Energie. »Aber ich kann mir einfach nicht vorstellen, daß jemand außerhalb des Raum-Zeit-Systems stehen kann.«

Der Kapitän drehte den Spieß sogleich um. »Dann können Sie zumindest begreifen, wie schwierig es umgekehrt für jemanden außerhalb Ihres dreidimensionalen Systems ist, sich in die irdische Denkweise hineinzuversetzen. Selbst eure sogenannten Verstorbenen geben es meist sehr bald auf, aus ihrer neuen Vieldimension zu euch zurückzuhorchen. Ihr seid bloße Schatten für sie. Nur Gebete, liebevolle Gedanken und andere reingeistige Schwingungen können die dreidimensionale Gefängnismauer einigermaßen leicht überwinden.«

»Aber die Sternensysteme, die Milchstraßen, die Spiralnebel, sie sind doch materiell und dreidimensional?«

»Ja und nein. Im Grunde sind auch sie geistiger Natur. Aber lassen Sie es sich genug sein, zu wissen, daß der für Sie so unermeßliche Weltenraum das Ergebnis einer einseitigen Betrachtungsweise ist. Die materielle Seite des Lebens ist nur ein Schnitt aus dem wirklichen Leben, wie die Schnittfläche eines Buches, aus der Sie sehr wenig über den Inhalt erfahren. Keplers Himmelsmechanik stimmt funktionell durchaus, aber sie spielt sich nicht im dreidimensionalen Raum ab. Was ihr seht und meßt, sind 3-D-Projektionen. Der Weg zum nächsten Spiralnebel ist durchaus nicht so weit, wenn Sie – bildlich gesprochen – über Ihren gedanklichen Zaun hinwegsteigen könnten.«

»Dann ist also auch Ihre Reisezeit gar nicht so lang?«

»Keineswegs. Eure Professoren auf der Erde ›beweisen‹, daß es keine Ufos geben könne, indem sie erklären, daß man zur nächsten Kultur im Milchstraßensystem durchschnittlich 18 Lichtjahre und zur nächsten hochentwickelten technischen Zivilisation, statistisch gesprochen, sogar 800 Lichtjahre Entfernung annehmen müßte. Selbst bei Wasserstoffantrieb würde das 180 bzw. 8000 Jahre Reisezeit bedeuten, so meinen sie, von der enormen körperlichen Belastung bei diesen Geschwindigkeiten ganz zu schweigen. Alles sehr logisch, aber eure Professoren sind auf einem Auge blind. Selbst auf der Erde hat die moderne Parapsychologie schon so viele neue Perspektiven eröffnet, daß es doch eigentlich naheliegen sollte, wo die wirklichen Antworten zu finden sind. Das gilt übrigens nicht nur für die Raumfahrt, sondern ebenso für vieles andere.«

»Nun traktiere unseren Gast nicht gleich so«, mischte sich Kirsten ein. »Er kann doch nichts dafür und hat es nicht anders gelernt.

Schaut lieber wieder aus dem Kabinenfenster, wir verlassen gerade den irdischen Bereich.«

»Prima, kommt wie gerufen«, setzte Nadia hinzu. »Dann können wir ihm gleich mal vorführen, was es mit der vierten Dimension auf sich hat.« Die beiden Mädchen sahen mich schelmisch an – und lösten sich in nichts auf. Auch Herbert verschwand vor meinen Augen.

»Elementar, mein lieber Watson«, kam es vom Kommandosessel des Kapitäns. »Übrigens, Sie haben doch nichts dagegen, wenn ich Sherlock Holmes zitiere, ich habe nämlich eine Schwäche für ihn. Die Pfeife, die Deerstalker-Mütze, das Tweedcape ... prächtige Figur. Vor allem konnte er logisch denken. Ist meine einzige Bordlektüre, wenn wir mal kosmische Flaute haben. Wir drucken ihn nach, mit persönlicher Erlaubnis von Sir Conan Doyle.«

»Doyle war ein überzeugter Spiritualist«, sagte ich. »Wahrscheinlich hätte er auch im Erdenleben an Ufos geglaubt.«

»Nicht ohne weiteres«, sagte der Kapitän. »Aber er wäre der Sache auf den Grund gegangen, ebenso wie er neben dem Schreiben von Sherlock-Holmes-Geschichten einigen echten Kriminalfällen seiner Zeit nachging und sie aufklären half. Er hätte sich nicht mit Ufo-Berichten und Urteilen aus zweiter Hand begnügt, hätte sich die Originalberichte über die besagten fünf Prozent beschafft und sich schließlich sein eigenes Urteil gebildet.«

»Und hätte den Mut gehabt, es zu verkünden«, gab ich zu. »Aber Herbert, Nadia und Kirsten – wo sind sie jetzt?«

Der Skipper brummte belustigt. »Elementarunterricht in Dimensionskunde, mein Lieber. Wir wollten Ihnen nur zeigen, daß sich in Ihrer dreidimensionalen Gedankenwelt der Übertritt in die vierte Dimension nur in einem Verschwinden der Körper ausdrücken kann. Obwohl Sie, da Sie sich selbst in Ihrem Feinstoffkörper befinden, bei einiger Übung bald lernen könnten, Ihre Sinne entsprechend zu adaptieren.«

»Keine Sorge, wir sind schon wieder da. Sehen Sie ...« Herbert und die beiden Mädchen tauchten genauso wieder auf, wie sie verschwunden waren. »Wir machen das durch eine Kontrolle der Astralität und Ätherizität. Als Ufo-Besatzung lernt man das.«

»Es gibt einige Spezialisten bei uns, die können eure Träume ablesen«, fügte Kirsten wichtig hinzu. »Aber nur zu Forschungszwecken. Wir sind keine Voyeure, außerdem haben wir andere Aufgaben.«

»Und was wären die?«

»Wir beobachten, sammeln Informationen, lernen alles über die Menschen. Wir lesen ihre Gedanken, studieren ihre Bücher. Unser Motto ist, alles zu sehen und möglichst nicht gesehen zu werden. Bei Ihnen machen wir eine Ausnahme!«

»Schön. Aber manchmal werdet ihr angeblich am hellen Tage

gesehen. Wenn von den Hunderten von Sichtmeldungen auch nur fünf Prozent wahr sind, müßtet ihr doch längst offiziell festgestellt worden sein!«

Der Kapitän lachte. »Ob es uns gibt oder nicht, werden eure Regierungen nie herausfinden, solange wir nicht gerade auf dem Dach des Pentagon oder vor dem Buckinghampalast landen. Ein psychologisches Gesetz verhindert das. Je intelligenter und kompetenter ein Ufo-Zeuge ist, desto mehr nimmt er sich in acht, nicht als Zeuge genannt und der Lächerlichkeit preisgegeben zu werden.* Außerdem gehen alle amtlichen Untersuchungen von der Annahme aus, daß es uns nicht gibt. Eure Kommissionen neigen deshalb dazu, beweisfähige Faktoren herunterzuspielen und ›natürliche Erklärungen‹ zu finden, selbst wenn es keine gibt.«

»Könnte es nicht sein, daß die Regierungen Bescheid wissen, aber das Material vor der Öffentlichkeit geheimhalten?«

»O nein! Zuerst glaubten wir das natürlich auch, aber unsere Bio-Sensoren haben uns bald das Gegenteil bewiesen. Euer psychologisches Klima sorgt dafür, daß gewisse Dinge einfach nicht in die obersten Regierungsetagen gelangen können. Welcher Beamte oder Offizier will schon seinen Kopf für eine so suspekte Sache hinhalten oder durch besonderen Eifer riskieren, auf wirkliche Beweise zu stoßen? Seine Beförderungschancen würden sicher nicht besser. Auch unbewußte Angst spielt natürlich mit. Es *darf* uns nicht geben! Sie sehen also, wir sind vor dem Entdecktwerden ziemlich sicher.«

Ich war noch nicht ganz überzeugt. »Und die sogenannten Kontaktler? Einige Leute behaupten, sie träfen mit Ufonauten regelmäßig zusammen!«

»Regelmäßig?« Der Skipper zog die Augenbrauen hoch. »Wer so etwas behauptet, ist entweder ein Schwindler oder ein krankhafter religiöser Schwärmer. Nur in seltenen Einzelfällen nehmen wir einen lernbereiten Watson auf eine kurze Reise mit. Und Sie sind der erste, dem wir sagen, daß er sich in seinem Doppelkörper befindet. Die anderen könnten den Schock dieser Erkenntnis nicht ertragen. Sie merken deshalb nicht, daß wir nur im unmittelbaren Erdbereich materialisiert sind. Sie erinnern das Ganze dann auch nur wie einen Traum.«

»Wenn wir wollten«, ergänzte Herbert, »könnten wir die Erinnerung natürlich auch vollständig ausradieren. *Wir* machen solche Dinge nicht, aber es gibt gewisse Ufo-Besatzungen, die da weniger Skrupel haben.«

Ich erschrak etwas. »Gibt es auch böswillige Ufonauten?«

* Professor Dr. J. Allen Hyneck, astronomischer Berater der amtlichen amerikanischen Ufo-Untersuchungsgremien über einen Zeitraum von 20 Jahren, schreibt in »The Ufo Experience« (New York 1972): »Ich weiß aus persönlichem Kontakt mit vielen Piloten, daß sie unter gar keinen Umständen ihre Erfahrungen (d. h. Ufo-Sichtungen) offiziell berichten würden. Sie wissen, wovon man die Hände wegläßt.«

»Sollen wir es ihm sagen?« Herberts Frage wurde vom Kapitän mit einem Nicken beantwortet. »Nur zu. Irgend jemand muß ja mal die Wahrheit erfahren.«

»Es ist nämlich so«, fuhr Herbert fort, »daß neben uns nur noch zwei andere Rassen von anderen Weltenkörpern die Ufonautik beherrschen. Sozusagen ein viertel Prozent aus den fünf Prozent. Die übrigen vierdreiviertel sind Imitationsufos aus dem irdischen Einzugsbereich. Sie müssen wissen, daß in den Astralbereichen um die Erde mindestens ebenso viele und verschiedenartige Wesen leben wie auf der Erde selbst. Einige davon sind reine Geistwesen, andere sind Elementarwesen, unter ihnen auch solche, die ihr ›Poltergeister‹ nennen würdet. Die meisten sind im irdischen Sinne weder gut noch böse. Aber sie sind hochintelligent und haben einen ausgeprägten Sinn für Humor. Euer Swedenborg hat etwas über diese Wesen gewußt, aber wer liest ihn heute noch?«

»Und diese Geister sind für die Mehrzahl der Ufo-Erscheinungen verantwortlich?« rief ich ungläubig.

»Lies die Originalberichte und denk drüber nach«, sagte Nadia schnell. »Für mehr haben wir jetzt nicht die Zeit.«

Ein feiner Glockenschlag ertönte, und ich hatte das Gefühl, als ob unsere Geschwindigkeit sich verlangsame.

»Wir landen gleich«, raunte Kirsten mir zu. »Sag mal, könntest du nicht in einem Londoner Hutgeschäft ... ich meine ... es ist für den Chef ... er wünscht sich nämlich so sehr eine Deerstalker-Mütze ... Stell dir vor, wie er darin aussehen würde, wenn er bei uns zu Hause an Land geht. Ein Mordsspaß für uns, und die anderen würden grün vor Neid.«

»Sag lieber nicht grün«, kicherte Nadia, »sonst hält er uns am Ende noch für LGMs.«

»Was ist das, LGMs?« wollte ich wissen.

»Little Green Men natürlich – kleine grüne Männchen!« Schallendes Gelächter mischte sich mit einem aufwallenden Brausen in meinen Ohren, ebbte langsam ab, wurde immer winziger und blieb zuletzt nur als ein Korn der Erinnerung.

Ich lag im Bett. »Gleich heute nachmittag gehe ich und kaufe eine«, sagte ich zu mir selbst. »Vielleicht kommen sie wieder.«

16. Kapitel: Testfahrt durchs Schicksal

Wer im 3-D-Raum sitzt, sitzt im Käfig der Zeit – Präkognition kann auch nur Warnung sein – Gibt es ein unentrinnbares Schicksal? – Geistige Urbilder für Mensch, Tier und Pflanze – Ursache und Wirkung gibt es auch geistig – Was werden kann, aber nicht werden muß – Kinder träumen die eigene Zukunft voraus – Am Prüfstand des Schicksals

»Zeit?« fragte Bertrand Russell seinen Besucher, »ich schreibe ein Buch über die Zeit, aber ich kann es nicht, ich kann nicht einmal über die Zeit nachdenken, wenn mir nur europäische Sprachen zur Verfügung stehen, in deren Grammatik die Zeit in jedem Satz verkörpert ist. Ich müßte deshalb einen wenig bekannten ostafrikanischen Dialekt lernen, der keine Zeitformen hat, bevor ich das Problem studieren könnte.«

Das resignierende Urteil des berühmten Mathematikers und Philosophen, geäußert im Gespräch mit dem Physiker Benson Herbert, beleuchtet das grundlegende Dilemma, in dem wir uns befinden. Wir können aus vielen anderen Umständen schließen, daß die Welt mehr als nur drei Dimensionen hat, aber wir können uns eine vierte, geschweige denn eine fünfte oder sechste Dimension, nicht bildhaft vorstellen. Das Denken im euklidischen 3-D-Raum, in der linear ablaufenden Newtonschen Zeit, ist dem Wachbewußtsein des Menschen durch seine eigene dreidimensionale Physis vorgegeben. Weil dem so ist, sind alle Versuche, das Wirken anscheinend zeitloser PSI-Kräfte rein theoretisch zu erklären, so unbefriedigend.

Im Falle der Präkognition kommt die anscheinende Aufhebung des Kausalitätsprinzips als zusätzliches Dilemma hinzu. Aber ist es wirklich ein totales Dilemma, oder ist unsere Denkweise falsch? Müssen wir nicht nach anderen Erklärungen suchen, wenn wir beispielsweise feststellen, daß bei weitem nicht alle Fälle von Präkognition in Erfüllung gehen? Oftmals dienen sie nur zur Warnung, zeigen eine Wahrscheinlichkeit auf, deren Wirklichkeitwerden wir – nun vorgewarnt – verhindern können. Dr. Louisa E. Rhine nennt dafür folgendes Beispiel, das eine Mutter in New York ihr berichtete:

»Vor etwa zehn Jahren hatte ich einen Traum. Ich hörte einen Schrei und wandte mich um und sah meinen Sohn, der damals zwei Jahre alt war, durch das Fenster fallen. Ich hörte sogar die

Sirenen des Krankenwagens, der vor dem Haus vorfuhr. Als ich erwachte, sah ich zuerst nach dem Baby und dann nach den Fenstern. Alles war in Ordnung. Ein paar Tage später legte ich seine Matratze ins Fenster zur Lüftung. Das Fenster war dicht heruntergezogen. Ich beschäftigte mich im Nebenraum. Plötzlich erinnerte ich mich an den Traum und rannte in sein Zimmer zurück. Er hatte es fertiggebracht, das Fenster aufzustoßen, und saß auf dem Fensterbrett. Ich ergriff ihn in dem Moment, in dem er schon fiel. Die Matratze lag schon drunten auf der Straße.«

Man hat diese Art von »Präkognition«, die ja eigentlich keine darstellt, denn ihr vermeintlicher Sinn ist es ja gerade, die Verwirklichung zu *verhindern*, auch mit dem Begriff »Intervention« gekennzeichnet. Der Ausdruck ist allerdings doppeldeutig, weil er an ein *zwangsweises* Eingreifen des Transzendenten denken läßt.

Wäre es immer so, dann wären unsere Philosophen von der Notwendigkeit befreit, darüber grübeln zu müssen, ob der Ablauf der Geschehnisse und damit auch unser Schicksal vorausbestimmt sind oder nicht. Der freie Wille würde unzweideutig die Vorherrschaft haben. Leider aber liegen die Dinge nicht so einfach, wie folgendes Gegenbeispiel[41] zeigt:

Herr R. ist bei seinem Bruder in Österreich eingetroffen, auf dessen Hofe er seinen Urlaub verbringen will. Beim Erwachen am ersten Morgen sieht R. noch halb im Schlaf in einer Zimmerecke die Vision einer Krankenschwester, die sich gerade eine Operationsmaske nimmt und umbindet. Das Bild verschwindet nach kurzer Zeit, hat aber auf R. einen so starken Eindruck gemacht, daß er am Frühstückstisch davon erzählt. Der Bruder und seine Frau meinen, es könne eine Warnung gewesen sein. So wird beschlossen, daß R. einen für diesen Tag vorgesehenen Ausflug aufschieben soll.

Und so geschieht es auch. R. bleibt den ganzen Tag zu Hause bei Bruder und Schwägerin. Am Abend hilft er, des Müßigseins überdrüssig, beim Bereiten des Essens. Das heißt, er möchte helfen, denn kaum hat er sich angeschickt, Kartoffeln zu schälen, als er mit dem scharfen Messer ausrutscht und sich in die Hand bis auf die Knochen schneidet!

Man ahnt schon, was jetzt folgt: Der Bruder fährt den Verletzten zur ambulanten Behandlung ins nächste Krankenhaus. Die Wunde muß genäht werden. Während der Patient noch wartet, tritt eine Krankenschwester ein, nimmt eine Gesichtsmaske und bindet sie um. Es ist bis ins Detail genau dasselbe Bild wie das der Vision am Morgen!

In die gleiche Kategorie gehört der folgende, von Nils-Olof Jacobson wiedergegebene Bericht eines Schweden, der in einem Fotolabor angestellt war: Eines Nachts träumte er, daß er einen Satz Verlobungsfotos durch ein Versehen überentwickelt und verdorben habe. Als er mit den schwarzen Bildern noch ratlos in der Dunkelkammer stand, trat seine Chefin ein, schaute ihm über die Schulter und rief: »Aber was ist denn da passiert!« Dann überschüttete sie ihn mit Vorwürfen, und einer ihrer Sätze war: »Daß ein Mann mit Lindströms Fachausbildung so etwas machen kann!«

L. schrieb sich den Traum genau auf, war aber sicher, daß ihm so etwas nicht passieren konnte.

Es passierte dennoch, wenige Tage später. Als L., nun wirklich in der Dunkelkammer stehend, im Vorzimmer Absätze klappern hörte, wußte er, was kommen würde. Die Chefin trat ein *»und sagte genau dieselben Worte*, die ich nach meinem Traum aufgeschrieben hatte«.

Es mag durchaus eine Kategorie von Präkognition geben, die sich durch telepathisches Erfühlen von Gegebenheiten erklären läßt, die das Unterbewußtsein, zusammen mit anderen bekannten Daten, zu einer Zukunftsprojektion verarbeitet hat. Alle »groben«, vor allem alle symbolischen Eindrücke (schwarze Wolke, Menschenauflauf etc.) lassen sich notfalls so erklären.

Diese Erklärung versagt aber, wenn das Zustandekommen des Geschehens entweder von fremden und ganz unerwarteten Ursachen abhängt (oft als Endresultat einer komplizierten Kette von materiellen Faktoren und menschlichen Reaktionen, die ihrerseits von ganz individuellen Konfliktsituationen und Wertmaßstäben abhängen), oder wenn völlig unvorhersehbare Details vorauserlebt werden. Wenn wir eine »natürliche« Erklärung suchen, kann das Ausgleiten mit dem Messer allenfalls noch als eine Folge von Autosuggestion gesehen werden, ausgelöst durch die Vision der Krankenschwester beim Erwachen am Morgen. Wir müssen jedoch zu Ende denken: die Übereinstimmung der Gesichtszüge und Bewegungen der Schwester mit der Vision zwingt zu ganz anderen Denkkonsequenzen; das gleiche gilt für *»die genauen Worte«* der Chefin des Fotolabors.

Dieser präzisen, sehr notwendigen Unterscheidung wird gern ausgewichen. Erkennen wir sie aber an, dann stürzt offenbar tatsächlich das Universum in seiner bisher gekannten Form ein. Wirkung, so scheint es, kommt vor Ursache. Bestimmte Schicksalsfügungen erscheinen als unentrinnbares Gesetz.

Es gibt eine ganze Reihe mathematisch-philosophischer Versuche, das scheinbare Paradoxon zu erklären. Wohl am besten bekannt ist die Theorie des Engländers Prof. J. W. Dunne, der in seinem Buch »An Experiment with Time« (London, 1927) davon ausgeht, daß das Erleben aufeinanderfolgender Geschehnisse in unserer dreidimensionalen Welt die »Illusion« von Vergangenheit, Gegenwart und Zukunft erzeuge. Anstelle *einer* Zeitdimension (der 4. Dimension des Einstein-Minkowski-Modells) denkt Dunne an eine unendliche Zahl von Zeitdimensionen, die wir erleben wie ein ineinander geschachteltes chinesisches Kunstobjekt: als 3-D-

Beobachter innerhalb eines 4-D-Beobachters innerhalb eines 5-D-Beobachters und so weiter. Anders ausgedrückt, alles Geschehen ist gleichzeitig, erfolgt aber auf verschiedenen Schichten.

Dunnes Landsmann Professor C. W. K. Mundle glaubt den Denkfehler der 4-D-Vielfachtheorien herausgefunden zu haben: Wer die Zeit auf diese Weise »verräumlicht«, weil er damit Vergangenheit, Gegenwart und Zukunft koexistieren lassen kann, der muß nach den Gesetzen der Logik die Bewegung von Körpern im physikalischen Universum ausschließen. Das aber würde offenkundig jeder Beobachtung widersprechen.

Einige Physiker spekulieren über eine Spiegelwelt, in der bestimmte symmetrische Vorgänge (wie sie beispielsweise bei den K-Mesonen beobachtet werden) ihr Gegenstück haben. In dieser Spiegelwelt würde dann auch die Zeit entgegengesetzt zur unsrigen verlaufen; unser Leben wäre ein Film, den jemand umgekehrt abrollen läßt. Wirkung und Ursache würden die Rollen tauschen.

Die kühnste unter den Theorien jüngeren Datums ist das Zeit-Theorem des sowjetischen Astro-Physikers Dr. Nikolai Kosirew. Der Leningrader Professor glaubt, daß es ihm gelungen ist, im Experiment die Zeit[42] als eine Energieform mit eigener Dichte zu bestimmen, eine variierbare Dimension, die psychisch beeinflußbar ist und als »nicht-materieller« Träger für PSI fungieren kann. Kosirews Thesen sind allerdings auch in der Sowjetunion noch keineswegs generell anerkannt; sie bieten jedoch die Aussicht, durch Experimente mit Gyroskopen und anderen mobilen Meßobjekten eines Tages vielleicht beweisbar zu werden.

Befriedigende Antworten auf das Zeiträtsel und die damit verknüpfte Frage, ob und wieweit ein Menschenschicksal vorausbestimmt ist, kann beim gegenwärtigen Stand des Wissens niemand geben. Nachdem wir uns davon überzeugt haben, dürfen wir nun jedoch fragen, ob nicht auch hier von vornherein nach feinstofflichen Zusammenhängen gesucht werden sollte. Die Frage stellt sich ganz zwangsläufig, weil die dem Hellseher zuteil werdenden Zukunftsbilder aus einem offenkundig mehr als dreidimensionalen Bereich kommen. Wir müssen deshalb eine hinter den bisher erkannten Dingen liegende Welt annehmen, eine Welt, die man nach dem gegenwärtigen Wissensstand schlicht als okkult, das heißt verborgen, bezeichnen muß.

Setzen wir deshalb die im vorigen Kapitel bewußt begonnene »Gratwanderung« an der äußeren Grenze dessen fort, was die empirische Erfahrung uns erlaubt, ohne Scheu davor, gelegentlich einen Fuß ins »Okkulte« zu setzen.

Schrödinger spricht als Physiker von einem »Katalog der Wahrscheinlichkeiten«, aus denen die Zukunft sich bilde. Die Frage ist nun: Wie entstehen diese Wahrscheinlichkeiten? Was entscheidet über ihre Verwirklichung?

Ein Gärtner, der ein Samenkorn einer ihm bekannten Pflanze

in die Erde bettet, wird vorausschauen und beschreiben können, wie die sich aus dem Samenkorn entwickelnde Pflanze einst aussehen wird. Niemand wird eine solche geistige Vorausschau verwunderlich finden. Denn seine Vorstellung von der entwickelten Pflanze hat sich der Gärtner ja durch die Erinnerung an eine Pflanze von derselben Art gebildet.

Eine solche Vorstellung lebt nun aber nicht nur im Gedächtnis des Gärtners, sondern auch als eigenständiges, geistiges Bild, das die Zeit überdauert. Es hat schon existiert, als der Gärtner noch nicht geboren war. Die physische Erscheinung der Pflanze entsteht und vergeht, ihr geistiges Urbild bleibt bestehen. Die der lebenden Natur innewohnende Programmierung (siehe Kap. »Am Anfang war das Wort«) berechtigt uns zu dieser Annahme.

Demnach haben auch Tiere und Menschen ihre geistigen Urbilder. Denken wir konsequent, dann müssen wir annehmen, daß *alle* physisch-materiellen Dinge und Wesen in Wirklichkeit nur entstehende und vergehende Ausdrucksformen ihrer geistigen Urbilder sind, welche nicht dem Entstehen und Vergehen unterliegen. *Geistig* bedeutet aber, was oft nicht anerkannt wird, keinesfalls »nicht wirklich«. Die geistigen Urbilder existieren ganz real in einem geistigen Bereich, der außerhalb von Zeit und Raum liegt. Und so wie im Samenkorn das ganze geistige Bild der Pflanze ruht, so ruhen in diesen zeitlosen Urbildern alle Möglichkeiten ihrer künftigen Entfaltungsstadien.

Nach allem, was wir vom Feinstofflichen und seinen Gesetzen bereits wissen, offenbaren sich auch diese Entfaltungsmöglichkeiten als geistige Bilder. Ein Mensch, dem die Fähigkeit geistigen Schauens gegeben ist, kann sie zugleich mit den Urbildern schauen. Er schaut außerhalb von Raum und Zeit, von Vergangenheit und Zukunft.

Hier liegt im Grunde die Ursache aller geistigen Vorausschau und Rückschau in ihrer höchsten und reinsten Art, die allerdings nur Menschen zuteil wird, die eine entsprechend hohe Bewußtseinsstufe erreicht haben. Aber schon bei »normalem« Hellsehen kann der Sensitive oft nicht angeben, ob das Gesehene in der Zukunft, Gegenwart oder Vergangenheit liegt. Der Zeitbegriff fehlt.

Anders liegen die Dinge bei der »Akascha-Chronik«, jener feinstofflichen Schallplattenaufzeichnung des Gewesenen, die wir annehmen müssen, wenn uns Psychometrie und Retrokognition nicht völlig zum Narren halten. In ihr leben Geschehnisse – wiederum als feinstoffliche Bilder –, die der Vergangenheit, also dem Zeitlichen angehören.

Jetzt gehen wir noch einen Schritt weiter und nehmen an, daß das im materiellen Universum geltende Ursache-Wirkungs-Prinzip entsprechend auch im geistigen Kosmos gilt. Mit anderen Worten: unsere im Feinstofflichen registrierten Worte und Taten,

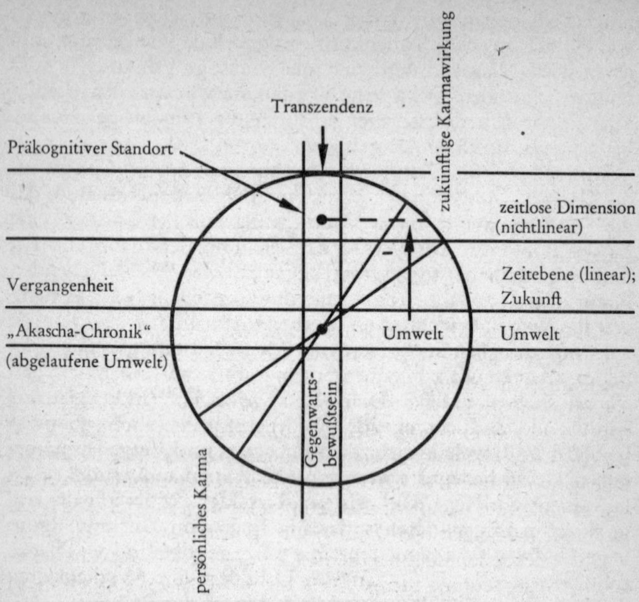

Abb. 18: Das »Schicksalsrad«. Schematische Darstellung der aus der eigenen Vergangenheit und Gegenwart bestimmten Zukunft.

Gefühle und Gedanken werden ihrerseits wieder zu geistigen Ursachen künftiger Folgewirkungen, Einflüsse oder Wahrscheinlichkeiten. So entsteht ein mehrdimensionaler Bereich, in dem alles Geschehene Ursache und Wirkung zugleich ist.

Ein Architekt oder ein Erfinder, der sich über längere Zeit mit einem Bau- oder Konstruktionsplan beschäftigt, schafft zwangsläufig ein »geistiges Bild«, noch bevor die Pläne zur praktischen Ausführung kommen. Nichts hindert uns daran, anzunehmen, daß so ein Bild – sagen wir, im Traum – auch anderen zugänglich ist.

Zukunftserleben *kann* also ein Blick auf die geistigen Folgewirkungen sein, die sich aus Gegenwärtigem und Vergangenem gewissermaßen auf die Zukunfts-Leinwand projizieren, wobei außer dem eigenen »Karma« (das heißt den selbst verursachten Wirkungen) auch geistige Umwelteinflüsse (die Psychologie würde sagen: das kollektive Unbewußte) mitwirken. Beides verdichtet sich zu den Bildern von dem, was werden *kann*, jedoch nicht unbedingt werden muß.

Unsere Zeichnung läßt die »Leinwand« der zukünftigen Wahrscheinlichkeiten (»zukünftige Karmawirkung«) als eine Fläche erscheinen, auf die das im Feinstofflichen angesammelte Reservoir von in der Vergangenheit liegenden Ursachen (»persönliche Karmaebene«) projiziert wird und die gleichzeitig die künftige Umwelt widerspiegelt.

Sehr wichtig an diesem Bild ist die Mittelzone der Gegenwart. Um sich zu reflektieren, muß das persönliche Karma durch diese Zone hindurch, in der der freie Wille des Menschen herrscht (auch wenn er von seinen Anlagen stark mitbestimmt wird). Religiös betrachtet, ist diese Zone die höchste und wertvollste. In ihr kann der Mensch durch sein Verhalten Karmisches auslöschen; Gnade erwirken.

Im materiellen Bereich gilt die Kausalität absolut, im geistigen Bereich gilt sie relativ. Sie kann durchbrochen werden, aber nur durch (geistige) Willensentscheidungen.

Zumindest als Stoff zum Nachdenken sei hier auch erwähnt, was Robert A. Monroe vom »Schauplatz II« sagt: »Die Zeit nach den Maßstäben der sinnlich wahrnehmbaren Welt ist nicht vorhanden. Es gibt eine Folge der Ereignisse, eine Vergangenheit und Zukunft, aber keine zyklische Trennung. Beide dauern an und fallen zeitlich mit dem ›Jetzt‹ zusammen.« Graphisch läßt sich das nur ausdrücken, wenn wir uns den präkognitiven Standort bereits in einer solchen zeitlosen Dimension denken.

Der Geistheiler Günther Schwarz mißt der Gegenwart transzendente Bedeutung zu. »Was du nicht haben willst«, heißt sein Gebot an die Kranken, »mußt du in deinem Denken erst aus der Gegenwart herausnehmen.« Vollkommene Gegenwart ist göttlich, und der allen Hochreligionen bekannte Ausspruch ICH BIN symbolisiert das Einssein mit dieser zeitlosen, ewigen Gegenwart.

Wir können auch ein anderes Bild nehmen und uns selbst als einen Testfahrer sehen, der auf seine Fahrtüchtigkeit geprüft werden soll. Wir sitzen auf einem Prüfstand mit verschiedenen Schalthebeln. Vor uns läuft ein Film ab, der eine »auf uns zukommende« Landstraße zeigt. Wenn wir wollen, können wir uns die Landstraße auch als einen endlosen Teppich denken, der unter uns hinwegrollt. Der Testfahrer selbst sitzt im »ewigen Jetzt«, und auch die Landstraße ist in diesem Jetzt schon da, wenngleich sie erst sukzessive an uns herankommt.

Natürlich gibt es auf der Fahrstrecke Hindernisse; es liegt dann an uns, den richtigen Hebel zu betätigen, um ihnen auszuweichen. Ebenso gibt es Abzweigungen, bei einem Menschen mehr, beim anderen weniger oder gar keine, zwischen denen wir mit unserem freien Willen wählen müssen. Die »Wahrscheinlichkeiten« unseres Zukunftskarmas liegen entlang dieser Zweigwege; es hängt von unserer Fahrweise und freien Wahl der Route ab, an welchen wir vorbeikommen. Höchstwahrscheinlich strecken sich bestimmte Hindernisse quer über die ganze Landschaft, müssen also auf *allen* Wegen bewältigt werden. Generell aber gilt: Je größer unsere innere Freiheit von psychischen und gesellschaftsbedingten Einflüssen, desto eher werden wir zwischen den Zweigwegen wählen können.

Bei der Präkognition wird der Testfahrer zeitweilig mit seinen feinstofflichen Wahrnehmungsorganen vom Zeitfluß gelöst und auf einen Beobachtungsort außerhalb von Zeit und Raum gehoben. Von dieser Warte aus kann er nun auf die Landschaft voraussehen und die im Feinstofflichen bereitliegenden Dinge erkennen, ja möglicherweise sogar noch beeinflussen. Sylvan Muldoon glaubte zumindest von sich selbst, daß er bei seinen nächtlichen Doppelprojektionen manchmal Zukunftssituationen vorerlebe und gestalte. Scherzhaft meinte er, es sei eigentlich schade, daß die Menschen nicht von der Gelegenheit Gebrauch machten, die eigene Zukunft im Helltraum vorauszugestalten.

Es gibt viele Anzeichen dafür, daß Menschen – besonders Kinder – die eigene Zukunft im Traum vorauserleben. Dies ist eine Art der Präkognition, die im Gegensatz zur sonstigen Regel nicht notwendigerweise von dramatischen, emotionalen Ereignissen abhängig ist, sondern sich ebensogut auf banale Alltagsdinge erstrecken kann. Uns sind Fälle von Kindern bekannt, die in einem bestimmten Alter genau vorher »wußten«, was ihre Spielgefährten, ihre Eltern, ihre Lehrer als nächstes tun würden. In seltenen Fällen reicht dieses Traum-Vorerleben in die ferne Zukunft. Bei einer Umfrage der Londoner Zeitung »The Observer« meldete sich ein Mann, der angeblich ständig Situationen erlebte, die er als Kind in genau derselben Form geträumt hatte.

Irgendwo hierher gehört wahrscheinlich auch das »Vardögr«-Phänomen. Die Schritte auf der Treppe, das aufschnappende Türschloß, das Rumoren auf dem Flur und im Zimmer sind keine außersinnlichen Wahrnehmungen oder gar Halluzinationen (die Ankündigungsgeräusche werden oft von mehreren Personen gehört), sondern »Einbrüche« aus einer Dimension, deren zeitloser Charakter uns nicht wirklich begreiflich werden kann.

Es ist nicht unsere Absicht, eine fertige Präkognitions-Theorie zu präsentieren, in die dann alles hineingezwängt werden muß. Wir müssen, wenn wir ehrlich sein wollen, zugeben, daß es eine bestimmte Kategorie von geträumten oder visionär erlebten »Gesichten« gibt, die sich mit dem Testfahrer-Bild nicht oder nicht restlos befriedigend erklären lassen. Es sind jene Erlebnisse, in denen das Zukunftsgeschehen *im kleinsten Detail* vorauserfahren wird, einschließlich der genauen Worte und Gesten, die andere Menschen an einem noch in der Zukunft liegenden Punkt gebrauchen werden.

Solche scheinbar »schicksalsgegebenen« Ereignisse konfrontieren uns in einer Weise, die kein Ausweichen erlaubt. Wir können sie nur auf geistige Weise erklären.

1. Der Traum oder die Vision ist die *Ursache* des späteren Ge-

schehens, indem er psychologisch-suggestiv die Keime für das spätere Geschehen legt (Tanagras-These).

2. Die Dinge – oder besser: gewisse Dinge – existieren bereits im Feinstofflichen. Wir *müssen* durch sie hindurch, eben weil sie auf einer geistigen Ebene bereits geschehen *sind*. Ihr Vorausgesehen-Werden setzt eine zweite Zeitdimension oder eine zeitlose Dimension voraus.
3. Unser Geist ruht nie; er ist allezeit (im Feinstofflichen, kollektiv Unbewußten oder wie wir es nennen mögen) in einer zeitlosen Dimension gestaltend tätig. In dieser Dimension ist eine Kausalität, wie wir sie im zeitgebundenen Dasein verstehen, nicht gegeben. Eine Situation, deren Einzelbestandteile (Karma, Willensmotive, Umwelt usw.) gegeben sind, *kann* deshalb im Geistigen vollzogen werden, bevor sie im Dreidimensionalen Niederschlag findet.

Wo die Wahrheit liegt, müssen wir offenlassen. Für die zweite und dritte Alternative spricht, daß auch andere Formen der Schicksalsdeutung, so beispielsweise die seriöse, wissenschaftlich betriebene Handlesekunst, zwischen festgelegten Grundzügen (»Blaupausen«) und einem Bereich der subjektiven Freiheit unterscheiden, der nicht vorbestimmt ist und genutzt werden kann, ja muß.

Der Weg weist zum Transzendenten. Vielleicht hatte Professor William James recht, wenn er ein »kosmisches Reservoir« annahm, das in bezug auf Vergangenheit, Gegenwart und Zukunft allwissend ist. Es »weiß« somit auch um unseren freien Willen, der damit auf eine metaphysische Weise frei und dennoch »gebunden« wäre.

Hier endet unsere Gratwanderung. Nur wenigen von uns wird es gelingen, sie fortzusetzen. Dazu wäre es nötig, uns intellektuell in einen Zustand absoluter Zeitlosigkeit hineinzudenken oder diesen Zustand auf einer höheren Bewußtseinsebene unmittelbar zu erleben.

Auch die Philosophie, so will uns scheinen, wird niemals größere Höhen erreichen, wenn es ihr nicht gelingt, die Welt des Geistigen – sprich: des Feinstofflichen – als Wirklichkeit zu sehen.

17. Kapitel: Hirnströme und Schlangenkraftströme

Bewußtsein, eine faustdicke Realität – Die Meditationswelle und ihre Irrungen – Das »Bio-Feedback« der Hirnwellen – Tiefenmeditation und Zeitsinn – die Erleuchtung des Richard Maurice Bucke – Prana und die Schlangenkraft des Kundalini – Lassen sich religiöse Erfahrungen prüfen? – Professor Hardys religiöser »Kinsey-Report«

»Ich glaube, daß die meisten von uns ein tiefgreifendes religiöses oder philosophisches Erlebnis gehabt haben.« Edgar Mitchell sagte dies anläßlich des Abschlusses des Apollo-Programms im Dezember 1972 von sich und den anderen Mondfahrern. Es heißt, daß besonders sein Kollege Irwin auf dem Mond »überwältigend starke« geistige Erlebnisse gehabt habe. Der als Medium sehr bekannte und angesehene Arthur Ford vertraute vor seinem Tode einem Besucher an, daß mehrere Astronauten ihn aufgesucht hätten. Ihr Interesse sei durch »psychische Erlebnisse« im Weltraum geweckt worden.

Im privaten Gespräch haben NASA-Beamte das Auftreten paranormaler oder religiöser Erlebnisse bei den meisten amerikanischen Astronauten bestätigt, und selbst von den russischen wird Ähnliches berichtet. Man kann zwei Gründe dafür vermuten: einmal den überwältigenden Anblick der Erde und des Firmaments aus der Orbitalbahn oder gar vom Mond, und die Relativierung des ganz unbedeutend gewordenen »Ichs« gegenüber dem Kosmos. Zweitens ist mit der Möglichkeit zu rechnen, daß die teilweise oder völlige Aufhebung der Schwerkraft zu vorübergehenden Veränderungen im Gehirn führt und so die Schwelle herabsetzt, die feinstoffliche Signale vor ihrer Aufnahme durch das Wachbewußtsein überwinden müssen.

Es darf uns natürlich nicht wundern, wenn diese Dinge in keinem NASA-Report zu finden sind. Der parapsychisch-religiöse Bereich war dafür bisher noch viel zu sehr tabu. Als Mitchells privates Experiment bei seiner Rückkehr durch die Indiskretion eines der vier Perzipienten bekannt wurde, bekam der Astronaut eine ganze Reihe bissiger Bemerkungen zu hören.

Wesentlich ist, daß die Astronauten psychische Erlebnisse, die individuell durchaus sehr verschieden gewesen sein mögen, überhaupt hatten. Es dürfte ziemlich sicher niemals eine andere Gruppe von Menschen gegeben haben, die intensiver auf ihre psychische

Belastbarkeit und Beobachtungsgabe getestet worden sind. Hier versagt der so oft gehörte Einwand, es handele sich um »subjektive« oder »anekdotische« Erlebnisse, die »Unzuverlässigkeit von Zeugen« sei bekannt und andere Gründe mehr, weshalb die Wissenschaft mit solchen Aussagen angeblich nichts anfangen kann.

Das kybernetische Modell des Menschen nimmt, wie wir sahen, Empfindung, moralische Motivation und Bewußtsein praktisch nicht zur Kenntnis. Der Computer kann mit »Bewußtsein« nichts anfangen, weil er selber keines hat. Im paraphysischen Modell dagegen ist Bewußtsein unbestreitbar ein zentraler Faktor – kräftiger ausgedrückt, eine faustdicke Realität.

Für die asiatische Mentalität hat es daran niemals Zweifel gegeben. Im Gegensatz dazu überließ man das Bewußtsein im Westen bis vor kurzem der Philosophie; eine materialistisch orientierte Wissenschaft konnte nichts mit ihm anfangen. Auch Psychologie und Psychiatrie beschränkten ihre Aufmerksamkeit weitgehend auf pathologische Abweichungen vom »Normalbewußtsein«. Für gehobene, erweiterte Bewußtseins- oder Erlebensformen hatte man keine Zeit.

Dies hat sich in jüngster Zeit entscheidend geändert. Den Anstoß mag in gewisser Weise die »psychedelische Revolution« in den USA gegeben haben; zumindest half sie dabei, das Interesse amerikanischer Fachwissenschaftler an veränderten Bewußtseinsformen zu wecken. Heute jedoch macht sich, völlig abseits von jedem Hippiekult, in Nordamerika und Westeuropa zunehmend ein Verlangen bemerkbar, höhere Bewußtseinsstufen anzustreben oder doch zumindest mehr über sie zu erfahren. Mediziner diskutieren darüber, ob die Meditation (neben Wachen, Tiefschlaf und REM-Schlaf) als ein vierter Bewußtseinszustand anzusehen sei. Selbst aus geistlichen Kreisen ist die Mahnung zu hören, die Kirche müsse diesem Suchen der Menschen – dem ein Abfallen des Interesses an den überlieferten kirchlichen Formen gegenübersteht – Rechnung tragen. Sollte, so fragt man, der Priester der Zukunft lernen, seine Gläubigen in der christlichen Meditation zu führen?

Die »Meditationswelle« unserer Gegenwart findet außerhalb der Kirchen statt, mit allen Merkmalen einer zeitbedingten Entwicklung, die zwangsläufig unter der Vielfalt ihrer Erscheinungsformen auch Irrungen und Enttäuschungen für jene bereithält, die sich ohne jede Vorkenntnisse einem selbsternannten Heilsverkünder anvertrauen. Manches, was als »Meditation« angeboten wird, ist im Grunde nur eine selbsthypnotische Induktion. Erfahrene Psychotherapeuten machen sicher mit Recht geltend, daß die von den Meditierenden angestrebte Tiefenentspannung, das Finden zum »inneren Ich«, zur Harmonisierung der Gesamtpersönlichkeit ebensogut oder besser mit dem autogenen Training nach Prof. J. H. Schultz erreichbar ist. Man muß dann freilich fragen, warum nicht mehr Ärzte und Krankenhäuser diese bewährte Methode anwenden!

Das Ziel einer Meditation, die diesen Namen verdient, geht natürlich über die Technik des bloßen Ruhigstellens hinaus. Sie erstrebt eine echte Erweiterung des Bewußtseins, sei es durch Yoga, sei es durch die anstrengende Disziplin des Zen, sei es durch Zuhilfenahme eines Hirnwellen-Analysators.

Geräte dieser Art ermöglichen dem Übenden eine Kontrolle der eigenen Hirnströme und anderer Körperfunktionen durch sogenanntes »Bio-Feedback«, das heißt eine Rückkoppelung. Es sind im Grunde elektronische Lernmaschinen. Hirnwellen und Herzschlag werden von Elektroden abgenommen und in Licht- und Tonsignale umgewandelt auf einer Meßskala angezeigt. Der Übende kann es lernen, den auf diese Weise unter Kontrolle gehaltenen Herzschlag oder Hirnstrom mit dem Willen zu beeinflussen. Wenn dies erreicht ist, wird das Gerät überflüssig.

Sogenannte Alpha-Geräte wurden im Kielwasser des amerikanischen Pop-Kults in den USA in großer Zahl auf den Markt gebracht und entsprachen keineswegs immer den Anforderungen. Einige waren ganz ungeeignet für eine Kontrolle der Alpha-Gehirnwellen; sie halfen nur bei der Erzeugung jener auto-hypnotischen Induktion, die auch das Merkmal falsch verstandener Meditation ist. Es gibt jedoch solide, gut durchkonstruierte Geräte.

Abb. 19: Biomeditation mit Hilfe eines Hirnwellen-Analysators.

Mehrere Tausend Ärzte und Wissenschaftler in den USA und Westeuropa arbeiten heute mit ihnen auf experimenteller Basis.

Am *Laboratory of Behavioral Sciences* in Baltimore gelang es, mit Biofeedback auch solche Patienten zur Selbstregulierung ihres Herzschlages zu bringen, die an starkem Herz-Arhythmus litten. In einigen Fällen hat sich diese Fähigkeit der »Selbststeuerung« bereits fünf Jahre nach dem Feedback-Training erhalten. Prinzipiell läßt sich die Methode auch zur Kontrolle der Symptome bei Migräne, Asthma und Bluthochdruck verwenden, vielleicht sogar bei Epilepsie. Die meisten Feedback-Behandlungsmethoden befinden sich noch im Erprobungsstadium.

Die Grundregel lautet: Entspannung gleich Herabsetzung der Hirnwellen pro Sekunde. Wir lernten die verschiedenen Wellenbereiche bereits in Kapitel 3 kennen:

1. Betawellen (13 bis 30 Hz) = Waches Tagesbewußtsein
2. Alphawellen (8 bis 13 Hz) = meditativer Entspannungszustand
3. Thetawellen (4 bis 8 Hz) = Zustand tiefster Meditation. Er wird nur von Fortgeschrittenen (beispielsweise Zen-Meistern) *bewußt* erlebt
4. Deltawellen (0,5 bis 4 Hz) = Traumloser Tiefschlaf. Erleben bei vollem Bewußtsein entspräche wahrscheinlich dem »kosmischen Bewußtsein« der Mystiker.

Wer die Feedbackmethode wählt, um zu einer Bewußtseinserweiterung zu finden, richtet seine Bemühungen zunächst darauf, den Alpha-Zustand zu »halten«. Die meisten Anfänger brauchen 30 bis 90 Minuten, bevor kontinuierliche Alphawellen einsetzen (die übrigens in verschiedenen Hirnteilen unterschiedlich auftreten). Längeres Verharrenkönnen im Alphazustand vermittelt ein zunehmend tieferwerdendes Gefühl der Gelöstheit und inneren Heiterkeit. Amerikanische Studenten, die sich ursprünglich gegen Bezahlung für Feedbackversuche zur Verfügung gestellt hatten, waren später gern bereit, unentgeltlich weiterzumachen.

Bei richtiger Anleitung kann auf diese Weise die untere Stufe der Meditation beherrscht werden. Der Fortgeschrittene, der es dazu bringt, ohne Einschlafen, das heißt bewußt, Thetawellen zu erzeugen, führt praktisch schon das aus, was Ouspensky und die tibetischen Mönche das Mit-Hinübernehmen des Bewußtseins in den Schlafzustand (der dann eigentlich keiner mehr ist!) nennen. Deltawellen schließlich werden nur von »Erleuchteten« erreicht.

Laborversuche in den USA und Japan haben hochinteressante Einblicke in die Zusammenhänge zwischen Hirnströmen und gehobenen Bewußtseinszuständen eröffnet. Zunächst stellte man fest, daß das »Halten« von Alphawellen in Frontallappen des Gehirns offenbar nur Fortgeschrittenen gelingt. In diesem Hirnbereich sind Zeitsinn und Bewußtsein auf eine noch nicht geklärte Weise verknüpft. Mit dem Leermachen des Ego (dessen Merkmale ebenfalls dem Stirnlappen zuzuordnen sind) wird auch der Sinn für Vergangenheit, Gegenwart und Zukunft verändert oder aufgehoben. Unsere Wirklichkeit wird eine andere.

Die Meßgeräte zeigen absolut deutlich, daß Schlaf und Meditation physiologisch ganz verschiedene Zustände sind. Der Sauerstoffverbrauch des Meditierenden sinkt weit unter die im Schlaf gemessenen Werte ab, ebenso die Herzschlagfrequenz. Der Milchsäuregehalt des Blutes geht zurück.

Zen-Übenden gelingt es offenbar am ehesten, Alpha in allen Hirnregionen gleichmäßig herzustellen – trotz des Meditierens bei geöffneten Augen (die das Abgleiten in eine hypnotische Trance verhindern sollen). Kasamatu und Hirai berichteten in einer Studie (1966), daß ein Zen-Meister schon in der ersten Minute starke und gleichmäßige Alphawellen erzielte, die nach rund 27 Minuten von Thetawellen abgelöst wurden. Amerikanische Psychiater beobachteten eine Frau, die 5 Tage lang Zen-Meditation betrieben und dabei nicht geschlafen hatte. Sie zeigte jedoch keinerlei Desorientierung, wie sie bei einer solchen Schlaf-Entbehrung zu erwarten gewesen wäre[43].

Sowjetische Wissenschaftler eröffneten ihren westlichen Kollegen bei einem Parapsychologen-Kongreß in Moskau im Juli 1972, daß sie ein sorgfältiges Studium der Schriften und Methoden indischer und fernöstlicher Yogis und Meister begonnen haben, um Anhaltspunkte für das Wirken von »Bio-Energie« (psychischer Kräfte) zu finden. Auch Trancefähigkeiten wie das Laufen über glühende Kohlen, das Unempfindlichwerden des Körpers gegen Kälte oder Schmerz und die Methoden der philippinischen Geistheiler werden von den Sowjets mit großem Eifer untersucht.

Im Idealfall sollten *alle* personengebundenen paranormalen Vorgänge mit Hilfe von Hirnwellen-Messungen untersucht werden können. In der Praxis ist das natürlich nicht möglich. Am Menniger-Schlaflaboratorium in Brooklyn machte man bei telepathischen Übertragungsversuchen die Beobachtung, daß die paranormale Aufnahmefähigkeit offenbar gesteigert wird, wenn die Versuchsperson ein Bio-Feedback-Training absolviert hatte. Zweifellos können wir damit rechnen, daß Hirnstrom-Messungen der Wissenschaft bisher verschlossene Gebiete zugänglich machen werden. Das Wunder von gestern wird zum Meßobjekt von heute.

Was für gehobene Bewußtseinszustände gilt, gilt in ähnlicher Weise für die religiöse Erfahrung: der Zeitgeist ließ es in den ersten sieben Jahrzehnten unseres Jahrhunderts kaum zu, sich ihr wissenschaftlich zu nähern. Man muß bis 1902 zurückgehen, um mit William James' Werk *»The Varieties of Religious Experience«* einen Klassiker auf diesem Gebiet zu finden.

Ein Jahr vorher, 1901, hatte der kanadische Arzt Richard Maurice Bucke eine vergleichbare Studie von Fällen spontaner

Bewußtseinserweiterung veröffentlicht, aus der wir ein Beispiel zitieren wollen, weil es vom Autor selbst erlebt war. Das Erlebnis überfiel den damals 36jährigen, als er nach einer Dichterlesung mit englischen Freunden abends in einer Droschke nach Hause fuhr. Ganz plötzlich, ohne Ankündigung, fand er sich

»eingehüllt wie in eine feuerfarbene Wolke. Einen Augenblick lang dachte ich an eine Feuersbrunst ... dann wußte ich, daß das Licht aus mir selber kam. Unmittelbar danach kam ein Gefühl des Jubels, der unendlichen Freude, begleitet oder gefolgt von einer intellektuellen Erleuchtung, die unmöglich zu beschreiben ist ... Ich glaubte nicht nur, ich sah und wußte, daß der Kosmos nicht aus toter Materie besteht, sondern eine lebende Gegenwart ist, daß die Seele des Menschen unsterblich ist, daß das Universum so gebaut und geordnet ist, daß ohne jeden Zweifel alle Dinge zum Wohle eines jeden zusammenwirken, daß das Grundprinzip der Welt das ist, was wir Liebe nennen ... Ich lernte mehr innerhalb weniger Sekunden als in vorangegangenen Monaten oder gar Jahren des Studiums ... es war mir unmöglich, jemals zu vergessen, was ich damals sah und wußte, noch konnte ich jemals an dessen Wahrheit zweifeln.«

Die Erleuchtung durch das kosmische Bewußtsein kommt gewöhnlich im Alter zwischen 30 und 40 Jahren, stellt Bucke anhand der vierzig von ihm genannten Fälle fest. Einheitlich sei allen das absolute *Wissen* um die Unzerstörbarkeit allen Lebens, die Einheit aller Dinge, und das totale Schwinden jeglicher Furcht vor dem Tode. Obwohl das Erlebnis selbst nur kurze Zeit dauert, kann der Erlebende nie wieder ganz in den Bewußtseinszustand zurückfallen, den er vor dem Erlebnis hatte. Heute, 70 Jahre später, zeigt sich unter aufgeschlossenen Naturwissenschaftlern ein Bemühen, ähnlich wie bei der Meditation auch dem Phänomen der plötzlichen und totalen Bewußtseinserhebung näherzukommen, verbunden mit einer Bereitschaft, bestimmte Persönlichkeiten als Zeugen einer empirischen Wirklichkeit anzuerkennen.

In Deutschland hat Prof. Carl Friedrich von Weizsäcker diesen Weg mit seiner ausführlichen Einleitung zu dem Werk des Pandit Gopi Krishna, »Biologische Basis religiöser Erfahrung[44]« beschritten. »Wer die westliche Wissenschaft kennt«, stellt v. Weizsäcker fest, »weiß, daß sie fast nur dasjenige empirisch zu Gesicht zu bekommen vermag, worauf sie theoretisch ... vorbereitet ist.« Deshalb müsse Gopi Krishnas Ansicht, das spirituelle Gesetz sei seinem Wesen nach zugleich ein biologisches Gesetz, vorbereitend erläutert werden.

Wir benötigen dazu vor allem das Verständnis von zwei Begriffen aus der indischen Denktradition: Prana und Kundalini.

Prana ist eine alles durchdringende feinstoffliche Lebenssubstanz, sozusagen Trägerenergie und Nahrung des menschlichen Bewußtseins, die ebenso aber auch kosmische Lebensessenz ist. Mit einem

Hinweis auf die Wahrscheinlichkeitsamplitude der Quantentheorie stellt von Weizsäcker zur Diskussion, daß der Begriff Prana mit der Physik nicht unvereinbar zu sein brauche. Prana sei »räumlich ausgedehnte belebende, also zunächst einmal bewegende Potenz«.

Kundalini ist die »Schlangenkraft« des Yoga, halb diesseitig, halb jenseitig, aufsteigend aus den Chakras (Energiezentren) des Sexualzentrums bei Mann und Frau, korkenzieherartig das Rückenmark umfassend und hochsteigend bis zum Gehirn, wo sie nach Gopi Krishna bei voller Entfaltung zu einer unerhörten Ausweitung des Bewußtseins führt. Die von der Schlangenkraft in uns erzeugte psychische Energie sieht der indische Pandit als »Brennstoff« für unsere Gedanken.

Gopi hält es für zwingend erforderlich, daß sich die Wissenschaft um eine empirische Darstellung dieses Naturphänomens bemüht; er räumt allerdings ein, daß man zunächst die Natur dieser psychischen Energie und die Eigenschaften des Prana werde verstehen lernen müssen. Für ihn ist die ruhende Kundalinikraft im menschlichen Körper ein biologischer Plan, »der den Menschen zu göttlicher Größe erheben und ihn mit übernatürlichen Gaben und Tugenden ausstatten kann«. Bei einigen Individuen, warnt Gopi, könne dieses Potential aber auch ins Negative umschlagen. Von Übungen zur Erweckung der Kundalinikraft rät er eindringlich ab, da sie zu einer Öffnung des Kanals führen können, bevor der Organismus darauf eingestimmt sei. »In solchen Fällen erwarten den Eingeweihten furchtbare Prüfungen.«

Auch in Großbritannien entwickelt sich eine Diskussion über die Berührungspunkte zwischen Naturwissenschaft, Bewußtsein und Transzendenz. Sie begann 1969 mit einem Symposium von Philosophen, Psychologen und Anthropologen über das Thema: »Ist eine wissenschaftliche Annäherung an das Studium religiöser Erfahrung ein mögliches und zulässiges Konzept, und könnte es zu einem neuen Rahmen für den Glauben führen?« Heute nehmen auch Theologen an der Diskussion teil; ihre Grundlage geht aus einer Initiative des bekannten Meeresbiologen Professor Sir Alister Hardy hervor.

Hardy ging davon aus, daß es möglich sein müsse, Erfahrungsmaterial über religiöse Erlebnisse in der *heutigen* Zeit zu sammeln. Wenn das gelänge, würde man sagen können, daß dem Menschen ein geistiges Wesenselement ebenso eingeboren ist wie etwa der Fortpflanzungstrieb. Freilich, die Fragestellung war eine Domäne der Philosophie und Theologie; die Psychologie und die Naturwissenschaften schienen durch eine Welt von ihr getrennt. Der emeritierte Oxforder Gelehrte tat deshalb etwas, was bisher noch kein Wissenschaftler vor ihm zu tun gewagt hatte.

Zunächst gründete er ein eigenes Forschungsinstitut, die »Religious Experience Research Unit« am Manchester College in

Oxford/England. Dann, Anfang 1970, ergingen über die britische Presse Aufrufe an die Öffentlichkeit mit der Bitte, Berichte über eigene religiöse oder quasi-religiöse Erfahrungen einzusenden. Strikte Vertraulichkeit wurde zugesichert. Innerhalb von drei Jahren sandten weit über 3000 Menschen solche Berichte ein; Hardy hofft, bald 5000 zusammenzuhaben.

»Manchmal bekomme ich auch Schmähbriefe«, berichtete der Professor vor einem Symposium im November 1972. »Man fragt mich, ob ich mich nicht schäme, als ein Oxforder Professor, so etwas zu tun; ob ich denn nicht mit dem zufrieden sei, was in der Bibel steht? Ich schreibe dann zurück und sage, daß wir in der Bibel und den Werken der Mystiker natürlich höchst bemerkenswerte Beispiele religiöser Erfahrung haben. Sei es denn nicht aber wichtig, zu zeigen, daß dies nicht nur etwas ist, das vor sehr langer Zeit passierte, sondern daß diese Erfahrungen in der heutigen Bevölkerung etwas sehr Reales sind?«

Das zweite Stadium des Forschungsprojektes, das allein von Spenden finanziert werden muß, ist die Klassifizierung der Erfahrungen und ihr Vergleich mit den Persönlichkeiten durch einen Fragebogen, der den Einsendern zugeleitet wird. In einem späteren dritten Stadium sollen Befragungen auch bei Nicht-Einsendern erfolgen. Das Oxforder Institut will dies bei bestimmten Bevölkerungsgruppen nach dem Meinungsbefragungs-Prinzip vornehmen.

Das mit wissenschaftlichen Methoden gesichtete und bewertete Material wird bei seiner Veröffentlichung einen sehr wesentlichen, sehr modernen Beitrag zur Erkenntnis des religiösen Erfahrungsvermögens in der Bevölkerung eines westlichen Industriestaates liefern, hofft Hardy. »Wir müssen das Wissen um das religiöse Verhalten des Menschen so aufbauen, daß es sich an Gründlichkeit mit dem Kinsey-Report über das sexuelle Verhalten vergleichen läßt.«

Man möchte dem Oxforder Gelehrten wünschen, daß der fertige Hardy-Report mit ebensoviel Aufmerksamkeit gelesen wird.

18. Kapitel: Gott würfelt nicht – oder doch?

Ist die Macht der Wissenschaft gebrochen? – Einstein glaubte, daß die Evolution kein Zufallsprodukt sei – Die Wissenschaft ohne die Parapsychologie hat keine Antwort auf die »Molekularphilosophen« – Urbild und Mutation – Physische Welt und Feinstoffwelt sind ineinander gebettet

Noch gegen Ende des letzten Jahrhunderts gab es Leute, die sich weigerten, wissenschaftliche Beweise anzunehmen, weil sie der Bibel offenbar entgegenstanden. Wird der Tag kommen, an dem eine Naturwissenschaft, die empirische Tatsachen zugunsten bestehender Dogmen verleugnet, dasselbe Schicksal wie manche religiöse Lehre erleiden und unglaubwürdig werden wird?

Ist es richtig, zu sagen, die Wissenschaft habe die Rolle der Kirche des Mittelalters übernommen, sei wie diese dogmatisch-unduldsam und suche ihre Macht in der Allianz mit den weltlichen Fürsten? Oder haben jene recht, die verkünden, die Macht der Wissenschaft sei bereits gebrochen?

Beides ist wahr und unwahr zugleich. Schon seit einigen Jahrzehnten ist das alte naturwissenschaftliche Weltbild, in dem Raum und Zeit unendlich und die Materie unwandelbar waren, überholt. Auf ihre Weise schauten schon Männer wie Maeterlinck und Teilhard de Chardin weit über die Klostermauern der Orthodoxie hinweg. Physiker wie Pasqual Jordan leiteten aus der Indeterminiertheit der subatomaren Vorgänge die Freiheit und Spontaneität der höherentwickelten Lebewesen ab und distanzierten sich damit bewußt vom Konzept einer von Anfang bis Ende determinierten Uhrwerk-Welt.

Die Macht der Wissenschaft *ist* also gebrochen, wenn wir damit die starren Auffassungen der letzten Jahrhundertwende meinen. Gleichwohl vollzieht sich im Schatten dieses philosophischen Trostes ein Prozeß, der, wie wir bereits gesehen haben, in eine genau entgegengesetzte Richtung weist.

Neurologen wie Delgado, Psychologen wie Skinner und Biologen wie Jacques Monod sind es, die in den Hörsälen die Ausbildung der nächsten Generation von Ärzten und Wissenschaftlern bestimmen. Wie viele wagen es, gegen die heutigen Päpste der Wissenschaft aufzutreten? Man müßte dazu ja doch ihrem kybernetischen Modell die Erfahrungstatsachen des *geistigen* Modells entgegenhalten, und diese waren in den Hörsälen bisher verpönt!

Hören wir, was der katholische Philosoph und Theologe Prälat Dr. Karl Pfleger[45] dazu zu sagen hat. »Eine Geistwelt? Die Wissenschaft, vermählt mit dem Rationalismus, erklärt einfach: Es gibt so etwas nicht. Eine Geistwelt existiert außerhalb der menschlichen Phantasie nicht. Selbst die Parapsychologie ... fällt in Mißkredit, sobald sie eine Theorie vorlegt, die supernormale Phänomene ... Ursachen außerhalb des Menschen zuschreibt ... Nachdem die Astronomie versuchte, den Menschen in die ›enorme Anonymität der Himmelskörper‹ (Teilhard) zu stoßen, wollte die Biologie ihn ins Tierreich treiben; und nun glaubt die Psychologie, es sei am einfachsten, ihn mitsamt seiner geistigen Problematik ins Reich des ›Unbewußten‹ zu verbannen ...«

Mindestens zu neun Zehntel, möchten wir hinzufügen, haben Biologie und Psychologie diese Ziele bereits erreicht. Das Erstaunlichste dabei ist, daß ihnen dies allein mit Lehrmeinungen und Hilfskonstruktionen gelungen ist, hinter denen keine exakt bewiesenen Tatsachen stehen, nämlich mit

1. dem Unbewußten als Pauschalerklärung für alle geistigen und feinstofflichen Wirkungen
2. der Annahme, daß alles Leben ein Produkt des Zufalls sei, ohne eine höhere geistige Ebene.

»Gott würfelt nicht«, sagte Albert Einstein. Er gab damit seiner tiefen Überzeugung Ausdruck, daß das Universum kein Chaos und die Entstehung des Lebens kein Zufallsprodukt sein könne. Das biologische und psychologische Establishment hat diese Auffassung heute praktisch zu einem »Gott würfelt doch« umgekehrt. Es ist aber nicht einmal Gott, der würfelt. Nach den Auffassungen etwa der Nobelpreisträger Jacques Monod und François Jacob ist die Entwicklung der Arten entweder auf rein zufällige Kollisionen von Atomen und Molekülen oder auf die Automatik selbstreproduzierender Einheiten von Proteinen und Nukleinsäuren zurückzuführen. In diesem Bild ist nicht nur kein göttlicher Plan zu entdecken, es *kann* gar keinen solchen Plan geben, denn er wäre überflüssig und störend.

Die Wissenschaft hat auf diese Thesen bisher keine Antworten parat und hat sie mehr oder weniger widerstandslos hingenommen. Sie ist bei der Einseitigkeit des von ihr ausgewählten Erfahrungsmaterials zu einer Antwort wahrscheinlich auch gar nicht fähig. Die Theologen sind nicht sehr viel besser gerüstet. Sie wissen natürlich, daß die altväterliche Vorstellung eines Gottes, der von seinem Thron herab in das Naturgeschehen *eingreift*, dem modernen Denken nicht mehr entspricht. Der evangelische Theologe Bultmann stellte fest, es wäre naiv, wollte man annehmen, daß mit der Einschränkung des Kausalprinzips durch die Quantenphysik das Tor für das Eingreifen jenseitiger Mächte geöffnet sei.

Freilich, wer über parapsychische Zusammenhänge weiß, wird die Einseitigkeit der »Molekularphilosophen« schnell durchschauen.

Sobald wir Gesetzmäßigkeiten wie die in den Kapiteln »Am Anfang war das Wort« und »Testfahrt durchs Schicksal« angedeuteten auch nur vermuten (wir brauchen sie nicht als bewiesen anzusehen), fällt die scheinbare Unausweichlichkeit der Logik Monods und Jacobs in sich zusammen.

Wenn einzelne Naturvorgänge effektiv nach Urbildern oder geistigen Vorbildern ablaufen, dann dürfen wir auch annehmen, daß die gesamte Evolution in Harmonie mit solchen Bildern verläuft, oder im Einklang mit feinstofflich organisierten Feldern. Könnte es sich mit der vermeintlich reinen Zufälligkeit der Mutationen nicht ebenso verhalten wie mit der Indeterminiertheit der Elementarteilchen? Im mikrophysikalischen Einzelfall haben sie eine gewisse Freiheit, als makrophysikalische Gesamtheit aber folgen sie dem Naturgesetz, das in diesem Fall von geistigen Ur-Leitbildern vorgegeben ist.

Der Fehler der »Molekularphilosophen« liegt wahrscheinlich darin, daß sie nicht zwischen sinnvollem oder gesteuertem »Zufall« (bei dem uns, wie das Wort sagt, etwas zufällt) und sinnloser Kollision zu unterscheiden vermögen. Sie sind in der Lage des Testfahrers, der die Welt allein nach dem beurteilt, was unmittelbar vor seinen Augen ist.

Wir haben in diesem Buch das empirische Beweismaterial für das Bestehen einer anderen Welt umrissen, die feinstofflich ist und parallel zur materiellen Welt besteht. Die beiden Welten sind nicht über- oder untereinander, sondern *ineinander* gebettet vorzustellen. Innerhalb dieser Feinstoffwelt gibt es

1. Den feinstofflichen Menschen (der wahrscheinlich der »eigentliche Mensch« ist) mit eigenen Sinnesorganen und Gedächtnis, der sich im Schlaf zeitweilig vom Körper abtrennen kann und sich im Tode vollends von ihm trennt.
2. Einen bioenergetischen Körper, der augenscheinlich die Quelle physikalisch meßbarer Kräfte ist, *die direkt von Gedanken gesteuert werden* (Telekinese)
3. Eine feinstoffliche Informationsübertragung außerhalb der gegenwärtigen Möglichkeiten der Technik (Telepathie, Hellsehen, Präkognition)
4. Feinstoffliche Informationsspeicher, die mit den heutigen physikalischen Mitteln nicht nachweisbar sind (Psychometrie, mediale Information).

Höhere Bewußtseinszustände zeigen uns die feinstoffliche Welt als aus vielen Sphären bestehend, von denen die sogenannte Astralebene (»Schauplatz II«) unserem Wahrnehmungsvermögen noch am ehesten zugänglich ist. Die Beobachtung zeigt, daß dort moralische Qualitäten (Gedanken, Motive) gleich Handlungen sind. Es gelten andere, aber nicht minder reale Naturgesetze.

Es kann nicht genug betont werden, daß dies empirische und keine rein philosophischen Beobachtungen sind. Wir dürfen deshalb auch als Wissenschaftler fragen, ob der Mensch nicht in diesen Feinstoffwelten sein eigentliches »Zuhause« habe, ob er zu irgendeinem Zeitpunkt der Evolution in die Körper der zum Bewußtsein erwachenden Hominiden »eingestiegen« ist. Die weiterreichende Frage, *warum* er seinen Weg durch die Materie nehmen muß, wollen wir gern den Theologen überlassen.

In unserem Schul- und Hochschulsystem wird der lernende junge Mensch mit Kenntnissen programmiert, die letzten Endes Teilwahrheiten und als solche gefährlich sind, weil sie der Erkenntnis wichtigerer geistiger Wahrheiten im Wege stehen.

Das heutige, aus wissenschaftlicher Erfahrung gewonnene Weltbild kann nicht ganz falsch sein, aber es ist infolge einseitiger Auswahl aus dem vorhandenen Erfahrungsgut lückenhaft. Niemand verlangt, daß dieses lückenhafte Gebäude, das immerhin durch die Arbeit von Forschergenerationen entstanden ist, eingerissen und abgebrochen werde. Es geht vielmehr darum, daß sein Inneres nun in einer Weise ausgestattet wird, die auch der feinstofflichen Wirklichkeit Rechnung trägt.

Dies ist möglich; aber es wird dazu notwendig sein, die Denkbegriffe von Physik, Chemie und Biologie gründlich zu erweitern. Eine neue, an ihren Grenzen transparente Wissenschaft wird versuchen müssen, die Begriffe des universalen oder personellen Feinstoff-Feldes in seine Denkkategorien einzubeziehen. Und da diese Felder psychisch beeinflußbar sind, wird man auf vollkommene Objektivität der Erfahrung verzichten und berücksichtigen müssen, was bisher als qualitativ oder subjektiv eingestuft wurde und unbeachtet blieb: Bewußtseinszustände, Bio-Psi-Relationen, Farben, Klänge, Töne und so weiter; kurz, alles, was Empfindungen und Gefühle im Menscheninnern auslöst. Es müßte versucht werden, die Rolle dieser Faktoren gründlich und methodisch zu studieren.

Wahrscheinlich werden wir in den nächsten zweieinhalb Jahrzehnten Zeugen eines Kampfes zwischen einer »alten«, das dogmatische Denkgebäude verteidigenden Wissenschaft (zu der auch höchst moderne Disziplinen wie die Kybernetik gehören können) und einer »neuen«, dem Feinstofflichen aufgeschlossenen Lehre werden. Was am Ende unseres Jahrhunderts entstanden sein wird, wissen wir noch nicht. Aber wenn unsere Mediziner, Psychologen, Biologen und Neurologen die Existenz der Feinstofflichkeit anerkennen, dann können auf lange Frist auch die gesellschaftlichen, politischen und wirtschaftlichen Konsequenzen kaum ausbleiben.

Als wir kürzlich einen Mediziner mit den Indizien für die außerkörperliche Projektion bekannt machten (er hatte noch niemals etwas davon gehört), meinte er: »Das kann gar nicht ernst genug studiert werden. Wenn es wirklich zutrifft, müßten wir ja völlig umdenken!«

Genauso ist es.

Anmerkungen

1 Journal of the Society für Psychical Research, Vol. 44, No. 734.

2 Andere Umfragen brachten die Gesamtzahl der Aberfan-Präkognitionen später auf 200. Barker veröffentlichte jedoch nur sein eigenes Material.

3 ASW = Außersinnliche Wahrnehmung, gleichbedeutend mit *ESP* (engl.) = *Extra Sensory Perception*.

4 Croiset ist durch seine bereitwillige Zusammenarbeit mit Wissenschaftlern und Kriminalisten (bei Aufspürung Vermißter usw.) einer breiteren Öffentlichkeit bekannt geworden. Er stellte sich unter anderem den Professoren W. H. Tenhaeff (Utrecht) und H. Bender (Freiburg i. Br.) für sogenannte »Platzexperimente« zur Verfügung, bei denen er oft mit verblüffender Genauigkeit die Person beschreiben konnte, die zu einem *zukünftigen* Zeitpunkt im Vortragssaal einen bestimmten, durch Los zugeteilten Platz einnehmen würde.

5 Es ist unnötig zu erwähnen, daß die Neurochirurgie bei der Exploration der Funktionsfähigkeit im Falle von Gehirnverletzungen oder bei der Behandlung von unheilbar Kranken mit sehr starken Schmerzen eine unbestritten wertvolle Rolle spielen kann.

6 1 Hertz (Hz) = eine Schwingung pro Sekunde.

7 engl. *lucid dream*.

8 Diese Empfindung wurde vermutlich durch die Doppelbedeutung des englischen Wortes *bar*, das Gitter*stab*, aber auch Schokolade*tafel* heißen kann, ausgelöst. Das Unbewußte greift häufig zu solchen assoziativen Wortspielen.

9 Sowohl bei leichter Hypnose als auch im amnesischen Stadium, an dessen Verlauf sich der Hypnotisierte nicht erinnert.

10 Diese Annahme erfährt eine gewisse Bestätigung durch zwei Laborexperimente, die der Parapsychologe Charles T. Tart mit Monroe unternahm. Während der Projektion zeigten die Instrumente (wenn auch nur sekundenweise) REM-Bewegungen an.

11 Das schließt natürlich nicht aus, daß dieses Feinstoffgehirn in sich noch eine feinere Struktur, einen »ewigen Kern« trägt, dessen Ausreifung unsere eigentliche Lebensaufgabe ist.

12 Psi ist ein Sammelbegriff, der neben den Formen der ASW auch die paranormalen physikalischen Wirkungen umfaßt.

13 Wir befragten Dr. Penfield, ob Berichte zutreffen, daß Patienten ihre geistigen Fähigkeiten *ungeschmälert* behalten, obwohl ihnen Gehirnteile chirurgisch entfernt werden mußten. Seine Antwort ist negativ in dem Sinne, daß immer »etwas verlorengeht«. Wenn der Denkprozeß als solcher

nicht beeinträchtigt worden sei, dann sei dies darauf zurückzuführen, daß die dafür benötigten Gehirnteile intakt geblieben seien.

14 *Time*, 4. 12. 1972.

15 Backster Research Foundation, Inc., New York City.

16 Nach Meinung des koreanischen Arztes Prof. Kim Boughan handelt es sich bei diesen Meridianen um ein selbständiges physiologisches System, das unter anderem auch an der Bildung der lebenswichtigen DNA und RNA-Substanzen beteiligt ist.

17 Kilner benutzte mit Dicyanin (einer organischen Substanz) gefärbtes Glas. Seine Methode blieb stark umstritten. Einige andere Mediziner (so Dr. O'Donnell, Chicago) wollen sie in eigenen Versuchen bestätigt gefunden haben, andere, so der amerikanische Parapsychologe Charles Tart, glauben, daß Kilner einen durch das Dicyanin hervorgerufenen optischen Verzerrungseffekt mißdeutet hat. Sogenannte »Kilner-Goggles« (Kilnerbrillen) sind noch heute in Spezialgeschäften erhältlich.

18 Bei einer der Bilokationen der Französischlehrerin Emille Sagée berührten zwei wagemutige Schülerinnen die an einem Klassentisch sitzende Figur. Sie war, obwohl völlig normal aussehend, nicht fest, sondern »wie aus Gaze oder Krepp« bestehend. Diese Beschreibung deckt sich mit derjenigen, die gewöhnlich von Ektoplasmaformen gegeben wird, mit dem freilich sehr wesentlichen Unterschied, daß das Ektoplasma-Doppel sich in diesem Ausnahmefall bei vollem Tageslicht bildete. Während der Dauer des Austritts wurden die Bewegungen der in Sichtweite im Garten Blumen pflückenden »richtigen« Mademoiselle S. schwerer und langsamer, hörten aber nicht auf.

19 »Eine kindliche Schlafstörung, bei der der Kopf rhythmisch nach rechts und links bei Rückenlage der Kinder gedreht wird. Es scheint, daß die Jactation mit Lustempfindungen verbunden ist und gewöhnlich in den leichten Schlafstadien vorkommt.« (Aus: *Ermüdung, Schlaf und Traum*, Herausg. W. Baust., Frankfurt a. M. 1971 [Fischer Taschenbuch 6090].)

20 Wir bezweifeln damit natürlich nicht das Vorkommen von Telepathie und Hellsehen an sich. Das über diese relativ »einfachsten« ASW-Formen seit Jahrzehnten gesammelte Beweismaterial, einschließlich amerikanischer und sowjetischer Versuche über große Distanzen, bedarf keiner Verteidigung mehr.

21 Verwiesen sei auf Mitchells eigene Darstellungen in Nr. 20 des »Parapsychology Bulletin«, Sommer 1971, Durham, N. C., sowie im Interview mit »Psychic«, Oktober 1971, in dem er zum Ausdruck bringt, daß die NASA – hätte er sie darum gefragt – ihm die Genehmigung für das Experiment nicht gegeben hätte. »NASA hatte keine Kenntnis davon ... Ich meinte, es sei viel leichter, es ohne eigentliche Erlaubnis auszuführen, als in Zuwiderhandlung gegen einen Befehl.«

22 Spiritualist Gazette, Oktober 1972.

23 Ein Gegenstand, der zunächst bei Eisenbud selbst und später bei den zahlreichen Zeugen immer wieder Betrugsverdacht auslöste. Die Rolle wurde schließlich von allen Anwesenden geprüft, signiert und sogar einem Versuchsteilnehmer an einer Schlinge um den Hals gehängt, damit Ted

sie nicht etwa mit schnellem Griff austauschen konnte. Außerdem mußte Ted eine Leibesvisitation über sich ergehen lassen.

24 Vor westlichen Besuchern teilte Agpaoa ohne Berührung Holzstücke und andere leichte Materialien sowohl mit dem Handrücken als auch mit der Zunge.

25 In diesem Zusammenhang mag die Feststellung des Rosary Hill College, Buffalo, N. Y. (USA), interessieren, daß Psikräfte auf Enzyme einwirken können. Enzyme haben eine besondere Aufgabe beim Schutz der Erbmasse einer Zelle. Wer auf Enzyme einwirkt, wirkt damit möglicherweise auch auf die Erbmasse ein.

26 G. Schwarz hat in den letzten 6 Jahren rund 26000 Heilungsberichte erhalten, von denen wir mehrere hundert selbst eingesehen haben. Diese stehen ernsthaft interessierten Ärzten oder Forschern zur Verfügung, die sich direkt an G. Schwarz, 8101 Krün, Krottenkopfstraße, wenden mögen. (In diesen Berichten bezeichnen sich im Schnitt 14,5 Prozent als geheilt, 54 Prozent als gebessert, 31,5 Prozent meldeten keine Besserung.)

27 Hettinger stellte bei seinen psychometrischen Serienexperimenten fest, daß das Medium in zahlreichen Fällen auch Vorgänge richtig beschrieb, die sich ereignet hatten, als sich das psychometrische Objekt bereits nicht mehr im Besitz der »Zielperson« befand.

28 Es ist allerdings fraglich geworden, ob die Lichtgeschwindigkeit von knapp 300000 km/sek., nach Einstein die absolute Höchstgeschwindigkeit für alle physikalischen Abläufe, tatsächlich die absolute Grenze ist.
Prof. Vitaly Ginzburg und Prof. Boris Bolotowski berichteten im Mai 1972 vor der sowjetischen Akademie der Wissenschaften über Experimente mit einer Lichtquelle, deren Reflexion sich auf einer extrem schnell drehenden Oberfläche mit einer höheren als der Lichtgeschwindigkeit bewegte. Je größer der Abstand zwischen Lichtquelle und Oberfläche, desto höher wird die Geschwindigkeit.
Die amerikanischen Radio-Astronomen Shaffer, Cohen, Jaunoy und Kellerman stellten seit 1971 bei Messungen an Radiosternen der Seyfert-Galaxie zu ihrer Verblüffung mehrere Male hintereinander fest, daß Teile dieser Spiralnebel sich offenbar mit zwei- bis dreifacher Lichtgeschwindigkeit bewegen. Auch bei der Messung von Quasaren durch miteinander verbundene, aber Tausende von Kilometern voneinander entfernte Radiosternwarten zeigte sich, daß diese Himmelskörper schneller auseinanderfliegen, als es die Einsteinsche Theorie erlaubt. Es *kann* sich bei diesen Messungen um optische Täuschungen handeln. Sollten sie sich aber bestätigen, dann wird ein Eckstein der Physik ins Wanken geraten sein.

29 Nach Meinung des britischen Parapsychologen Dr. Robert Crookall verfügen Trancemedien über einen projizierbaren oder »verdrängbaren« Bioplasmakörper (den er *vehicle of vitality* nennt). Dieser trete während der Trance ganz oder teilweise aus dem physischen Körper aus. Die »Brücke« zwischen Physis und Geist werde unterbrochen, daher trete Bewußtlosigkeit ein. Bei »mentalen« Medien (Hellhör- oder Hellsehmedien) bleibe das Bioplasma im wesentlichen im Körper, so daß keine oder nur eine geringfügige Bewußtseinsverdrängung auftritt.

30 Einige Redewendungen und Details wurden aus Raumgründen aus der obigen Beschreibung des Sitzungsverlaufs ausgelassen.

31 Wir befragten Soal, ob ihm dieser Aspekt des Falles Davis klargeworden war. Er verneint dies mit der verständlichen Begründung, daß ihn damals die Frage beherrschte, ob und wie Blanche Cooper betrogen haben könne. Dies habe sich jedoch nicht erhärten lassen.

32 Nach spiritistischer Überlieferung hat der »Kontrollgeist« eines Trancemediums während der Trance von dessen Körper und Sprachwerkzeugen Besitz. Selbst wenn dem so ist, sind Trancen aber nur selten so vollständig, wie die Teilnehmer annehmen. »Interferenzen« sind jederzeit möglich.

33 Amerikanisches Medium (1877–1945).

34 Wir sprechen hier von spontan auftretenden Fällen. Von »Selbstversuchen« mit der automatischen Schrift ist Unerfahrenen dringend abzuraten. Sie können ebenso wie das sogenannte Ouija-Board und ähnliche Praktiken schwere psychische Störungen zur Folge haben.

35 Dies war nicht immer so. Gelehrte wie F. W. H. Myers, Cesare Lombroso, Sir Oliver Lodge, Sir William Crookes, Bozzano, Richet, Hornell Hart und andere ließen neben animistischen auch spiritualistische Deutungen gelten. Noch wichtiger als sonst zur Meinungsbildung ist die Lektüre von einschlägigen *Originalberichten* wie zum Beispiel die Sitzungen des Bischofs James Pike (»The Other Side«, Doubleday, 1967).

36 Unter anderem in »Christ in der Gegenwart« (37/1969).

37 »Esotera«, Freiburg i. Br., Nr. 1/1973, S. 11 ff.

38 Nach: Conference on Communication with Extra-Terrestrial Intelligence / Konferenz über die Verständigung mit außerirdischen Intelligenzen.

39 Kenname VLA (nach dem engl.: *very large array*).

40 Die Stimmen sind meistens nicht bei der Aufnahme, sondern erst beim Abspielen des Bandes hörbar.

41 Entnommen aus »Die Andere Welt«, 2/1969.

42 Es ist wichtig zu wissen, daß Kosirews Medium nicht die Zeit schlechthin ist, sondern der »Zeitfluß« das Verhältnis einer minimalen Raumpause zu einer minimalen Zeitspanne.

43 Es liegt damit nahe, anzunehmen, daß die Zellstoffwechsel-Vorgänge in der Tiefenmeditation gleich oder ähnlich denen des REM-Schlafstadiums sind. Anhaltende Schlafentbehrung verhindert normalerweise die Reaktivierung der Phosphate, mit denen die Nervenzelle ihre Energie wieder »auflädt«. Diese Zusammenhänge bedürfen jedoch noch der weiteren Klärung.

44 Erschienen im Rahmen der Veröffentlichungen der von C. F. v. Weizsäcker und K. F. Basedow geleiteten »Forschungsgesellschaft für östliche Weisheit und westliche Wissenschaft«, D 8131 Berg/Starnberg.

45 Le Nouvel Alsacien, 2. 6. 1970.

Literaturhinweise

1. Kapitel

Hans Bender (Hrsg.), *Parapsychologie, Entwicklung, Ergebnisse, Probleme*, Darmstadt 1966.

Herbert Greenhouse, *Premonitions – A Leap into the Future*, New York 1971.

A. Tanagras, *Psychophysical Elements in Parapsychological Traditions*, Monograph No. 7, Parapsychology Foundation, New York.

2. Kapitel

K. Steinbuch, *Automat und Mensch*, Berlin/Göttingen/Heidelberg 1963.

K. Steinbuch, *Die informierte Gesellschaft*, Stuttgart 1970.

John Taylor, *The Shape of Minds to Come*, London 1971.

3. Kapitel

E. C. Green, *Lucid Dreams*, Oxford 1968.

Oliver Fox, *Astral Projection*, New York 1962.

P. D. Ouspensky, *A New Model of the Universe*, London 1960.

Alexandra David-Neel, *Magic and Mystery in Tibet*, New Hyde Park, N.Y. 1958.

Charles T. Tart, *The High Dream*, enthalten in: Altered States of Consciousness, New York 1969.

Walter Baust (Hrsg.), *Ermüdung, Schlaf und Traum*, Frankfurt 1971 (Fischer Taschenbuch 6090).

4. Kapitel

Gurney, Myers and Podmore, *Phantasms of the Living*, London 1886.

Hornell Hart, *ESP Projection, Journal ASPR*, Okt./Nov. 1954.

Celia Green, *Ecsomatic Experiences*, Journal SPR, Vol. 144, No. 733, Sept. 1967.

Celia Green, *Out of the Body Experiences*, Hamish Hamilton, London.

H. Durville, *Der Fluidalkörper des lebenden Menschen*, Leipzig 1912.

Maria Winowska, *Das wahre Gesicht des Pater Pio*, Aschaffenburg 1957.

Charles Lancelin, *Methode de dedoublement personelle*, Paris 1913.

Dr. Robert Crookall, *The Supreme Adventure*, London 1970.

5. Kapitel

Robert A. Monroe, *Der Mann mit den zwei Leben*, Düsseldorf/Wien 1972.

S. J. Muldoon und H. Carrington, *Die Aussendung des Astralkörpers*, London 1929 und Freiburg i. Br.
W. Wereide, *Psykiska fenomen*, Stockholm 1921.
H. Sherman, *How to make ESP work for you*, London 1965.
R. Crookall, *Out of the Body Experiences*, New York 1970.
O. Fox, *Astral Projection*, New York 1962.
F. Andres, *Die Himmelsreise der caraibischen Medizinmänner*, Zeitschrift für Ethnologie, 70 Bd., Heft 3/5, 1939.
Hornell Hart, *Scientific Survival Research*, Parapsychology, Spring 1967.
Nils-Olof Jacobson, *Leben nach dem Tod?*, Düsseldorf/Wien 1972.

6. Kapitel

A. F. Marfeld, *Kybernetik des Gehirns*, Berlin 1970.
José M. R. Delgado, *Gehirnschrittmacher*, Berlin 1972.
Norman Dixon, *New Scientist*, Feb. 1972, S. 252ff.
John Taylor, *The Shape of Minds to Come*, London 1971.
B. F. Skinner, *Jenseits von Freiheit und Würde*, Reinbek 1973.

7. Kapitel

Cleve Backster, *Evidence of a Primary Perception in Plant Life*, Int. Journ. of Parapsychology, Vol. 10, 1968.
The Backster Effect, Argosy Magazine, Juni 1969.
SATURDAY EVENING POST, 9. 3. 1968.
Psychic, Nov./Dez. 1972, S. 13ff San Francisco.
NATIONAL WILDLIFE, Nov. 1971.
Rev. Franklin Loehr, *The Power of Prayer on Plants*, New York o. J., R. N. Miller, *The Positive Effect of Prayer on Plants, Psychic*, April 1972, S. 24ff, San Francisco.

8. Kapitel

Thelma Moss, Ph, D, *Searching for Psi from Prague to Lower Siberia*, PSYCHIC, Juni 1971.
Th. Moss und Ken Johnson, *Radiation Field Photography*, PSYCHIC, 1972.
Dr. Stanley Krippner und R. Davidson, *Acupuncture and Hypnosis in the USSR*, JOURNAL OF PARAPHYSICS INTERNATIONAL, No. 2, 1972.
Sheila Ostrander & Lynn Schroeder, *PSI*, München 1971.
TH. Burang, *Tibetische Heilkunde*, Zürich 1957.
Dr. Walter Kilner, *The Human Atmosphere*, London 1911. Neu erschienen als *The Human aura*, New Hyde Park, N.Y., 1965.
JOURNAL OF PARAPHYSICS, 1972/VI Nr. 5, S. 208ff.
Dr. Stanley Krippner et al. *The Moscow Meetings on Biological Energy*, JOURNAL OF PARAPHYSICS Vol. 7, No. 2, 1973.

9. Kapitel

Hans Bender, *Der Rosenheimer Spuk*, ZEITSCHRIFT FÜR PARAPSYCHOLOGIE UND GRENZGEBIETE DER PSYCHOLOGIE, Bd. XI, Nr. 2, 1968.
Prof. Dr. Dr. Andreas Resch, GRENZGEBIETE DER WISSENSCHAFT, 1968/II bis 1969/II.
Ian Stevenson, *Twenty Cases Suggestive of Reincarnation*, New York 1966.
PSYCHIC, Interview mit J. B. Rhine, Juli 1972.

10. Kapitel

C. Brookes-Smith und D. W. Hunt, *Some Experiments in Psychokinesis*, JOURNAL SPR, Vol. 45, No. 744, Juni 1970, London.
Ostrander/Schröder, *PSI*, München 1971.
J. Eisenbud, *The World of Ted Serios*, New York 1967.
A. Neuhäusler, *Die »Psychofotos« des Ted Serios*, ZEITSCHRIFT FÜR PARAPSYCHOLOGIE U. GRENZGEB. D. PSYCH. Nr. 1, Jahrg. 12.
H. Bender, *Der Nicklheim-Fall* 1968/69 in: »Neue Entwicklungen in der Spukforschung«, ZEITSCHRIFT F. PARAPSYCHOLOGIE Nr. 1, Jahrg. 12.
E. Bozzano, *Luce et Ombre*, Verona, Sept./Okt. 1928.

11. Kapitel

Dr. med. Josef Gemassmer, *Geistige Heilweisen*, Berlin, o. Jahrgang.
John (Günther Schwarz), *Geistige Selbstheilung* (in: »Die sieben Lebensbücher«), Krün/Obb. 1966.
Gerhard Ritter, *Die Geistheilungen durch Günther Schwarz*, Steinebach/Krün 1973.
Josef Peter, *Psychometrie*, Pfullingen 1922.
Jacques Monod, *Zufall und Notwendigkeit*, München 1971.
Joan Fitzherbert, *The Nature of Hypnosis and Paranormal Healing*, Journal, Society for Psychical Research, London, Vol. 46, ND 747.
Sir Alistair Hardy, *The Living Stream*, London.
W. Denton, *The Soul of Things*, London 1863.
Dr. John Hettinger, *The Ultra Perceptive Faculty*, London 1940.
N. O. Jacobson, *Leben nach dem Tod?*, Düsseldorf/Wien 1972.
L. Borello, *La Cronovisione*, METAPSICHICA, No. 27/1972, S. 18 ff.

12. Kapitel

Valery Skurlatow, *Beyond Time and Space*, JOURN. OF PARAPHYSICS 6/4, Juli 1972.
T. Fukurai, *Clairvoyance and Thoughtography*, London 1931.
A. v. Schrenck-Notzing, *Materialisationsphänomene*, München 1923.
F. W. Warrick, Experiment in Psychics, New York 1934.

13. Kapitel

Rosemary Brown, *Unfinished Symphonies*, London 1971, *Musik aus dem Jenseits*, Wien/Hamburg 1971.
Proceedings SPR, Vol. 35, 1926 (Gordon-Davis-Fall).

14. Kapitel

Alex Schneider, *Die paranormalen Tonbandstimmen*, in Imungo Mundi: Welt, Mensch und Wissenschaft morgen, München/Paderborn/Wien 1972.
Konstantin Raudive, *Unhörbares wird hörbar*, Remagen 1968.
Friedrich Jürgenson, *Sprechfunk mit Verstorbenen*, Freiburg i. Br. 1966.
J. Sotschek, *Über die Möglichkeit der Erkennung von Sprachlauten*, ZEITSCHR. F. PARAPSYCHOLOGIE UND GRENZGEB. D. PSYCHOLOGIE 12 (1971) Nr. 4.
F. Seidl, *Das Phänomen der Transzendentalstimmen*, Stuttgart 1967.
Hans Bender, *Zur Analyse außergewöhnlicher Stimmphänomene auf Tonband*, ZEITSCHR. F. PARAPSYCHOLOGIE UND GRENZGEBIETE DER PSYCHOLOGIE Jahrg. 12 (1972) Nr. 4.
Nils-Olof Jacobson, *Leben nach dem Tod?*, Düsseldorf/Wien 1972.
Kurt Wiesenberger, *Meine Erfahrungen mit dem »Jenseits-Telefon«*, ESOTERA 1/1973.
Deutscher Arbeitskreis für das Tonbandstimmenphänomen, 7241 Nordstetten, Uhlandstraße 18 (Privatveröffentlichung).

16. Kapitel

B. Herbert, JOURNAL OF PARAPHYSICS, 6/1 1972, S. 27ff.
DIE ANDERE WELT, 2/1969, Freiburg i. Br. (»Krankenschwester«-Fall).
Nils-Olof Jacobson, *Leben nach dem Tod?*, Düsseldorf/Wien 1972.
G. E. Schwarz (John), *Auf dem Wege zum vollkommenen Leben*, Krün/Obb. 1973.

17. Kapitel

C. T. Tart, *Altered States of Consciousness*, New York 1969 (Hrsg.).
Woolridge, *The Machinery of the Brain*, New York 1963.
Krippner, S. und Davidson, R., *Biofeedback research, the data and their implications*. II. Int. Conf. on Humanistic Psychology, Würzburg Juli 1971.
R. N. Bucke, *Cosmic Consciousness*, New York 1901.
Gopi Krishna/C. F. von Weizsäcker, *Biologische Basis religiöser Erfahrung*, Weinheim 1971.
Progress Reports, *Religious Experience Research Unit*, Manchester College, Oxford, Great Britain.

18. Kapitel

Jacques Monod, *Zufall und Notwendigkeit*, München.
François Jacob, *Die Logik des Lebenden*, Frankfurt 1972 (S. Fischer Verlag).

Namenregister

Sachregister

Bildnachweis

Nach Walter Baust (Hg.), Ermüdung, Schlaf und Traum. Fischer Taschenbuch 6090: 28; Nach Muldoon/Carrington, Die Aussendung des Astralkörpers, Bauer-Verlag, Freiburg i. Br.: 49; Backster Research Foundation: 67; Parapsychologische Forschungsgruppe Moskau: 74, 76, 101; Kirlian-Positronaufnahme von F. Seidl, Wien: 78; G. Leeb, St. Gilgen: 79; Dr. Thelma Moss, UCLA Los Angeles: 82, 83; University of New Mexiko: 86; Theosophical Publishing House, Adyar, Bombay/Indien. Entnommen aus Leadbeater/Besant ›Gedankenformen‹: 124, 126, 127, 128; Aus Rosemary Brown, Musik aus dem Jenseits. Mit freundlicher Genehmigung des Zsolnay-Verlages, Wien/Hamburg 1971: 140; Zeichnung Peter Andreas: 174; Ing.-Büro H. Nagel, VDI, Baden-Baden: 180.